金牌教练
教象棋
丛书

U0671642

梁大师讲中局

【第一辑】

◎梁文斌　著◎

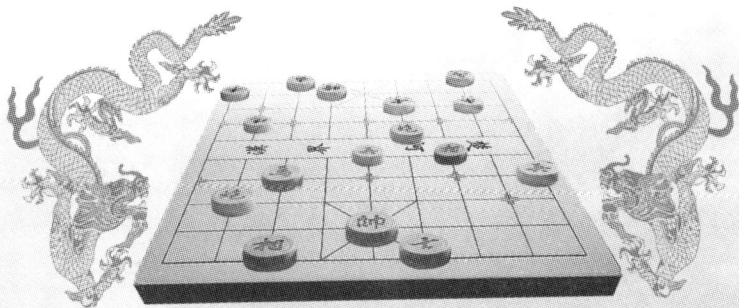

经济管理出版社
ECONOMY & MANAGEMENT PUBLISHING HOUSE

图书在版编目(CIP)数据

梁大师讲中局(第一辑)/梁文斌著 . —北京:经济管理出版社,2011.12

ISBN 978－7－5096－1674－1

Ⅰ.①梁… Ⅱ.①梁… Ⅲ.①中国象棋－中局(棋类运动) Ⅳ.①G891.2

中国版本图书馆 CIP 数据核字(2011)第 239531 号

出版发行: **经济管理出版社**

北京市海淀区北蜂窝 8 号中雅大厦 11 层

电话:(010)51915602　　　　邮编:100038

印刷:北京西郊伟业印刷厂　　　　经销:新华书店

组稿编辑:郝光明　　　　责任编辑:郝光明　史岩龙

责任印制:黄　铄　　　　责任校对:陈　颖

880mm×1230mm/32　　　　8.75 印张　　　242 千字

2012 年 1 月第 1 版　　　　2012 年 1 月第 1 次印刷

定价:20.00 元

书号:ISBN 978－7－5096－1674－1

总　序

在大师的指引下

象棋金牌教练梁文斌大师与经济管理出版社倾力合作，将金牌教练教象棋丛书奉献给广大象棋爱好者。值此丛书的首部作品《梁大师讲中局》（第一辑）问世之际，我们和广大读者一起感受由衷的喜悦。

我们能看到的出版时间最早的象棋书是明朝的象棋谱。如果将当今的一般象棋书与 600 余年前的象棋书相比较，会得出这样的分析结果：今天的象棋书在内容上要丰富得多，历史上的象棋书与其不可同日而语，但在棋书的形式上却没有多大变化。今天，象棋已有了极大的发展，广大象棋爱好者对象棋书早已有更高的要求，但象棋书的出版无论内容还是形式都远远未能反映出时代的变化和读者的需求，这真是极大的缺失和遗憾。

我们向梁大师请教，进行思想交流，便有了我们和梁大师的真诚合作，有了金牌教练教象棋丛书。

人间要好诗

1200 年前，唐朝诗人白居易拜读前辈大诗人李白和杜甫的诗集后，从心灵深处发出一声呐喊："天意君须会：人间要好诗！"（白居易《读李杜诗集因题卷后》）这一声呐喊化为时代的呼唤。

1200 年前，大唐帝国从开元盛世陷入"安史之乱"的灾祸，盛世的繁荣和乱世的流离成就了历史上两位最伟大的诗人。

唐朝的开元时期（713～741 年）是中国封建社会的鼎盛时期，

也是造就李白和杜甫的时代。历史告诉我们，只有国运昌盛，才有文学的兴旺发达，才有文化的繁荣，才有象棋运动的蓬勃发展。今天，人民的物质生活水平空前提高，因此人们对包括象棋在内的文化需求也有了极大提高，喜爱象棋的人越来越多，数以千万计的象棋爱好者需要更多更好的棋书，借助读棋书提高棋艺水平。"人间要好诗"，时代需要好书，需要好棋书。

然而，现有的棋书显然不能满足人们的需求。虽然读者可以看到很多棋书，但它们内容与形式大多雷同，是不同作者对象棋竞技的个人认识，是对棋局胜负得失的见解和分析。各种象棋书均独立存在，彼此缺乏统一性和联系性，更缺乏循序渐进的特性，而这一特性恰恰是学习象棋的规律性的根本体现，是广大象棋爱好者最需要的。很多读者都有这样的体会：买回一本棋书，照书打谱，认识大有提高，但很难在实战中提高成绩。究其原因，本质上是读者的水平与弈战的象棋大师以及作者的水平相去甚远，实际上不能真正理解棋书中的大部分内容。没有理解就无法记忆，没有记忆就没有真正的提高，就不能和大师以及作者产生共鸣。广大象棋爱好者需要的是这样的棋书：它由浅入深、循序渐进，引领读者一步步地在提高棋艺水平的道路上探索着不断前进，使读者的实战水平不断提高，对象棋的认识不断升华，最终能与象棋大师对话。

广大象棋爱好者迫切需要更适合他们学习和使用的一整套自学象棋工具书。金牌教练教象棋丛书正是在这种新形势、新时代的呼唤下应运而生的。它的规模和结构如下：《象棋布局系列》、《梁大师讲中局》、《梁大师讲残局》和《梁大师讲排局》。布局、中局、残局、排局各由多辑组成，选材务求精要，从而构成一整套自成体系、独具特色的象棋自学工具书。我们坚信，读者只要认真学习，刻苦研练，并把学到的新知识在实践中大胆运用，就一定能获得意想不到的成功。

我们坚信，有了金牌教练教象棋这首"好诗"，广大读者一定能依据它优美的旋律，演绎出成功人生的美好华章。

寂寞壮心惊

今天的象棋成型于宋朝。千年以来，中华民族承受了世界史上罕有的灾祸，象棋却不仅没有被湮灭，反而不断地发扬光大。这是因为，它具有为人民群众所喜爱的极其深厚的基础，不仅是历代智者和勇者共同喜爱的高水平的竞技游戏，更是中华民族在苦难与辉煌交替发展的历史中演变出的走向成功的思维武器。它不仅已经成为中华民族文化的重要组成部分，而且已经成为世界文化的一部分。唯其如此，在物质生活极其丰富的今天，象棋运动才得到前所未有的大发展。有统计资料显示，我国的象棋爱好者数以亿计，全世界的象棋爱好者也越来越多。

喜爱象棋是一回事，学好象棋是另一回事，两者之间没有那种很多人幻想的因果关系。象棋已经发展成为独立的思想体系和知识体系。它犹如一座规模宏大、结构复杂的宫殿。它的大门虽然永远向一切访问者敞开，但访问者须有行千里路、读万卷书的深厚功力，否则不能登堂入室。细数当代象棋大师的名字，竟然寥寥不过百人，足见象棋的难度和深度。

多数喜爱象棋的人之所以不能达到学好象棋的目的，是因为大多数人不能忍受寂寞。然而，任何事业的成功无一例外地是寂寞人生的高回报，学好象棋自然也是如此。

金牌教练教象棋丛书是帮助读者成为象棋大师的书。读者须志存高远，摒弃虚荣和浮躁，保持淡泊和宁静，在纯净的心灵光芒的照耀下探寻象棋的真理，在读书和研习中追求理想，实现精神的升华。

志存高远的人总是与寂寞为伴。究其实质，寂寞是人类的高尚品质和操守，是人生的至高境界，是世俗不能理解、更不能企及的思想，是人类精神的核心要素之一。读者若能接受这样的认识，在难得的寂寞中学习象棋，学好象棋就不再是难事。

要想达到目的，就要耐得寂寞。其实，耐得寂寞是要人被动接受，处于精神升华的初级阶段，只有选择寂寞、追求寂寞才是高境界，才能获得成功。如果谁能使自己的人生与寂寞不再分离，那他就距成功不远了。

梁文斌大师是一个与寂寞相伴的人。因此，他拒绝灯红酒绿、五光十色的世俗生活，潜心于象棋的研究和教学。正是由于这种选择，梁大师有令人惊叹的健康体魄。他年近古稀，每天睡眠时间不过 5 小时，大量的时间用于著述和教学，因而能够不断地为广大读者提供好书。

因为寂寞，梁大师成为享誉棋界的金牌教练，把那些在寂寞中生活的男孩和女孩培养成为象棋大师。读者若能选择寂寞，梁大师会用双手扶着你，帮助你站在象棋巨人的肩上。

你当然熟悉这些名字：胡荣华、柳大华、吕钦、许银川……

"济时敢爱死？寂寞壮心惊！"（杜甫：《岁暮》）当年，国难当头，以天下为己任的杜甫本想投身政治却报国无门，于是选择了寂寞与诗歌。历史成就了杜甫。

"语不惊人死不休！"（杜甫：《江上值水如海势，聊短述》）这是杜甫的名句，是梁大师最喜爱的格言。梁大师喜爱杜甫，把"语"变成了"棋"。生逢盛世，梁大师选择了寂寞与象棋。历史成就了梁文斌。

亲爱的读者，如果你选择了象棋且矢志不渝，那么只要同时选择寂寞，在大师的指引下学习，沿着大师的足迹前进，历史也一定会公平而慷慨地成就你的事业和人生。

郝光明

2011 年 10 月 28 日

序

　　金牌教练教象棋丛书是一整套自学象棋工具书。为什么率先出版《梁大师讲中局》，而不是布局系列，相信不少读者会提出这样的问题。

　　这正是我们的良苦用心，目的是有针对性地提高读者的棋艺水平。

　　一盘棋从开始到结束，一般分为布局、中局、残局三个阶段。实践证明，除少数棋局因一方在中局出现严重错误而告负，大多数棋战结束于残局。因此，要想成为高水平的棋手，必须做到布局、中局、残局俱佳，缺一不可。如此看来，布局、中局、残局似乎同样重要。

　　但实际上并非如此。我们认为，中局是棋战中最重要的阶段，也是最难把握的阶段，是棋战成败的关键。象棋的复杂深奥、高深莫测正体现在中局，象棋的无穷魅力也尽现在中局。

　　象棋布局和残局已经具有较完整的体系，都有规律可循，唯有变化无穷的中局没有可以遵从的成规，中局是最难把握的阶段。我们首先出版丛书中的《梁大师讲中局》，主要出于两方面的考虑。

　　其一，强调学好中局的重要性。因为中局结构最复杂、最难把握，需要反复研读、思考，并且在实战中反复演练，需要的时间最多。读者如果一时难以理解，不必着急，更不应产生畏难情绪，只要持之以恒就一定能提高棋艺水平。

　　其二，当前市场上讲解象棋布局、残局的书相对较多，讲解象棋中局的书却很少，不能满足读者全面提高棋艺水平的需要。梁大师有非常丰富的教学经验，《梁大师讲中局》这本书的内容已形成了相对完整的中局体系。读者如果已具有布局、残局的较深厚功力，可以专攻中局。

梁大师精选了当代最高水平、最具典型性的实战中局，并对弈战中大师们巧妙的中局突破方法进行了精心讲解。这些棋局的共同特点是：盘面上双方兵力各据要路，犬牙交错，似乎双方均战阵严整，无懈可击，先手方面临十分艰难的抉择。就在这看似令人一筹莫展的局面下，大师们突发奇想，公然挑起战火，双方大打出手，精彩纷呈的场面立即出现，令人目不暇接。

进入中局，双方主力已经开动，大战一触即发。这时，发动进攻的一方大致采用两种战术突入敌阵：弃子或运子（兑子）。弃子是为了夺得优势乃至胜势，运子（兑子）是为了夺取要路、要津，削弱对方的实力。弈战时采用何种战术，决定于弈者对盘面的理解。我们坚信，读者若能潜心研究本书所选经典中局，一定会有意外收获。

由于编辑的水平有限，在编校工作中难免有疏漏，甚至出现错误，敬请广大读者和专家指正。

郝光明

2011 年 11 月 30 日

目　录

弃子夺势

第 1 局　难忘之局

　　1959 年，作者初涉象棋王国，一位老棋手摆下如图 1 棋局。因水平较低，经殚精竭虑的解析后总算把杀棋的答案找到，当时愉悦之情难以言表，时过多年，对这一棋局依然记忆犹新。学习精彩奥妙的杀局，可以增加学习兴趣，提高棋艺水平，真是获益多多！

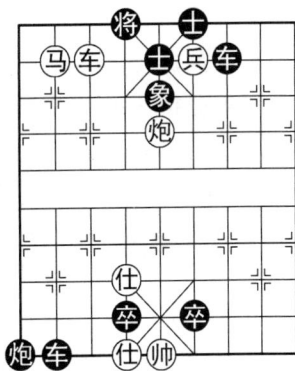

图 1

　　1. 车七进一　……

　　黑方车炮联手暗抽红车，使红棋车马的侧翼杀着受阻。另外肋道小卒占据要穴，犹如两颗地雷。经分析可知，红方能否畅通八路线和消灭 4 路小卒是获胜关键。由于红方面临"断将亡"的境地，必须连杀。倘若误走车七平五，车 2 退 8，解杀还杀黑胜。

　　1. ……　　　　将 4 进 1　　　　**2. 马八退七**　将 4 进 1
　　3. 车七退二　将 4 退 1

　　黑将进退自由，似乎有惊无险，红方倘若稍稍疏忽就会失去战机。读者朋友，下步棋如何走？

　　4. 车七平八　……

绝妙拦挡！倘若车七平九抽将，将4退1，前功尽弃，红棋无杀而败。

4. ……　　　将4退1　　　5. 马七进八　将4进1

6. 车八平六　……

虎口献车惊天动地！

6. ……　　　士5进4　　　7. 炮五平六　士4退5

8. 马八退六　……

再弃一马，完成最后的使命。

8. ……　　　将4进1　　　9. 炮六退五（红胜）

点评：短小精悍的棋局蕴含丰富攻守内容，细细体会"弃子、拦挡及远炮归营"的战术组合与技巧，必获益匪浅。

第2局　锦上添花

后来的近代棋谱在上局基础上采用"增子法"创新拓展，使这局棋更加曲折精彩（图2）。

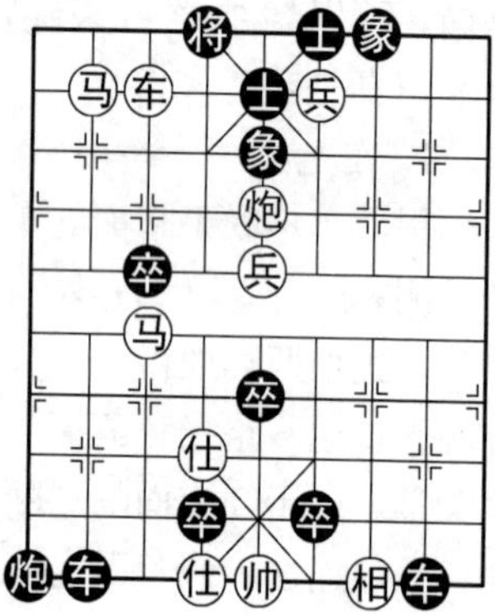

1. 车七进一　将4进1

2. 马八退七　将4进1

3. 车七退二　将4退1

4. 车七平八　将4退1

5. 前马进八　将4进1

6. 车八平六　士5进4

7. 炮五平六　士4退5

8. 马八退六　将4进1

9. 炮六退五　卒5平4

图2

由于本局增加中卒，可以垫将解杀，从而为取胜增加了难度。不难发现，阻挡红方攻势的绊脚石是马前卒，只有突破这道防线才可挥师掩杀。如何解决这道难题？

10. 仕六退五　卒4平5　　　11. 兵五平六　……

借势发动中兵投入战斗。

11. …… 卒 5 平 4 **12.** 兵六平七 卒 4 平 5

13. 兵七平六 卒 5 平 4 **14.** 兵六平五 ……

小兵通过"左右滚动"战术完成铲除障碍的任务后安全返回，蓄势待发。

14. …… 卒 4 平 5 **15.** 马七进六 ……

障碍已清除，胜利在望。

15. …… 卒 5 平 4 **16.** 马六进八 卒 4 平 5

17. 兵五平六 ……

冲锋号吹响，中兵重新杀入敌阵。

17. …… 卒 5 平 4 **18.** 兵六进一（红胜）

点评：赏析此局的演示和解剖，可以学习拟局的创作思路和方法，从而理解中局技巧运用。

第 3 局　远炮归营

上两局是为授课选编的教材。为了改变死记硬背的学习模式，而以联想启发学生开发创造性思维，结合学过的内容，留下一道如下的课后作业：试拟一局"远炮归营"的棋局（图 3）。

1. 兵六进一 ……

在当前少子的劣势下任何消极防御都将导致失败。

1. …… 将 5 平 6

2. 车六平四 士 5 进 6

3. 车四进一 ……

精妙！弃车砍士强迫黑炮左移，成为红方的导弹发射架。

3. …… 炮 1 平 6

4. 炮五平四 炮 6 平 8

5. 炮四退四 卒 6 平 5 **6.** 炮四平六（和棋）

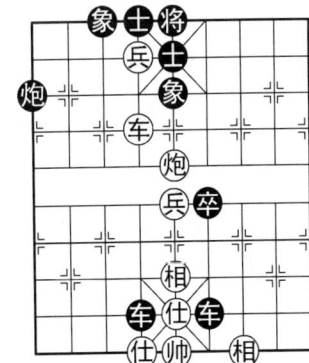

图 3

点评：尽管当时这是初学者的习作，有些简单粗糙，但弃子教驾的构思值得借鉴与参考。

第4局　马到成功

图4，黑方军团已将帅宫合围，倘若红方的杀棋不能一气呵成则必败无疑。红方如何利用先行之利起死回生？请读者朋友启动心算，享受妙杀的愉悦。

1. 炮五进四 ……

炮轰中卒、炸开缺口。

1. …… 士 5 进 6

2. 车六平五 将 5 平 4

3. 车四平六 ……

虎口献车是因为整体战局的需要。

3. …… 将 4 进 1

4. 马三进四 ……

铁骑底线踏士，为黑王定点，实施精确打击。

4. …… 将 4 退 1

6. 马四退五 士 6 退 5

8. 车六平四 ……

再弃一车是"远炮归营"战术技巧的关键一环。

8. …… 士 5 进 6

10. 炮四退五 ……

红炮终于返回大本营，从此展开"借炮使马"的毁灭性打击。

10. …… 士 5 进 6

12. 马六进四 士 5 进 6

策马扬鞭奔袭，欲速擒黑王。

13. …… 士 6 退 5

15. 马四进六 ……

战马千里迢迢抢占"士角"高地，再次为黑王定位，为三路马

5. 车五平六 将 4 平 5

7. 马五进三 将 5 平 6

9. 炮五平四 士 6 退 5

11. 兵四平五 士 6 退 5

13. 马四进二 ……

14. 马二进四 士 5 进 6

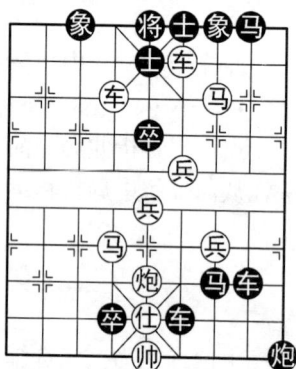

图 4

攻击创造条件。

15. ……	士 6 退 5	16. 马三退四	士 5 进 6
17. 马四进二	士 6 退 5	18. 马二进四	士 5 进 6
19. 马四进二	……		

消除胜利之途的最后障碍，即将擒王。

| 19. …… | 士 6 退 5 | 20. 马二退三（红胜） | |

点评：这是略加改编的古典型杀局，其精雕细琢、妙趣横生的杀着令人拍案叫绝。

第 5 局　战车冲宫

图 5，红方组成攻势强烈的侧翼战术组合，请读者通过心算找到快速杀棋的刀口。答对了恭喜你，答错了也没关系，看完以下答案必会使你如梦初醒。

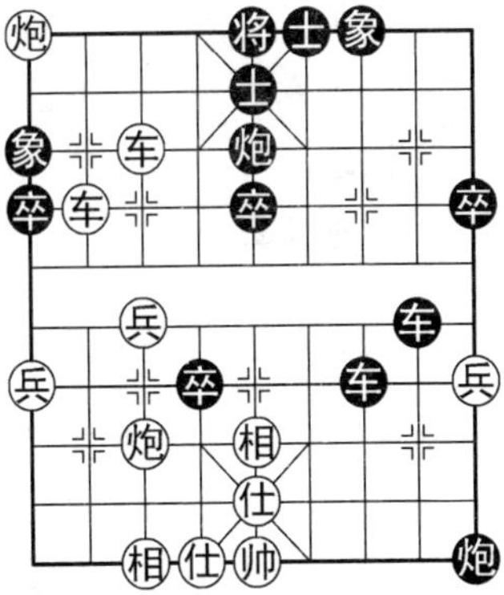

1. 车八进三　……

因有边象防守，不能随意用七路车将军，因在回抽时黑象能退回 3 路而前功尽弃。

1. ……	士 5 退 4
2. 车八退一	士 4 进 5
3. 车七进二	士 5 退 4
4. 车七退一	士 4 进 5
5. 车八进一	士 5 退 4
6. 车七平五	……

石破天惊！这是本局中取胜的关键。

| 6. …… | 士 6 进 5 |

倘若将 5 进 1，车八退一杀。

7. 车八退一（红胜）

点评：领会这一杀法的奥秘，必定在以后遇到相似局面时产生联想，从而提高攻杀能力。

图 5

第6局　一气呵成

早年曾借阅一本徐大庆先生所著《中局杀法》。在一次市级比赛中，作者把谱上一种杀法运用于实战，因对方不晓其中奥妙而终于完成造型过程之后，形成图6局势。红马窝心是致命弱点，你能否快速攻城杀王？

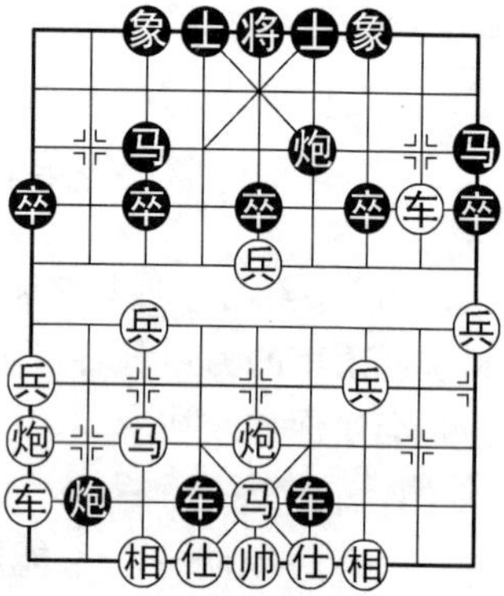

1. ……　　　　炮 2 平 3

2. 兵五进一　　士 4 进 5

3. 车九平七　　……

别无良策暂解燃眉之急。倘若兵五平四，将 5 平 4，亦是绝杀。

3. ……　　　　车 4 进 1

绝妙献车。

4. 帅五平六　　车 6 进 1

5. 帅六进一　　炮 6 进 6

钢炮轰王，火力强大。

6. 帅六进一　　车 6 平 4

7. 车七平六　　车 4 退 1（黑胜）

点评：学习中局杀法不难，难的是如何把学到的技巧与实战完美结合，入杀前的准备——"做棋"是必修课。

图 6

第7局　两度弃车

图 7，红方车马炮在前沿阵地形成三子归边之势，可是后院也面临黑棋致命攻杀，双方胜负仅在一着之间。

1. 炮一进一　　将 5 进 1

倘若士 6 进 5，马一进二，士 5 退 6，马二退四，红胜。

2. 车七进八　　炮 6 平 3　　　　3. 车三进二　　炮 3 平 7

4. 炮一退一　　炮 7 进 1　　　　5. 马一进三（红胜）

点评：本局根据 20 世纪 60 年代名手对局的素材改拟而成。原局是侧翼杀局，而没有七路献车与黑炮左移。几十年过去了，90 年代作者在比赛中重演当年与此相同的杀局，可能因比较精彩被棋友在《上海象棋》杂志推荐发表。这一精妙杀着颇具实战参考价值。

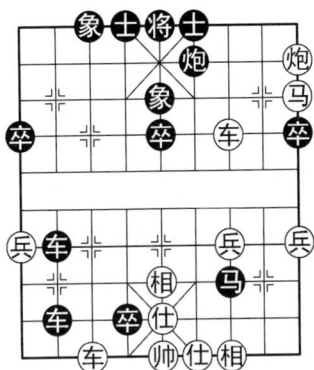

图 7

第 8 局　前仆后继

图 8 是 1957 年 11 月在上海举行的全国象棋个人锦标赛中，著名棋手武汉李义庭对兰州名手管必仲之战的中局。乍看之下红方全力防御，似乎尚可坚守，但是黑方庞大兵团已形成兵临城下的多兵种合围，毁灭性打击顷刻间就要来临。请读者朋友试试能否找到突击点。

1. ……　　　车 1 平 5

精妙绝伦！算准弃车砍仕可做成杀局。

2. 仕六进五　　车 6 平 5

3. 帅五平六　　马 4 进 3

虎口献马，为闷杀铺平道路。

4. 车八平七　　车 5 进 1

分毫不差的杀棋次序。倘若错走炮 5 平 4，马四进六，红方反败为胜。

5. 帅六进一　　炮 5 平 4（黑胜）

点评：连珠妙杀韵味深长，细细品味弃车献马的技巧必有所获。

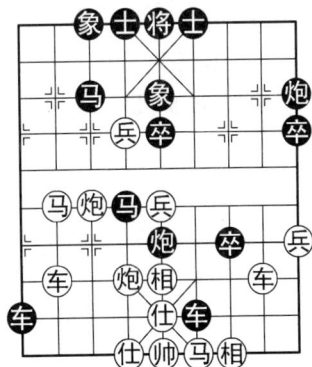

图 8

第9局　弃马陷车

在象棋的海洋中，车是横冲直撞、威力最大的鲸，能在实战中捕获到车是极大的收获。要想捉到大鱼就要有一定的手段和方法，弃马陷车是中局重要战术之一。

图9是飞相对金钩炮第11回合演变而成的形势，表面比较平淡而实则暗伏极佳的战机。请看1960年15岁全国冠军胡荣华执黑棋与山东著名棋手方孝臻在全国象棋个人赛的实战：

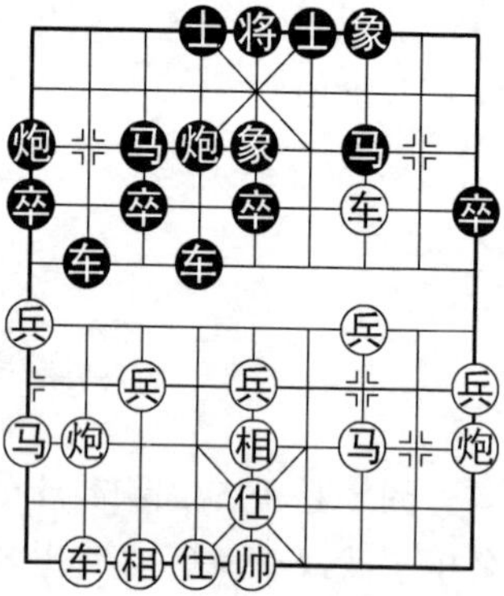

图9

1. ……　　　炮4进1

精巧！强迫红车吞咽黑马的毒饵。

2. 车三进一　马3退5

马炮双打，逼红车于低位。

3. 车三进一　炮1退1

4. 车三平五　士4进5

红车被捉死，只好砍马。

5. 炮一退二　炮1进4　　　**6. 兵七进一　卒3进1**

7. 兵七进一　车4平3　　　**8. 炮八进二　炮4平3**

9. 炮一平三　卒1进1　　　**10. 车八进三　车3进3**

11. 马三进二　炮1平7

黑炮不但白吃一兵，而且为1路通头卒打开通道，红方已难抵抗，黑方胜势。

12. 炮三进二　炮7平3　　　**13. 仕五退四　前炮进4**

14. 帅五进一　车3退3　　　**15. 车八平六　卒1进1**

16. 相五退七　卒1平2　　　**17. 车六进一　车3进1**

18. 车六平七　卒2平3（黑胜）

点评：请仔细体会和掌握弃马陷车基本思路与手段，以后在实战中也能捕车成功。

第 10 局　妙弃双车

刘文哲大师是著名的双枪将，是举世闻名的国际象棋全国冠军。图 10 是 1962 年北京市象棋赛冠军刘文哲与京城名将赵连城的实战中局。红方虽然少子，但中炮镇顶锁五子，并随时可借帅力构成绝杀之势，黑方已呈现摇摇欲坠之势。不过，因有黑边马在侧，老帅不敢贸然出动。红方如何摧毁防线杀王？

1. 车九平八　……

弃车砍炮石破天惊！是斩断黑方防御链条的佳着。倘若帅五平四，马 9 进 7，帅四进一，马 7 退 5，帅四退一，马 5 退 6，黑可暂解燃眉之急。

1. ……　　　　　马 9 退 7

倘若车 2 进 1 吃车，帅五平四，马 9 进 7，帅四进一，马 7 退 5，相七进五，马 5 退 6，兵六进一，红方形成绝杀之势。

图 10

2. 车八平四（红胜）

点评：双车均送马脚之下形成绝杀，黑方只好放弃续弈。弃车杀炮突破防御屏障是充满动态美感的佳着。

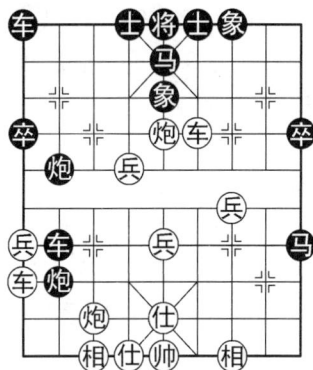

第 11 局　误算一步

中局攻杀中常常出现先紧后松的现象，使到手的胜利在瞬间化为泡影。图 11 是 1930 年华东周德裕与华南李庆全两位著名前辈棋手刺刀见红的中局格斗。黑方净多三卒，物质优势极为丰厚，显然红方只能速战速决。

1. 车三退一　……

献车抢攻，精妙绝伦！

1. ……　　　　车 4 平 7

明知吞下毒饵也无可奈何，如逃车则黑势崩溃。

2. 马四进三　将 5 平 4

现在到了关键时刻，红棋走哪步棋好呢？

3. 炮九平六　……

大好前景毁于一旦！可车八平六，炮 3 平 4，炮五平六，炮 4 退 1，炮九退一，士 5 进 4，车六进一，马 7 进 6，车六平五，红胜。

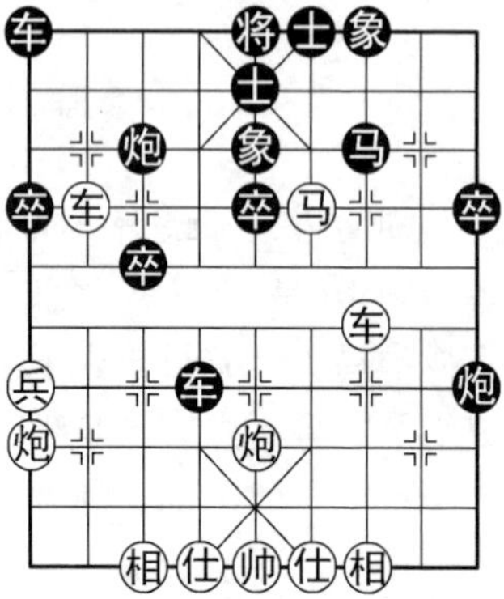

图 11

3. ……　　炮 3 退 1　　　　**4. 车八平六　炮 3 平 4**

5. 炮六退一　车 7 平 5

栓死中炮。红棋难以成杀，局势立即逆转。

6. 仕六进五　车 5 进 1　　　**7. 相三进五　炮 9 平 7**

（黑优余略，最后大战 125 回合和棋）

点评："临门一脚"之际一定要沉着冷静，计算精确。

第 12 局　弃马夺城

图 12 是 1959 年全国冠军杨官璘与上海著名棋手朱剑秋的实战中局。现在黑方中炮打马，边炮暗伏平中路攻车，红棋似乎在劫难逃。

1. 炮一退一　……

绝妙佳着！

1. ……　　炮 9 平 5

倘若车 4 进 4，马八退七，将 4 退 1，仕四进五，车 4 退 4，马七退九，红棋胜势。

2. 马八退七（红胜）

黑方以下有四种走法均难起死回生，黑方放弃续弈。①将 4 退

1，炮一进八，后炮退 1，马七进八，将 4 进 1，炮一平五，红大优。②前炮平 3，炮一平六，打死肋车红胜。③车 4 平 3，炮一平六，前炮平 4，仕六退五，炮 4 平 5，车五平六，红胜。④将 4 进 1，车五进三，车 4 平 5，炮一平六，车 5 平 4，帅五平六，打死黑车红胜。

点评：红退炮献马精彩奥妙，细细品味必大有收获。

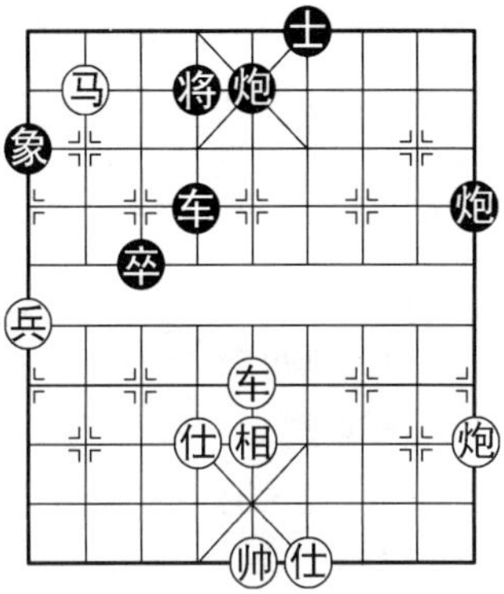

第 13 局　献车擒王

图 13 是全国象棋个人赛冠军胡荣华与黑龙江名将王嘉良之战的著名中局。粗看盘面，红方多子且已构筑防御阵线，给人一种难以进犯的感觉。然而这一表面现象掩盖着的实质是黑方四子攻城，有强大的攻击力，红方有一处很难察觉的致命破绽。

1. ……　　　车 8 进 9

2. 帅四进一　车 8 退 1

频频打将迫使红帅定位，为下一步攻击奠定基础。

3. 帅四退一　车 1 平 4

虎口献车，一举击中要害！

4. 马六退四　　……

只好委曲退守。倘若马六进四，车 4 进 7 砍炮，仕五进六，炮 7 进 3 黑胜。

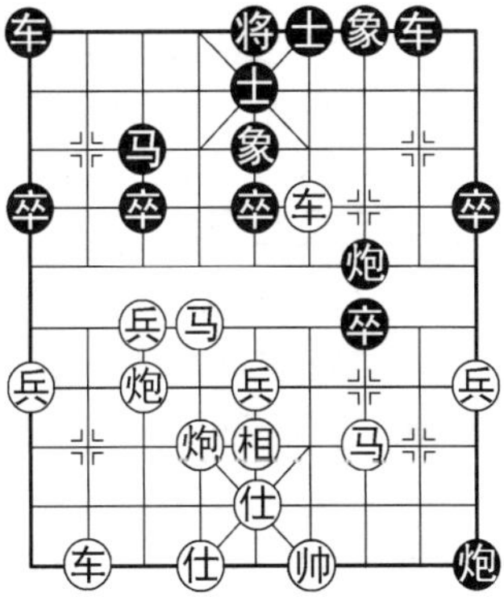

图 13

4. ……　　　炮 7 进 3

5. 炮六平三　卒 7 进 1

6. 炮七退一　车 8 进 1

7. 帅四进一　车 8 退 5

8. 车八进七　车 8 进 4

9. 帅四退一　车 8 进 1

10. 帅四进一　炮 9 平 4

弃炮打仕，摧毁最后防线。

11. 马四进三　　炮 4 平 6　　　　**12.** 车四平三　……

只好离开肋道。如仕五退四，车 8 退 1，帅四进一，卒 7 进 1，黑胜。

12. ……　　　　卒 7 进 1　　　　**13.** 炮七平三　车 8 退 1

14. 帅四退一　车 8 平 5

弃炮杀仕，形成"双车挫杀"之势，黑方胜定。

15. 炮三退二　车 4 进 8　　　　**16.** 车三平四　车 5 平 7

17. 帅四平五　车 4 平 5

18. 帅五平六　车 7 退 4（黑胜）

点评：这是一局不可多得的杀王佳构，独具慧眼源于深厚的功力。

第 14 局　弃炮夺城

　　1963 年，北京、黑龙江、吉林、长春四省市象棋比赛在长春市举行。图 14 是黑龙江金启昌与北京刘文哲两位大师以"列炮朝前堵"形成的中局。盘面黑方多卒又在兑炮，占有一定的物质优势。可是令人惊奇的是金大师在数个回合之后竟挥师直逼九宫。

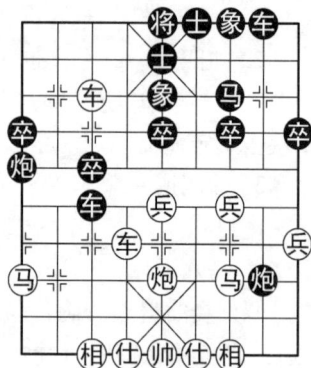
图 14

1. 车六进五　士 5 退 4

2. 马三进五　车 3 进 4

3. 炮五平八　……

调虎离山！从以下的争斗可认识到这步棋的高妙。

3. ……　　　　炮 1 平 2

4. 炮八平六　……

瞄准底士选择突破口。

4. ……　　　　士 6 进 5

倘若炮 8 平 1，炮六进七，红有较强的攻势。

5. 炮六进七　……

算度深远！弃炮轰底士，由此打开通往胜利的缺口。

5. ……　　　炮 8 退 6　　　　**6. 车六退二　士 5 退 4**

7. 车七平八　……

至此可体会到平炮"顿挫"的远见。

7. ……　　　车 3 平 1　　　　**8. 车八退二　车 1 退 2**

9. 车八进四　将 5 进 1　　　　**10. 兵五进一　……**

精妙！弃兵开放马的通道，利于全线出击。

10. ……　　　卒 7 进 1　　　**11. 车六进三　象 5 退 3**

12. 车六平七　卒 5 进 1　　　**13. 马五进四　……**

虎口献马是为调虎离山。

13. ……　　　马 7 进 6　　　**14. 车七平五　将 5 平 6**

15. 车五平四　将 6 平 5　　　**16. 车八平五　将 5 平 4**

17. 车四退一　将 4 进 1　　　**18. 车四平五（红胜）**

点评：弃炮换单士，以子力价值对比显然不便宜，但击破王城的厚墙则另当别论。请细细体会炮轰士后给黑棋造成的破坏。

第 15 局　弃车突破

战至中局，寻觅突破口是扩大优势、争取胜利的重要手段。可是要在十分复杂的中局寻找切入点，往往会使初学者感到无所适从。为了解决这一难题，应该学习掌握一些基本突破技巧和方法。

防线分中路防线与侧翼防线两种，而中路防线又分前沿防线、第一道防线、第二道防线。前沿防线是指"河口与兵林或卒林"地带；第一道防线是指"中相或中象"地带；第二道防线是指"横向二路线与底线"地带。

中路象（相）是九宫城堡的大门，一旦被毁，后院就容易遭到致命的攻击，所以对第一道防线实施打击与突破是中局重要的"着眼点"之一，下面谈谈如何突破第一道防线与杀象入局。

图 15，两军阵前，红方虽然有中炮镇顶，但似乎后续兵力不足，要想攻城擒王谈何容易。然而，红方可利用闪击战术对黑方实施毁灭性打击。

1. 炮二平五　……

弃车抢攻！趁黑方子力拥塞之机突发闪击妙手，使黑方措手不及。倘若车五退二保炮则属庸俗。

1. ……　　　　车 8 进 4

明知是毒药也只好吞咽！倘若马 1 退 3，车二进四，黑方丢车必败。

2. 车五进二　……

因有重炮作后盾，杀象斩士犹入无人之境！

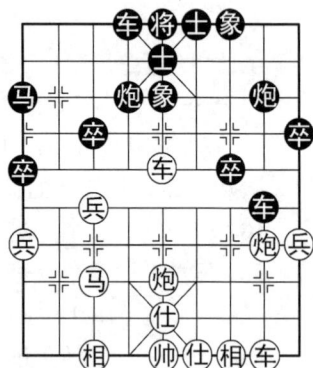

图 15

2. ……　　　　车 4 平 2

只好让路。倘若象 7 进 5，后炮进五，重炮绝杀。

3. 车五进一　将 5 平 4　　**4. 前炮平六　炮 4 平 5**

5. 马七进六　炮 5 平 4　　**6. 马六进五　炮 4 平 5**

7. 炮五平六（红胜）

点评：一气呵成的连珠妙杀简捷高效，车双炮组成的重炮杀棋是摧象掠士极具杀伤力的战术组合。

第 16 局　御驾亲征

有了上局杀王突破的思路，对这盘棋如何做杀不会感到困难。读者朋友能否一气呵成杀死黑王（图 16）。

1. 车二平六　……

弃车砍炮强力清除前进中的障碍，为夺取胜利打开通道。

1. ……　　　　车 4 进 3

为什么不车 8 平 6 叫杀？车六进三，将 5 平 4，后炮平六，士

5 进 4，马六进七，绝杀红胜。

2. 车八进九　车 4 退 3

3. 马六进五　……

再弃一车，摧枯拉朽。

3. ……　车 4 平 2

4. 帅五平六　……

御驾亲征，犹如平地惊雷！

4. ……　车 2 平 4

5. 马五退六　象 7 进 5

6. 后炮进五（红胜）

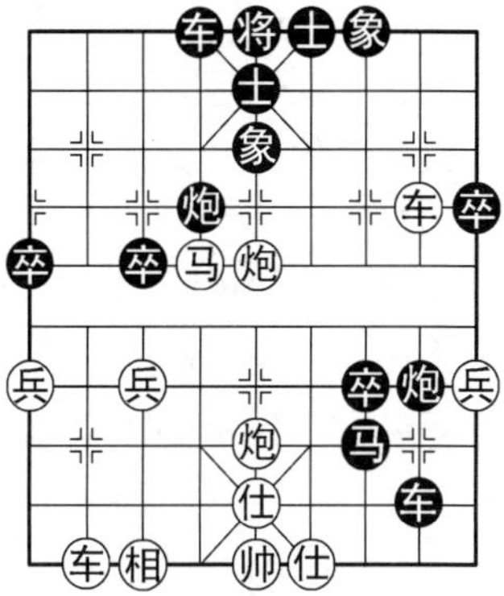

图 16

点评：宜细细体会御驾亲征的意境，否则容易失去良机。

第 17 局　将计就计

已故特级大师孟立国对杀象入局有很高的造诣，在 20 世纪 60 年代被棋界誉为“杀象能手”。在他几十年的征战中有很多脍炙人口“杀象入局”的经典之作。图 17 是 1960 年全国棋类锦标赛，孟立国与广西名手郑亚西之战。红方孤车塞象眼，使黑方中象成为潜在的打击目标。实现中路攻击的主要障碍是黑车，而要撵走黑车并非易事。倘若炮五进一准备打车攻象，黑则先下手炮 2 平 4 先打，显然中路打车的构想是一厢情愿。那么在这复杂的牵制与反牵制争斗中，怎样做出正确的决策？请看孟老前辈“将计就计”。

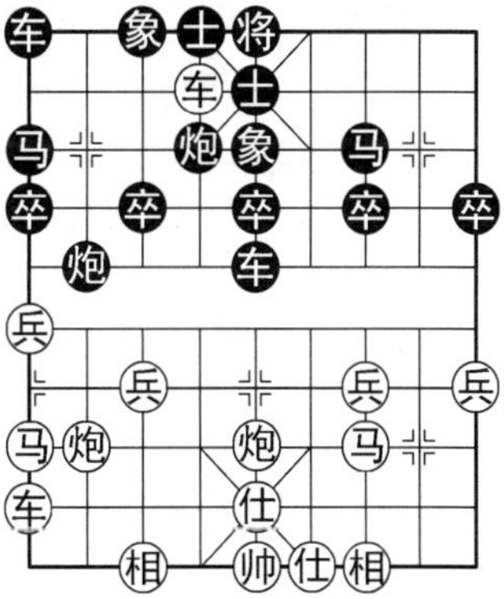

图 17

1. 车九平六　……

明知打双车，偏向肋道行！平车点肋是将计就计诱敌深入的佳着。

1. ……　　　炮 2 平 4　　**2.** 后车进四　……

弃车砍炮是既定方针。尽管车的价值极大，但是为了达到中炮轰象的目的，也要在所不惜，强逼黑车离开中线。

2. ……　　　车 5 平 4　　**3.** 炮五进五　将 5 平 6

出王逃驾风险加大。另有两种选择：①士 5 进 6，炮五平三，士 4 进 5，炮八平五，车 4 平 5，炮三平六，士 5 进 4，车六退一，士 6 退 5，车六退四，红方优势。②士 5 退 6，马三进五，车 4 平 8，车六退一，卒 3 进 1，马九进八，红方优势。

4. 马三进五　车 4 平 5

迫于无奈只好送吃！倘若车 4 平 2，炮八平四，黑方也难抵御。

5. 炮八平四　……

似应炮五退二，卒 5 进 1，马五进四，马 7 进 5，马四进五，将 6 进 1，马五退三，将 6 退 1，马三进二，将 6 进 1，车六平八，红方优势。

5. ……　　　车 5 进 2　　**6.** 炮五退四　车 1 平 2

7. 马九退七　车 2 进 9

急躁！似应车 2 进 5 加强防守为宜。

8. 马七进五　卒 5 进 1

9. 炮四进五　……

孟老前辈刀锋锐利，虎口献炮是抢先佳着。

9. ……　　　将 6 进 1（图 18）

加速失败进程！倘若炮 4 平 2，炮五平四，将 6 平 5，前炮平五，士 5 进 4，炮五平八，车 2 退 7，车六平三，士 4 退 5，马五进四，虽然红方稍优，黑方尚可坚守。

图 18

10. 炮五平四　……

再献一炮，新一轮杀势即将展开！

10. ……　　　将 6 进 1　　**11.** 马五进四　将 6 平 5

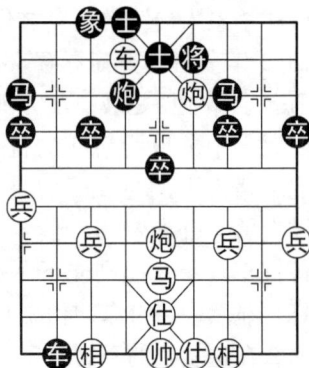

12. 马四进三　将5平6　　　　**13. 马三退五　将6平5**

倘若将6退1，马五进六，将6退1，马六退四，将6平5，马四进三，将5平6，车六退四，红方胜势。

14. 炮四平五　马7进5　　　　**15. 炮五进三　……**

精巧的连珠妙杀势如潮涌，把黑王逼上三楼，已呈绝杀之势。

15. ……　　　　车2退5

倘若车2平3，仕五退六，车3退3，兵三进一，车3退2，马五进三，将5平6，炮五平一，车3平8，车六平八，炮4平5，车八退五，红方胜势。

16. 炮五进二　……

绝妙的杀王佳着！

16. ……　　　　车2平4

倘若炮4进1，马五进三，炮4平6，炮五平三，红亦胜势。

17. 马五进三　将5平6　　　　**18. 炮五退一（红胜）**

点评：请体会"做棋"思路。如明火执仗"炮轰中象"，必然会引起对手的警觉，从全局出发才能找到准确的突击位置。

第18局　全军围城

这是1960年全国象棋个人赛特级大师孟立国与特级大师蔡福如之战。图19，红方中路攻势较大，与其他各兵种组成优良的战术组合，呈现侧翼与中路双重立体攻势。但是黑方攻势也不可以小觑，大有双车一线挫杀擒王之势。攻城杀王并非智取华山一条路。

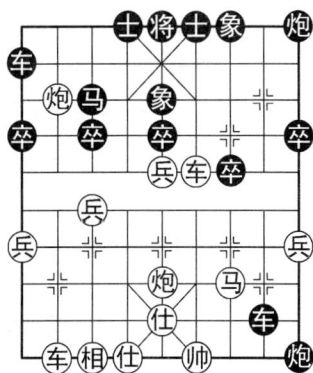

图19

1. 炮八平五　……

名扬天下的"杀象能手"孟大师炮轰中象，以其独特超常思维演绎名局。倘若兵五进一，马3进

5，车四进一，也是红方优势，但难与实战媲美。

1.……　　　　车1平8

搏杀之势迫在眉睫，箭在弦上不得不发。

2. 兵五进一　前炮退2

暂解燃眉之急。

3. 后炮进二　前车平7

倘若马3进5，前炮平九，马5退4，车四平五，士4进5，炮九进二，马4进2，车八进七，红胜。

4. 兵五平六　……

一气呵成的杀王由此展开。

4.……　　　　马3进5

5. 前炮平九　马5退4

别无选择，只好委曲退马。

6. 炮九进二　马4退2（图20）

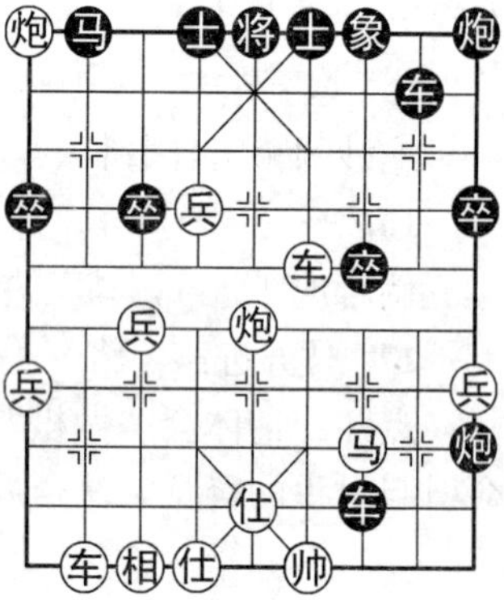

为什么不将5进1？车四平五，象7进5，车五平六，象5退7，兵六平五，象7进5，车六进三，将5平4，车八进八，将4进1，兵五平六，绝杀红胜。

图20

7. 车四进四　……

孟大师以杀象入局而名扬天下，现在弃车杀士，再逞神威。

7.……　　　　将5进1

倘若炮9平6，兵六平五，车8平5，车八进九，绝杀红胜。

8. 车八进八　马2进4　　　9. 兵六平五　象7进5

10. 车四平五（红胜）

点评：短小精悍，一气呵成，堪称当代经典杀局。

第19局　底线单摘耳

棋谚云："缺士忌双车"，所以实施对第二道防线突破时运用弃子"单摘耳"是攻城擒王十分有效的战术手段。"单摘耳"是什么

兵器？因士（仕）好像两只耳朵在将
帅左右守护，如强行掠去其中一只即
"单摘耳"。

　　初看图 21，似乎一片和平景象，
实际上红棋却可利用先行之机巧施
"单摘耳"。读者是否已找到攻击目标？

　　1. 前车进五　　士 5 退 4

　　2. 炮四进七　　……

　　弃炮轰士，强行"单摘耳"，造成
黑王失去护卫。

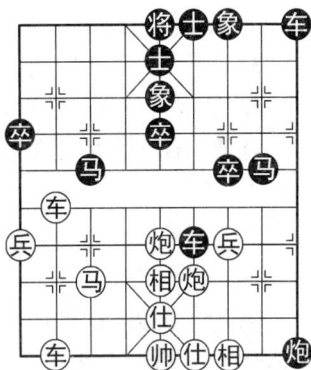

图 21

2. ……　　车 4 退 6	**3. 后车平六　　将 5 进 1**
4. 车八退一　　将 5 退 1	**5. 车八平六　　士 4 进 5**
6. 后车平八　　士 5 退 4	**7. 车八进九（红胜）**

　　点评："单摘耳"战例很多，因篇幅所限仅简介一则，读者应
体会"单摘耳"的目的和意义，在棋战中运用"单摘耳"战术技巧
克敌制胜。

第 20 局　　冷剑穿心三点头

　　"兵贵精而不贵多"这一军事术语在弈战中体现得淋漓尽致。
图 22，黑方兵多将广，红方大有寡不
敌众之危。在上局的启发下，读者能
否以冷剑穿心之术突击擒王？

　　1. 炮八进一　　……

　　倘若炮八平四贪车是自取灭亡。

　　1. ……　　　　象 1 退 3

　　2. 车九平五　　……

　　冷剑穿心令人心惊，黑王虽有禁
军护卫却危在旦夕。

　　2. ……　　　　将 5 进 1

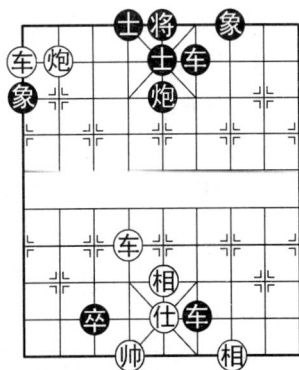

图 22

无可奈何，如车6平5则遭闷杀。

3. 车六进五　将5退1　　　　　　**4. 车六进一　将5进1**

5. 车六退一（红胜）

点评：简单而实用的精妙杀法须牢记。

第21局　飞马狂踢三点头

图23，黑方城防似乎固若金汤，实则有致死的弱点。现在只要依托"凤凰三点头"的威慑之力飞马狂踢，攻城擒王不是难事。

1. 马六进五　……

飞马踏士，"凤凰三点头"的杀机显现。

1. ……　　　象5进3

只好敞开城门。另有两种选择：①车7退1，马五退七，马3进4，车四进四，将5进1，车四平五，将5平4，马七进八，红胜。②将5平4，马五退七，将4进1，车四进四，红胜。

2. 马五进七　马3退4

倘若将5平4，车四进四，将4进1，车四退一，红胜。

3. 车四进四　将5进1　　　　　**4. 车四平五　将5平4**

5. 车五平六　将4平5　　　　　**6. 车六退二（红胜）**

点评：一气呵成的杀着显示"凤凰三点头"的强大威力。请注意：这种以车炮组合为主体的杀法必须有将帅助攻。

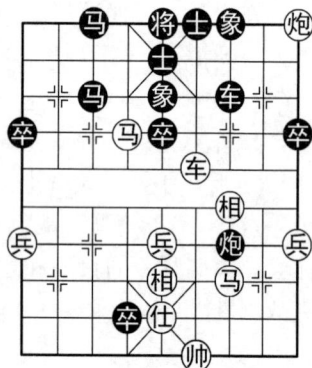

第22局　弃车砍士侧面虎

图24，前辈棋人把占据重要战略位置的马与车形成侧翼组合攻势称为侧面虎。

侧面虎是中局突破颇有杀伤力的攻击战术，尤其袭击侧翼空当无人区更有奇效。从一个"虎"字即可见其威势。

1. 前车进三　　士5退6

2. 前车平四　……

弃车砍士，击破第二道防线，为胜利打开通道。

2. ……　　　将5平6

3. 车二进五（红胜）

点评：如果你认为侧面虎的杀法

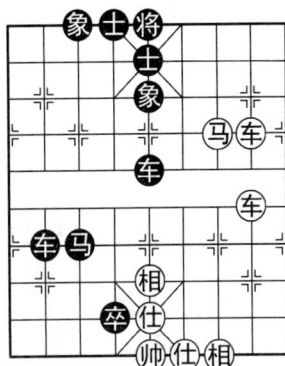

图 24

过于简单而忽略它，那就大错特错。作者忠告：正是简单、短小的杀法多重组合汇聚才能演绎出轰轰烈烈的中局大战。领会本局侧面虎杀法后，心算以下数局必心中有谱。

第 23 局　抢占中路侧面虎

图 25，黑方右翼空当已成无人区，九宫城堡仅有弱士残象守护。请读者借先行之机，以侧面虎战术击破黑方防线。

1. 车八进四　　士5退4

2. 车八平六　……

弃车换士，牵王出寨。

2. ……　　　将5平4

3. 车四进四　　将4进1

4. 车四平五　……

平车控中是经典战术技巧，只有抢占中线才能充分发挥侧面虎的威力。

4. ……　　　炮8平4

5. 马八进七　　将4进1

6. 车五平八（红胜）

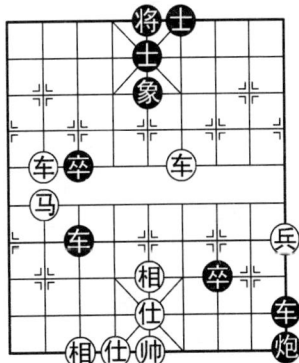

图 25

点评：这是经典侧面虎杀法之一。作者曾目睹黑龙江王国富、上海朱伟频分别于 1978 年和 1990 年全国少年赛中以与本局相近的侧面虎杀败对手，取得骄人战绩。著名棋手王国富、朱伟频在少年时代受过高人指点与专业训练，而业余棋手不识"虎"者，被虎吞食也就不足为奇。

第 24 局　　组合式侧面虎

20 世纪象棋谱很少，中局谱更是凤毛麟角。作者曾于 60 年代三顾茅庐才从一老棋手处借阅一本《中国象棋谱》第二集，其"中局研究"里有图 26 的侧面虎杀法。精妙杀法使作者几十年后依然记忆犹新，现借花献给读者朋友赏析。

1. 炮三进四　……

摧毁第一道防线，从而撕开王城缺口。

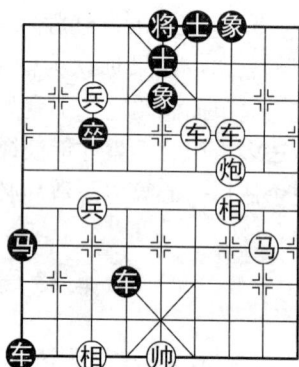

图 26

1. ……　　　　　象 5 退 7

2. 车四进三　……

弃车逼黑王出宫。

2. ……　　　　　将 5 平 6　　**3. 车三进三　将 6 进 1**

4. 马二进一　……

侧面虎两路杀棋使黑方防不胜防。

4. ……　　　　　车 1 平 3　　**5. 帅五进一　车 4 平 5**

献车逼红王脱离中线，否则红王中路助攻而难解侧翼两路追杀，如车 4 退 4，马一进二，将 6 进 1，车三退二，将 6 退 1，车三进一，将 6 进 1，车三平四，"白脸将"杀。

6. 帅五平六　……

倘若帅五进一，车 3 平 5，帅五平六，马 1 进 2，帅六退一，马 2 退 3，帅六进一，车 5 平 4，绝杀黑胜。

6. ……　　　　　车 5 进 1

再次献车，为"马"引路。

7. 帅六平五　马 1 进 3		**8.** 帅五进一　车 3 平 5	
9. 帅五平六　士 5 进 6		**10.** 前兵平六　车 5 平 4	
11. 帅六平五　马 3 退 4		**12.** 帅五退一　马 4 进 6	
13. 帅五平四　将 6 平 5			

为什么不车 4 退 7 吃兵？车三平五，士 6 退 5，马一进三，车 4 平 7，车五平三，红胜。

14. 车三退一　将 5 退 1		**15.** 兵六平五　将 5 平 4	
16. 车三平二　车 4 退 4			

这步棋值得商榷。似可车 4 退 2，马一退二，马 6 进 8，帅四平五，马 8 进 7，帅五平四，车 4 进 1，帅四退一，车 4 进 1，帅四进一，车 4 退 5，帅四退一，车 4 平 6，帅四平五，车 6 平 5，帅五平四，车 5 退 2，黑方尚可一战。

17. 车二进一　将 4 进 1		**18.** 车二退三　将 4 退 1	
19. 马一进二　车 4 平 6		**20.** 马二进四　士 6 退 5	
21. 兵五进一　……			

似可车二进三，将 4 进 1，兵五平六，将 4 进 1，车二退二，将 4 退 1，马四退五，将 4 退 1，马五退四，红胜。

21. ……　　　马 6 退 8	

倘若马 6 进 7，帅四平五，车 6 平 5，帅五平四，车 5 退 4，马四退五，车 5 进 1，车二进三，将 4 进 1，车二平五，红胜。

22. 帅四平五　车 6 平 5		**23.** 帅五平四　车 5 平 6	
24. 帅四平五　马 8 进 7		**25.** 帅五进一　车 6 平 5	
26. 帅五平四　车 5 退 4		**27.** 马四退五　车 5 进 1	
28. 车二进三　将 4 进 1		**29.** 车二平五（红胜）	

点评：本局所拟着法虽然略有瑕疵，但瑕不掩瑜，其多种战术技巧组合是学习中局对杀的较佳教材。请读者细细领略侧翼"马步"点位与车马组合的攻击技巧。

第 25 局　钓鱼马杀法

　　钓鱼马就是在对方九宫两翼 3、7 线上的马，也称之为高吊马或高钓马（图 27 的红马就是钓鱼马）。

　　钓鱼马由于占据重要战略要点并且控制九宫约 5/9 的点位，一旦与其他兵力组成有效配合，往往会爆发极大杀伤力，所以钓鱼马是中局攻城擒王的锐利武器。

　　图 27，黑方士象稳正，并有重兵压境全面推进之势，似乎其势大优。但象棋的魅力正是在于无穷无尽的变化。

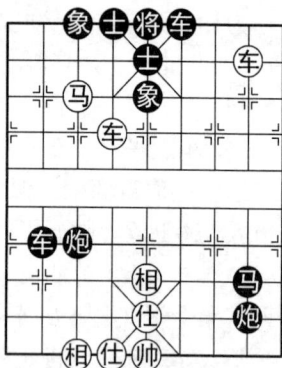

图 27

　　1. 车六进三　……
　　弃车杀士突破敌方第二道防线，为后续兵马打开通道。

　　1. ……　士 5 退 4　　　2. 车二平六　……
　　前仆后继！

　　2. ……　车 6 进 9
　　自毁障碍而别无良策退敌。

　　3. 帅五平四　炮 3 平 6　　　4. 车六进一（红胜）
　　点评：通过本局可以领略钓鱼马攻击杀王的威力。

第 26 局　远程助攻钓鱼马

　　图 28，黑棋看似稳固而实则有致命的防卫弱点。读者朋友能否运用钓鱼马的战术组合八步杀王？

　　1. 车四进三　……
　　弃车为"钓鱼马"开路。

　　1. ……　将 5 平 6　　　2. 车六进三　将 6 进 1

3. 车六退一 ……

逼黑将定位。倘若马四进三，卒 6 平 5，仕四进五，车 3 平 5，帅五平六，车 5 进 1，帅六平五，炮 9 进 1，绝杀黑胜。

3. …… **将 6 退 1**

倘若将 6 进 1，马四进六绝杀。

4. 马四进三 将 6 平 5

5. 帅五平六 ……

红帅远程助攻，解杀还杀，妙！

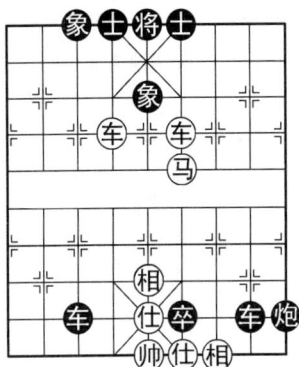

图 28

5. …… **车 3 平 4**　　　　**6. 车六退七** ……

倘若帅六进一，卒 6 平 5，帅六退一，卒 5 平 4，帅六平五，炮 9 进 1，黑方反败为胜。

6. …… **炮 9 退 8**　　　　**7. 车六进七 车 8 退 6**

8. 车六平五（红胜）

点评：在钓鱼马的战术组合中要重视"将帅"的助攻妙用。

第 27 局　飞马奇袭

马是长短综合型兵种，马踏八方是其优良性能的真实写照。在对第二道防线突破中，马的奇袭往往会收到出其不意的效果。

图 29，两军正上演对杀高潮，胜负仅在一步之间。请读者思考黑方如何突破。

请看"拼命大师"于幼华妙演"神法步"。

1. …… **马 3 进 5**

赛场上，作者作为教练在旁看棋，此时屏息静气，高度紧张，因这盘棋

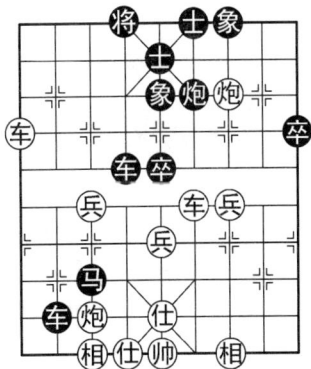

图 29

关系到火车头队的胜败。当于幼华弈出这步突破防线的杀着后，心中顿时暗暗叫绝："真乃神人也！"

2. 车九进三　将 4 进 1　　3. 炮三进一　炮 6 退 1

4. 仕六进五　车 2 进 1

明察秋毫！如车 2 平 3，车九退九，黑棋反胜为败。

5. 仕五进六　车 2 平 3

6. 帅五进一　车 4 进 3（黑胜）

点评：弃马踩仕是绝佳的突破刀口，细心领会必获益匪浅。

第 28 局　定点爆破

图 30，红方双炮镇顶却难成杀势，虽然多兵，但左马呆滞，右车被困，呈现被动落后之势。黑方双车马炮在前沿阵地构成漂亮的攻势组合，如何选择突破点是当前取胜的关键。请赏析著名象棋大师季本涵的精彩入局。

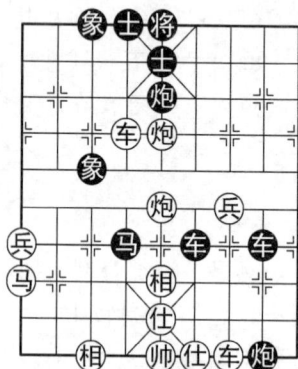

图 30

1. ……　　　马 4 进 5

飞马踢士扭断第二道防线的防御链条，为夺取胜利打开通道。如将 5 平 6，车六退三！车 6 平 4，后炮进三，象 3 退 5，车三平二，车 8 进 3，炮五平一，和棋残局。

2. 帅五平六　……

出帅反杀暂解燃眉之急。倘若帅五进一，车 8 进 2，帅五退一，车 6 进 3 杀。

2. ……　　　马 5 退 3　　3. 马九退七　将 5 平 6

4. 后炮进三　车 6 进 3　　5. 帅六进一　车 6 退 1

6. 帅六进一　车 8 进 2　　7. 车三平六　炮 8 平 9

步步摧杀，不给红棋丝毫喘息之机。

8. 前炮平八　炮 9 退 2　　9. 相五进七　车 6 退 1

10. 炮五退四　　车6平5

11. 帅六平五　　车8退1（黑胜）

点评：一气呵成的杀棋流畅完美，突破点的正确选择是成功的前提。

第29局　铁骑闯宫

图31，红方中炮镇顶，双车控制要道，呈攻守两利之势。但红马被捉，面临进与退的抉择。请看于红木大师的强行突破。

1. 马三进五　　……

飞马踢士，突破第二道防线，使第一道防线的双象也有被撼动的威胁。如马三退五逃马，马3退4，战线拉长，变数增加，更谈不上阳刚之气的艺术美感。

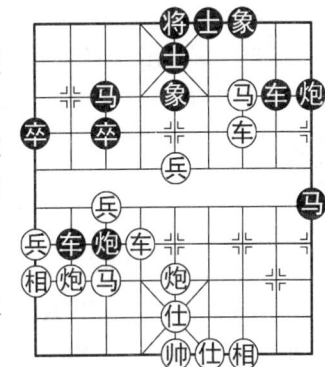

图 31

1. ……　　　　士6进5

别无良策。如马3退5，帅五平六，黑棋难以招架。

2. 兵五平四　　车8退2

3. 兵四进一　　炮9进2

4. 兵四进一　　炮9平5

5. 兵四进一　　象7进9

三进兵形成强大攻势。如车2进1，帅五平六，车2退7，炮五进五，士5进4，车三进二，红胜。

6. 帅五平六　　象9进7

7. 车三平四　　车8进2

8. 车四平一　　车8平9

绝妙！借势突破第一道防线。

9. 炮五进五　　……

9. ……　　　　士5退6

10. 车六进五（红胜）

点评：正确选择突破点才会有较高的成功率和较佳的效果。

第 30 局　同形相搏

图 32，呈同形对攻形态。双方当头炮针锋相对，钓鱼马在前沿阵地蓄势待发。但在对攻同形之下先杀者为强。请欣赏宗永生大师的抢先入局。

1. ……　　马 3 进 5

突破防线背水一战。如马 3 退 5，马七退五，红棋小先手。

2. 仕四进五　……

倘若以牙还牙马七进五，马 5 进7，仕四进五，马 7 退 6，帅五平四，马 6 退 5，红棋车马难有杀棋，黑亦胜定。

2. ……　　车 8 进 9

3. 帅五平四　……

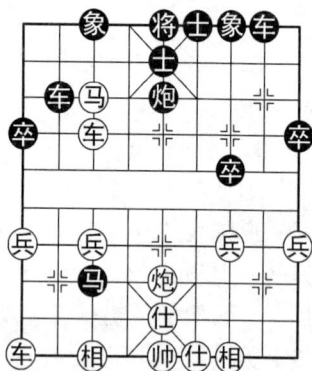

图 32

由于时间恐慌而出现逃帅出府快速自杀的错误。当时作者在旁看棋认为，应马七退五，兑炮后红马有回家护院的机会。

3. ……　　车 8 平 7	**4. 帅四进一　车 2 进 6**
5. 车七平五　炮 5 进 5	**6. 车五退四　车 2 退 6**

7. 车九进二　……

只好忍痛丢子。如逃马，黑右车左移胜势。

7. ……　　车 2 平 3（黑棋胜势）

点评："先下手为强"的古训在棋战中是颠扑不破的真理。把水搅混，乱中取胜也是高明棋手常用的手段。

第 31 局　肋道突破

炮具有远程射击的特性，因而对第二道防线的突破十分有效。为了启发读者突破第二道防线的意识和灵感，我们一起研究肋道突破。

图 33 是 20 世纪 80 年代由五六炮对反宫马形成的著名变例。现在黑棋面临多种选择。一般棋手的第一感觉必会盯在冲 3 卒欺马巧渡,特级大师胡荣华却另有超凡脱俗的思维。

1. ……　　　炮 6 进 7

弃炮轰仕是大手笔,倘若错走卒 3 进 1 则反落圈套,因红可兵七进一!炮 2 平 6,车八进九,马 3 退 2,炮五进四。黑棋虽然多子,但红兵的威胁很大,黑势不好。

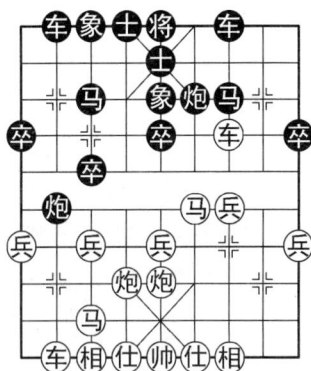

图 33

2. 帅五平四　炮 2 退 2　　　**3. 炮六进四　卒 5 进 1**

4. 炮六进一　炮 2 平 6

经轰士、炮打、挺卒、闪将四步前奏曲而巧妙地劫吃一车,精巧构思令人叹为观止。

5. 车三平四　车 2 进 9　　　**6. 炮六平三　车 2 平 3**

弃马杀相志在一搏。如车 7 进 2,炮五进三,车 2 平 3,马七进五,车 7 进 3,马四进三,车 7 进 4,帅四进一,马 3 进 5,车四平五,车 7 退 5,马三进二,红棋有惊无险,胜势。

7. 炮三平七　……

箭在弦上不得不发。如炮五进三打卒,车 7 平 6 兑车,黑优。

7. ……　　　车 3 平 4(图 34)

8. 马七退五　……

机不可失!应炮五退二,车 7 平 6,车四进三,将 5 平 6,马七进五,车 4 退 7,炮七平五,象 3 进 5,兵五进一,红方多子胜势。

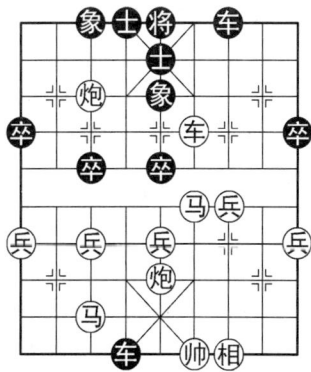

图 34

8. ……　　　车 7 进 5　　　**9. 相三进一　车 7 进 1**

10. 马四进三	车7平8	11. 炮五平三	车8进1
12. 炮三退一	车3平5	13. 炮三退一	车5平9
14. 马三退二	车9进2	15. 车四平三	车9退3
16. 车三平二	车9平7	17. 炮三进二	车7平8
18. 炮三平五	……		

红方眼睁睁看着到嘴黑士却不敢吃，否则将丢子败局。现平中炮企图偷杀。

18. ……	车8进3	19. 帅四进一	车4退1
20. 炮五退一	车8退1（黑胜）		

点评：步步摧杀，精彩奇妙！请读者注意，本局仅供欣赏胡司令"献炮陷车"的构思与技巧而不适宜实战，因在图34形势下红方倘若退炮，结果将要改写。

第32局　炮火摧宫

图35，红马窥槽，与占据重要战略点位的右车形成遥相呼应之势，但黑棋以双士构成的第二道防线是红棋左马右车战术组合的最大障碍。如何选择突破？请看宋国强大师的精彩表演。

1. 炮四进七　……

弃炮换士是突破第二道防线的关键。

1. ……　　　将5平6
2. 车二平五　车3平2
3. 车八进一　……

"缺士忌双车"是颠扑不破的棋理，现高一步短车准备向敌方破碎九宫集结，为构成双车联杀的战术组合。

3. ……　　　马5退7

图35

4. 车五平三　炮6进1　　5. 车八平四　马7进8

如车2进3，车四进五，将6平5，车三退一，红棋夺回失子胜定。

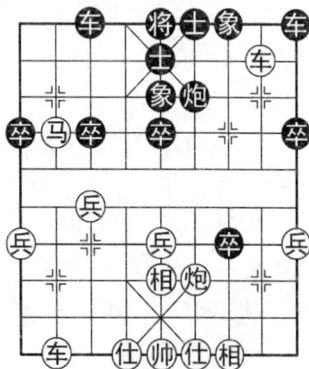

6. 马八进七　车2平3　　　　　7. 车四进四　车9平8

8. 车四平六　马8退9　　　　　9. 车三平一　车8进3

黑方第二道防线被摧毁后很难抵御红方双车追杀。倘若车8进2，车六平四，车8进1，兵五进一，车8平7，兵五进一，马9退7，车一平三，车7退2，车四进一，车7平6，马七退五，将6平5，车四进二，红胜。

10. 马七退五　……

摧毁最后的防线，黑方防不胜防。

10. ……　　　　　象7进5　　　11. 车一退一　象5退7

12. 车一平三　车8退3　　　　　13. 车三平四　将6平5

14. 车六平五（红胜）

点评：应细细体会突破第二道防线的战略意图，其后两车组合形成"双龙出水"的杀法也很值得学习。

第33局　弃炮摘耳

图36，红马被黑炮死死吊住，红方要以多子的物质优势取胜颇有难度。黑棋右翼十分空虚，红棋有机会，可是攻击的正确路线令人有几分迷茫。请读者依据前面讲过的"单摘耳"战术技巧，问题就会迎刃而解。请欣赏著名象棋大师胡庆阳的杰作。

1. 炮四进七　……

佳妙！杀士后九宫立呈危势。倘若车六进八，士6进5，黑方有喘息之机。

1. ……　　　　　车6平2

只好拦炮。如车6退6，炮八进七，红胜。

2. 车六进八　车2退6

3. 帅五平六　象3进1

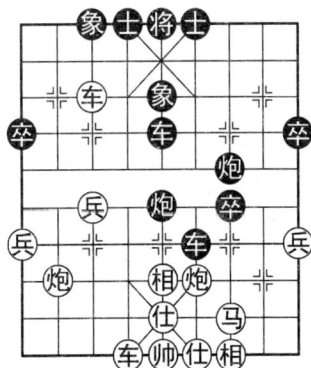

图36

倘若士4进5，车七进二，车2平3，炮四平七，将5平6，炮八进六，红胜。

4. 炮四平六　　炮 7 进 4　　　　　**5.** 相五退七　……

攻守兼备的佳着。黑棋难以招架，红棋胜定。

5. ……　　　　炮 5 平 6　　　　**6.** 车七进一　象 5 进 3

7. 炮八平五　车 5 平 6　　　　**8.** 车六平五　将 5 平 6

9. 车五平二　车 2 平 4　　　　**10.** 帅六平五　象 3 退 5

11. 车七平四（红胜）

点评："单摘耳"砸开九宫一角，是十分有效的突破战术。

第 34 局　冷炮突发

图 37，两军在河口阵地对峙，似乎黑方阵型稳固无懈可击。但是红方两门远程射击的"蟹眼炮"准星已瞄准第二道防线目标。请欣赏孙志伟大师的杰作。

1. 炮六进七　……

飞炮轰士绝妙，于平淡中见功夫，由此打开突破口。

1. ……　　　　士 5 退 4

倘若将 5 平 4，车七平六，车 2 进 4，马九进七，红优。

2. 马四进六　炮 6 进 3

别无良策。如车 6 平 4，炮四进七，象 5 退 7，车二进二，红方胜势。

3. 马六进七　车 2 进 2

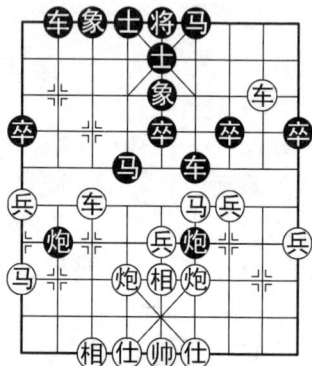

图 37

4. 仕六进五　炮 6 平 9

5. 炮四进七　……

白吃一子，是计算深远的大手笔！

5. ……　　　　士 4 进 5

黑方另有两种选择：①车 6 退 4，车二进一，炮 2 平 9，车二平六，车 2 平 3，车七进三，红胜。②将 5 平 6，车二进二，将 6 进 1，马七进六，将 6 平 5，车七进四，红胜。

6. 马七进五　……

彻底摧毁第二道防线，红棋胜券在握。

6. ……　　　将 5 进 1　　　　**7.** 车七进四　将 5 退 1

8. 炮四退一（红胜）

点评："蟹眼炮"是常见防守型战术，从表面看似有呆笨之嫌，但其潜在远程攻击的爆发力不可低估。

第 35 局　炮火轰城

图 38，红车捉马，红炮描车，黑马似乎已难逃虎口。危难之际，京城名将傅光明大师却突出妙手退敌解围，赢得一场漂亮的反击战。

1. ……　　　炮 6 进 7

弃炮突破精妙。倘若肋车消极逃逸后丢马，红胜。

2. 马三退四　……

倘若车七进一，车 2 进 3，仕五退六，炮 6 平 4，黑棋胜势。

2. ……　　　车 2 平 5

3. 马五退四　……

最顽强的抵抗。

3. ……　　　马 3 退 2

妙。弃车交换，红棋难以应付。

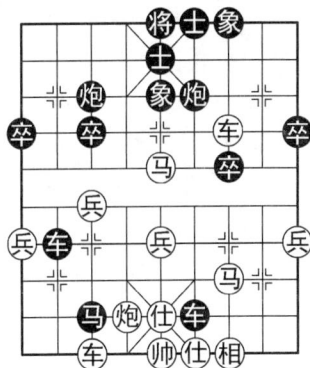

图 38

4. 炮六平四　马 2 进 4　　　　**5.** 帅五平六　马 4 进 3

6. 炮四进一　……

无奈。如车三平四，炮 3 平 4，黑亦胜势。

6. ……　　　车 5 平 6　　　　**7.** 车三平七　炮 3 平 4

8. 帅六平五　马 3 退 5

9. 炮四平五　马 5 进 7（黑方胜势）

点评：弃炮突破是反击战成功的关键，细细品味其精巧构思必有所获。

第36局　炮击底士

图39，两军处于相互对攻的胶着状态，黑方企图跳马挂角叫杀且打相。如何解决这些难题颇费神思。安徽著名棋手张元启重炮出击，难题迎刃而解。

1. 炮四进六　……

炮轰底士，强行突破。

1. ……　　　士5退6

2. 车四进二　……

至此显现弃炮之妙。由于马踩多子，逼黑交换子力，使黑棋设计的跳马挂角打相谋划落空。

2. ……　　　马3进5

3. 炮五进四　象5进3

4. 兵五进一　……

细腻！倘若车八进七，后炮进7，马五退三，车8平5，仕四进五，车5退3，车八平三，炮7平4，黑方多子可战。

4. ……　　　车8退1　　　**5. 兵五进一　前炮进1**

6. 车八进七　前炮平5　　　**7. 炮五退二　……**

倘若相七进五，炮5退2，车八平三，红可速胜。

7. ……　　　车8平5　　　**8. 车八平三　车5平7**

9. 车三平二　车7退2　　　**10. 兵七进一　士6进5**

11. 兵七平六（红棋胜势）

点评：这是一局弃炮取势的典型战例。通过对第二道防线的突破达到攻击中路的战术目地，其曲径通幽的别致构思很值得学习。

第37局　猛虎掏心

九宫的中心点称作"花心"，这是第二道防线非常重要的防御点。所以对"九宫花心"的突破攻击是中局攻城擒王的着眼点之一。

何谓猛虎掏心？老虎扑向猎物有腾空飞跃的动作，炮是隔山轰击，两者颇有相似之处。因推崇炮炸花心的威力，棋人把这种战术称为猛虎掏心，虽然不十分贴切却也有几分韵味，能增强初学者的记忆与兴趣。

图 40，黑方以士象组成两道防线，似乎很稳固，但左右两翼兵力配合明显失调，呈呆滞涣散之势。如何针对黑方弱点寻找突破口是夺取优势的关键。读者倘若执红棋，如何进取？请看著名象棋大师蒋志梁的精彩突破。

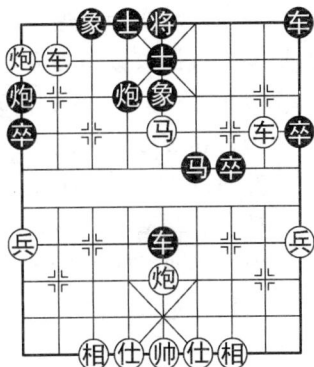

图 40

1. 炮九平五 ……

炮轰中士，猛虎掏心。

1. ……　　　士 4 进 5

别无良策。倘若车 5 平 3，前炮平二，马 6 进 7，马五退七，象 5 进 3，车二平五，将 5 平 6，车八平六，炮 1 退 2，车六退一，红方亦胜势。

2. 车二进二 ……

"缺士怕双车"。进车叫杀显示出弃炮轰士的奥妙。

2. ……　　　士 5 退 4　　　　3. 马五进七　　马 6 退 7

顽强防御！

4. 车二平六　　士 4 进 5　　　　5. 车八进一　　将 5 平 6

无可奈何，丢车逃命势在必行。

6. 车八平七　　将 6 进 1　　　　7. 车七平一　　炮 1 进 4

8. 车六平八　　炮 1 平 4

努力坚持到最后一刻。倘若炮 1 平 9，马七进六，将 6 进 1，车八平五，车 5 进 1，仕六进五，炮 9 平 6，相七进五，红胜。

9. 马七进六　　前炮退 6　　　　10. 车一平六　　炮 4 进 4

11. 车六平三（红胜）

点评：最后的胜利源于猛虎掏心。

第38局　炮击中宫

图41是上海著名老将许贤良执黑弈成的一个十分漂亮的战术组合。左右双车与连炮在前沿阵地构成一道强大火力网，后防大本营炮马远程助攻威力强大，红棋危矣。

1. ……　　　炮1平5

轰仕是突破杀王的刀口。

2. 车七进一　……

倘若后马退七，马6进5，兵五进一，炮5退3，仕四进五，车6平5，帅五平六，车5平6，车三平五，车6进1，马七退五，车2平5，绝杀黑胜。

2. ……　　　车2进1

3. 车七退一　车2退3

4. 仕四进五　车2平4

5. 车七平六　车4平2

黑车迂回杀王。

7. 马六退七　马6进5

虎口献马捉车，精妙。

8. 车三平四　……

为什么不兵五进一吃马？车2平5，马七退五，车6进1，绝杀黑胜。

8. ……　　　马5退7

9. 车四进三　马7进8

黑马纵横驰骋，连续给红方施压。

10. 车六平八　车2平4

11. 车八平六　车4平5（图42）

一剑封喉。

12. 马七退五　马8进7（黑胜）

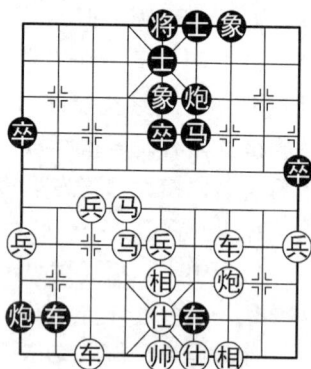

图 41

6. 炮三平四　车2进2

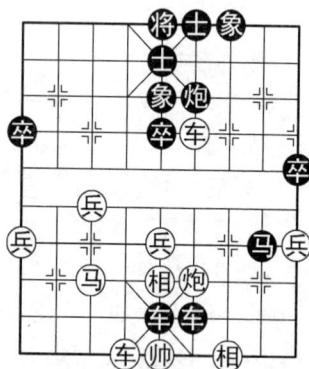

图 42

点评：最后黑炮把红车死死拴在肋线，使其不能平车捉马解杀，红方放弃抵抗。

连珠妙着十分精妙，是不可多得的实战中局佳构！

第39局　小虎掏心

图43是1982年小"东北虎"赵国荣对小"拼命三郎"于幼华之战。粗看之下，红炮要被驱离中路，似乎已无先可言。可是小赵却以独特的思维，演绎一场大战。其中几度戏剧性的"捉放曹"更是一波三折。

1. 炮五进二　……

轰士掏心突破是算度高远的大手笔，显示出赵国荣卓越的棋艺天才。倘若炮五平八，车5平3，黑方反客为主。

1. ……　士6进5

似应马3退5，兵七进一，红方弃子有攻势，但黑方比实战要好。

2. 车二进七　……

图43

一演"捉放曹"。似可炮二平一，炮7平6，车四进一，士5进6，炮一进一，马9退8，车二进九，象5进7，车二平三，将5进1，炮一平六，红方优势。

2. ……　车5平3　　　　**3. 车二平一　车3平8**

只好跟炮。倘若车3进3，车一平三，车3平8，车四进二，红胜。

4. 车一进一　马3进4　　　　**5. 车四退四　……**

二演"捉放曹"。似可车四进二，车4进1，车一进一，炮2退2，炮二进一，车8退4，车一平二，车4平3，车二退一，红方优势。

5. ……　炮2平3　　　　**6. 马七进六　车4进3**

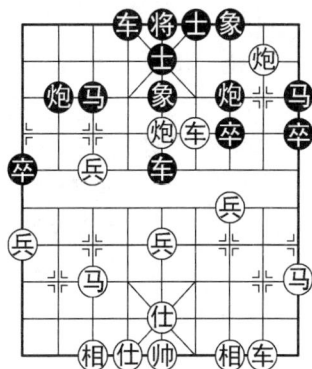

7. 马一进三　马4进2　　　　　**8.** 兵三进一　……

喜于攻杀的于幼华不甘寂寞而策马对攻，赵国荣针锋相对冲兵突破，新一轮的搏杀由此展开。

8. ……　　　车8进5　　　　**9.** 马六进四　车4平3

10. 相七进九　炮7进2　　　　**11.** 马三进五　车3平5

12. 马四进六　炮3平4　　　　**13.** 车四进六　象5退3

14. 马五进三　……

三演"捉放曹"。似应车一进一，炮4退1，车四退五，车5平4，炮二进一，车8退9，车一平二，车4进1，马五进三，炮4退1，马三进一，红方优势。

14. ……　　　车8平7　　　　**15.** 仕五退四　……

似应车四退八兑车为宜。

15. ……　　　车5进3

16. 仕六进五（图44）　……

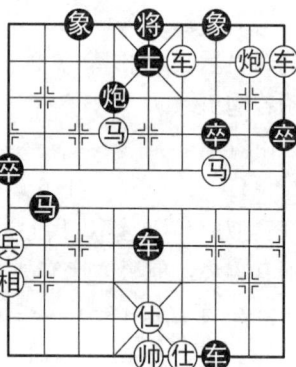

图44

16. ……　　　马2进1

错失良机！也跟着上演捉放曹。似应士5退6，马三退四，马2进4，炮二退七，车7退1，车四平七，车5进2，马四退五，马4进6，黑胜。

17. 炮二进一　象7进9

18. 车四平五　……

似可炮二退八，象9退7，马三退五，士5退6，马六进四，红方胜势。

18. ……　　　车5退5　　　　**19.** 马六进四　将5平4

20. 马四进三　……

机警！倘若车一平五，炮4平5，仕五进六，马1进3，帅五平六，车7平6，帅六进一，车6退1，帅六退一，马3退5，黑胜。

20. ……　　　车5退1　　　　**21.** 后马进五　炮4平5

22. 车一平七（图45）　……

22. ……　　　　象 9 退 7

黑方也再次上演"捉放曹"。似应车 7 退 3，马三退二，车 5 进 1，车七进一，将 4 进 1，马二进三，车 5 退 1，车七退一，将 4 退 1，马三退二，车 5 进 1，有杀对无杀，黑方胜势。

23. 车七进一　　将 4 进 1
24. 车七退一　　将 4 退 1
25. 车七退二　　车 5 平 6
26. 车七平六　　将 4 平 5
27. 帅五平六（红胜）

图 45

点评：尽管各有失误，但因内蕴丰富精妙杀着，仍是学习突破第二道防线的经典教材。

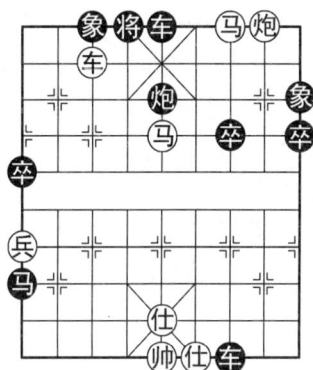

第 40 局　中炮掏心

"猛虎掏心"是用炮轰炸花心士以实现突破第二道防线的常用战术。突破方向一般分侧翼突破与中路突破两种。实战中，中路突破的几率明显比侧翼突破的几率高，所以加强其战术意识是提高中局水平的心修课。

图 46，红方车马炮在前沿阵地组成了漂亮的三角形立体攻势，但在黑方全部兵马的抵御之下很难构成有效的战术组合。通过形势分析判断，就会发现黑方第二道防线是阻碍红方两翼协同作战的障碍。如何突破？请看特级大师柳大华的精彩表演。

1. 炮五进二　　……

猛虎掏心突破第二道防线，为两翼兵力胜利会师奠定基础。

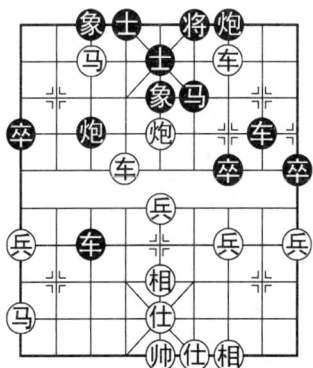

图 46

1. …… 士4进5 **2. 车三平五** 车3平6

加强肋线防御，且暗伏车8退2兑死车的手段。

3. 车六进三 马6退5

只好委曲求全。倘若车8退2，车五平二，马6退8，车六平二，红方优势。

4. 车五平三 车8退3

倘若马5进3，车六平四，车6退5，车三进一，闷杀。

5. 马七退六 炮3进3 **6. 兵五进一** 炮3平7

7. 车三平五 车8进3

倘若车6退3，兵五平四，前炮平5，车五平三，炮5平4，车六平九，炮4平7，兵四进一，前炮退5，车九平三，车8进3，马六进八，马5进4，马八进六，将6平5，马六退四，将5平6，马四退二，红胜。

8. 兵五平四（红胜）

点评：弃炮打士炸开攻击通道，使两翼兵力胜利会师，这种做棋的思路很值得借鉴。

第41局　掏心点穴

图47，两军兵力相等，似乎平淡，可是当年"岭南小霸王"、特级大师蔡福如却发动闪电战，高奏凯歌。

1. …… 炮5进2

弃炮掏心，算度深远。

2. 仕六进五 ……

倘若帅四平五，炮5平1，仍然难逃危境。

2. …… 车4进6

3. 车八退六 车4平5

4. 炮四平三 车3平8

5. 马九进七 ……

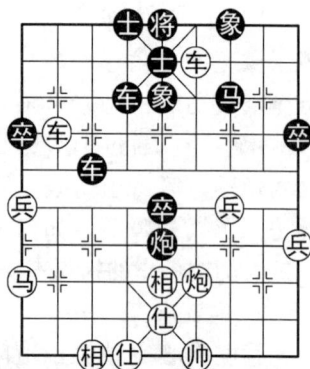

图47

为什么不炮三进五打马呢？因有车8平4的绝杀。

5. ……　　　车5平7　　　　6. 帅四平五　马7进6

跳马拦车叫杀不给对方喘息之机，倘若车7退1，马七进五，虽然也是黑优，显然不如实战取胜快捷。

7. 炮三平二　车8进3　　　　8. 车四退三　车7平3

9. 马七退九　……

倘若马七进五，车8进2，车四退五，车8退1，二车挫杀，胜。

9. ……　　　车3平9　　　　10. 马九进七　车8退1

11. 马七进五　……

双车纵横，迫使红马不能再马七退九屯边，因有车8进2绝杀。

11. ……　　　车8进2　　　　12. 相五退三　车8平5

13. 帅五平四　车9平7

14. 相三进一　车7平8（黑胜）

点评：先炮轰中士打开缺口，再伸车点穴，这是精妙的高级战术组合，请读者认真学习，反复体会。

第42局　弃车掏心

图48，厮杀进入高潮。红方的天地炮与肋车正向九宫发起攻击，但黑方已瞄准红右车，现在红车面临"弃与逃"的抉择。关键时刻，四川著名棋手甘小晋做出正确选择。

1. 炮五进六　……

弃车，弃炮，轰士！倘若车二平一逃车，车3平2，红方攻势受阻。

1. ……　　　后炮进4

白白吃车的诱惑力太大了，大便宜往往会使人冲动而导致决策错误。倘若车3平2，车六进八，将6进1，炮五进一，车8进3，车六退一，将6

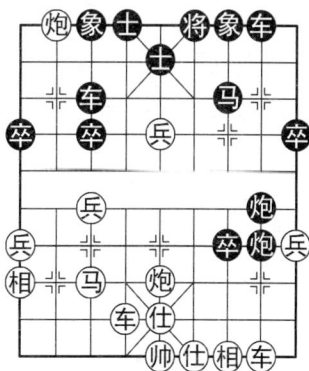

图48

退 1，车二平一，鹿死谁手尚难预料。

2. 车六进八　将 6 进 1　　　　　**3. 炮五平九　马 7 进 5**

中兵威力太大，不吃则难以忍受。倘若车 3 平 1，车六退一，将 6 进 1，兵五平四，将 6 平 5，马七进六，车 1 平 3，炮八退二，红胜。

4. 炮八退一　将 6 进 1　　　　　**5. 车六平四　将 6 平 5**

6. 车四平五　将 5 平 6　　　　　**7. 车五退三　后炮退 4**

退炮这步棋值得商榷。似应车 8 进 3，车五进二，车 3 平 1，车五平四，将 6 平 5，马七进六，车 1 退 1，马六进四，将 5 平 4，马四进二，前炮退 6，车四退二，将 4 退 1，车四平二，比实战要好。

8. 车五平四　将 6 平 5　　　　　**9. 马七进五　车 3 平 4**

10. 马五进四（红胜）

点评：高明的棋手要有大局观，临阵脱逃只会挨打，最终输棋。

第 43 局　中路击破

图 49，这一盘面特点是黑车在红方前沿阵地横冲直撞，后院马卒呆滞。现在红方面临中炮逃与兑的选择。请看女子特级大师胡明的实战佳局。

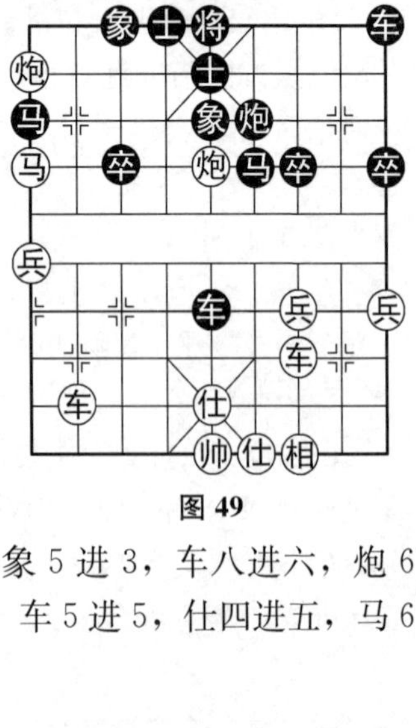

1. 炮五进二　……

强力突破为侧翼袭击打开缺口。倘若炮五平三打卒逃逸，车 9 平 7，黑方有反先之势。

1. ……　　　　士 4 进 5

另有三种选择：①象 5 退 7，车八进六，车 9 进 2，炮五平二，车 5 退 4，炮二进一，炮 6 退 2，车八平五，象 3 进 5，炮二平四，将 5 平 6，车三平四，车 9 平 6，马九进七，红优。②象 5 进 3，车八进六，炮 6 平 4，炮五退二，车 5 退 3，车八平六，车 5 进 5，仕四进五，马 6

图 49

退4，车三平五，象3退5，兵九进一，红优。③将5进1，车八进七，将5退1，车三平六，马6退4，马九进七，车9平8，车八平六，车8进4，前车进一，将5进1，兵九进一，红优。

2.炮九进一   士5退4   3.车三平六　……

倘若车八进七，车5平4，车三平五，车4退4，车五进四，车9平8，车五平四，虽然红优，但不及实战精彩。

3.……   马6退4   4.车八进六 将5进1

顽强狙击有风险，似应车9进1为佳。

5.马九进七 车9进2   6.车八进一 将5退1

7.车八平六 车5平2   8.后车进五　……

构成绝杀之势。

8.……   炮6平4   9.车六退一

以下倘若将5平6或将5进1，车六进二，再车六平四，红胜。

点评：漂亮的五子联攻妙杀。请读者细细体会做棋的构思与意境。

第44局 钢炮点射

图50，黑方呆板，兵力分散，红方略有优势。现在红炮遭到驱逐，倘若退逃，微小的优势就将荡然无存。特级大师万春林独具慧眼，把这微小的优转化为胜势。

1.炮五进二   ……

钢炮点射，出人意料。倘若车三进一，车8平5，车三平一，马2进3，红方仍小优，赢棋也难。

1.……   车2平4

倘若士6进5，车四进六，双杀速胜；又如车2进1，炮五平四，红亦优势。

2.车四进六 象7进9

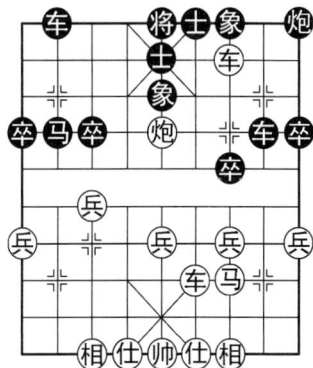

图50

3. 炮五平八　车4进3　　　　**4. 车三退一　……**

黑方两道防线支离破碎。

4. ……　　　士6进5　　　　**5. 车三平五　将5平4**

6. 仕四进五　车8平5

倘若炮9平5，车五进一，车8平5，车五退二，车4平5，相三进五，黑方也很难办。

7. 车五平一　炮9平5　　　　**8. 相三进五　车4进3**

9. 车一进二（红胜）

点评：黑方放弃续战。如马2退3护炮，车四平三，黑方也难支撑。在平淡局势下，更要时刻寻觅突破战机，稍有松懈就会与胜利失之交臂。

第45局　金枪锁喉

因车具有横冲直撞的优良特性，故有"一车十子寒"的棋谚。虽然车在棋战中威力最大、价值最高，平时要小心使用，但在关键时要敢于弃车，用车来撞击第二道防线是常用战术手段。

图51，红方车马炮兵已构成立体攻势组合，但要想快速杀王似乎又难觅刀口。请看特级大师胡荣华的精彩表演。

1. 车四进五　……

如果没有超常思维，断不能发现这一突破口。

1. ……　　　车8进8

2. 帅四进一　马5进7

3. 马五退三（红胜）

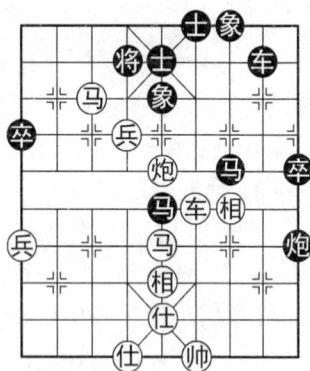

图51

点评：因无法化解车四平六与马七进八的双路绝杀，只好递交降表。

屈人之兵不战自胜，尽显王者风范。

第46局　战车撞城

图52，乍看黑方双车前后纵向响应，双炮连环横向看家护院，马踏前沿大有左右奔袭之势，似乎足可与红方抗衡。就在这最容易令人麻痹的关键时刻，特级大师吕钦找到了粉碎铜墙铁壁的方法。

1. 车四进三　……

弃车突破，逼王出宫，短平快杀王的佳着。

1. ……　　将5平6

2. 马三进五　……

弃车方案的有机组成部分。

2. ……　　炮3进1

勉强招架别无良策！另有两种选择：①前车退3，马五退七，马4进5，相三进五，将6进1，马七进六，将6

图52

进，车二退二，将6退1，马六退五，将6退1，车二进二，将6平5，车二平三，士5退6，马五进三，红棋胜势。②马4退5，马五退三，马5退7，车二平三，将6进1，炮六进六，士5退4，车三退一，将6退1，马三进五，马7退5，车三进一，绝杀红胜。

3. 马五退三　炮3平7　　　　**4. 车二平三　将6进1**

5. 车三退二（红胜）

点评：宁静往往是激战来临的前兆，时刻寻觅稍纵即逝的战机是优秀棋手必备的素质。

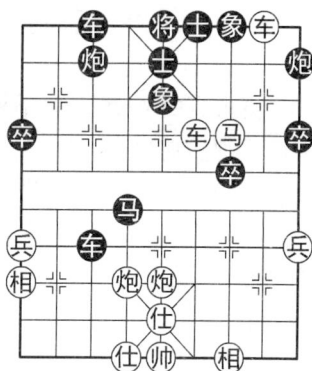

第47局　乘虚而入

图53，似乎风平浪静，实则暗流汹涌，你死我活的争斗就在眼前。红方虽然有一定的空间优势，但如何把空间优势向胜势转化呢？进行形势分析时会有似曾相识的感觉。读者如学好前面介绍过

的"侧面虎"杀法，现在杀将不难。
请欣赏著名象棋大师蒋志梁的杰作。

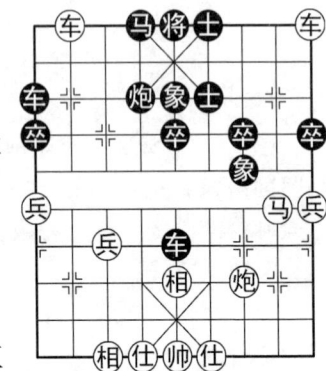

1. 车一平四 ……

乘黑方后院空虚之机，大胆弃车
砍士，算度深远。

1. …… 将 5 平 6
2. 车八平六 将 6 进 1
3. 车六平五 ……

抢占九宫中线，缩小黑王活动区
域，否则前功尽弃。

图 53

3. …… 炮 4 进 1　　　**4. 炮三平四** ……

倘若炮三进四，车 5 平 8，炮三平四，士 6 退 5，马二进三，
将 6 进 1，炮四平六，车 8 退 4，炮六进二，车 8 平 7，车五平二，
车 1 平 4，车二退五，别是一番滋味，红方亦胜。

4. …… 士 6 退 5　　　**5. 仕四进五** ……

撑仕使炮生根，避免以后跳马将军有被捉双之虞。

5. …… 车 1 平 4

倘若车 5 退 1，马二进四，车 5 平 6，马四进三，车 6 平 9，车
五退一，将 6 进 1，炮四退二，炮 4 进 2，车五进一，象 5 退 7，车
五退三，红亦胜势。

6. 马二退四 士 5 进 6　　　**7. 马四进三** 士 6 退 5
8. 马三退四 士 5 进 6　　　**9. 马四进二** 士 6 退 5
10. 马二进四 车 5 平 6　　　**11. 马四进三** 车 6 进 1

弃车无奈。倘若车 6 平 8，车五退一，将 6 进 1，马三退一，
炮 4 进 1，马一进二，车 8 退 5，车五平二，红亦胜势。

12. 车五退一 将 6 进 1　　　**13. 仕五进四** 车 4 退 2

倘若象 5 退 7，马三退一，象 7 进 9，相五退三，炮 4 平 3，车
五退二，炮 3 进 6，帅五进一，将 6 退 1，马一退二，红胜。

14. 马三退一 炮 4 退 2　　　**15. 兵一进一** 卒 5 进 1
16. 兵一平二 车 4 平 9　　　**17. 兵二进一（红胜）**

点评：请读者加强对"侧面虎"及车马炮攻势组合的理解与灵活运用。

第48局　单刀直入

通过以上各局弃车突破第二道防线的演练，读者的中局盘面感觉有所提高。图54，现在出一道限三步杀王的测验题，请视图心算自测。

1. 车六进一　……

弃车杀士强行突破，使以下各兵种的攻击性能发挥到极致。

1. ……　　士5退4
2. 马三进二　将6进1
3. 兵四进一（红胜）

点评：短小精悍的妙杀颇为实用。请不要以为这是排局，这是著名象棋大师宗永生的实战杰作。

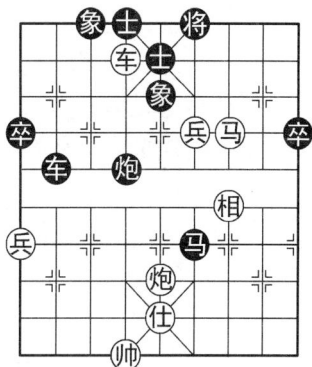

图 54

第49局　反客为主

图55是20世纪60年代由中炮过河车对屏风马左象横车演变而成的中局。初看红方虽然多子，可是主帅被请上楼，在黑方双车追击之下大有高处不胜寒之感。万般危急之时，浙江著名棋手朱肇康弃车砍士突破第二道防线，以夹车炮的战术组合攻城擒王。

1. 车六进八　……

既突破防线，又为出帅助攻反杀打开通道，一箭双雕。

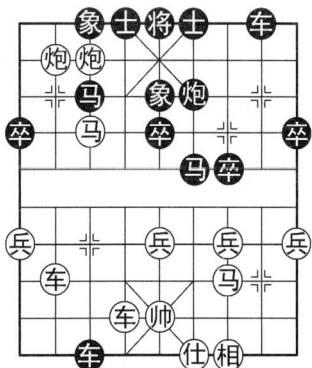

图 55

1.…… 　　将5平4　　　　**2.车八平六** 　将4平5

3.帅五平六 ……

解杀还杀，反客为主。

3.…… 　　车8进8　　　　**4.仕四进五** 　马6进4

弃马盖车，为肋炮出击开辟通道，但付出的代价十分高昂。似可车8平5，帅六平五，（如马三退五，马6进5，车六平五，炮6进6，帅六进一，车3平4，黑胜），车3平2，可暂解燃眉之急。

5.车六进二 　炮6进6　　　　**6.仕五进四** ……

撑仕拦炮是取胜关键。倘若仕五退四，炮6退7，仕四进五，炮6平2，黑方反败为胜。

6.…… 　　车3退1　　　　**7.帅六退一** ……

似应帅六进一，炮6平4，炮八进一，象3进1，车六进五，将5进1，炮八退一，红可速胜。

7.…… 　　炮6平4　　　　**8.马七进五** 　象3进5

9.炮七退七 　车8退7　　　　**10.炮八退四** 　炮4平7

11.炮八平七 　车8进6　　　　**12.后炮进六** 　车8平7

13.后炮平八（红胜）

点评："夹车炮"的精妙战术组合是初学者的好教材。

第50局　抢先一步

图56是1996年全国象棋团体赛上的惊险对局场面，吸引很多人看棋。现在黑方双车炮在底线形成挫杀之势，红王如进宫避险则必遭到"抽将丢车"的打击；而红方尽管形成"三车闹士"之势，却难以连杀擒王，看来如何退敌还是一道难题。特级大师柳大华沉思片刻后即完成了一个精彩的佳局。

1.车七平六 ……

弃车砍士是为了全局的胜利。

1.…… 　　士5退4　　　　**2.炮七进七** 　车3退8

前仆后继再献一炮，逼黑车不得不从阵前返回。倘若士4进

5，兵六进一绝杀。

3. 兵六进一　将5进1

4. 兵六平七　……

通过先弃后取之术粉碎黑方的双车挫杀攻势。

4. ……　炮9退1

5. 兵四进一　车2平4

兑车可暂解燃眉之急。倘若车2进1，兵七平六，黑方仍难招架。

6. 车六进三　炮9平4

7. 兵四平五　……

进入残局。黑方虽然多子但因双炮是长兵器，防守是弱项，红方优势。

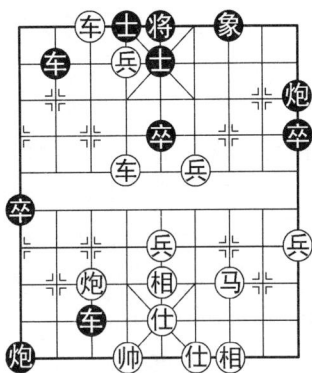

图56

7. ……　卒1平2　　**8.** 马三进二　卒9进1

9. 马二进三　卒2进1　　**10.** 马三退一　卒2平3

11. 马一进二　卒3平4　　**12.** 帅六平五　象7进9

倘若卒4平5，马二进三，将5退1，兵五进一，炮4平3，帅五平六，将5平6，兵七平六，炮1退8，马三退四，将6进1，兵六平五，炮1进2，马四退五，红胜。

13. 马二退四　将5平6　　**14.** 前兵进一　炮4平2

15. 帅五平六　卒4平5　　**16.** 马四进二　将6退1

17. 兵七平六　炮1退8　　**18.** 兵五平四　……

马兵组合，黑方双炮不能离线，红方边兵长驱无阻而胜。

18. ……　炮2平4　　**19.** 兵一进一（红胜）

点评：请读者细细体会特级大师弃子退敌的思维方法与技巧，这对提高中局水平大有益处。

第51局　利刃剜心

图57，红方几乎集中全部兵马对黑方实行封锁推进，而黑方

左翼双炮虽然有一定攻势，却因没有其他后续兵力支援而难构成杀伤力，封锁与反封锁是当前争夺的重点。读者能否找到突破口？请试试是否与特级大师柳大华的实战决策相同。

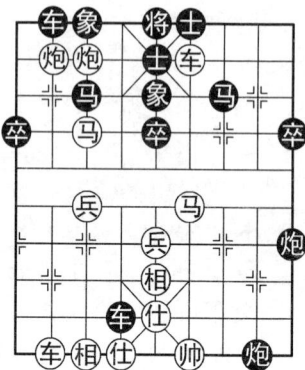

1. …… 车4平5

强行掏心突破第二道防线，为黑炮打将抽车创造条件。

2. 仕六进五　炮9进3

3. 帅四进一　炮8平2

准确击中目标，红方的封锁全线崩溃。

4. 炮八退四　炮2退1　　　　**5.** 仕五进六　车2进4

6. 马四进三　……

倘若车四退二，卒1进1，车四平三，炮9平4，车三进一，卒1进1，帅四平五，卒1平2，帅五退一，炮4退1，黑棋优势。

6. ……　　炮2平3　　　　**7.** 帅四退一　……

倘若车四平三，炮9平7，炮八平九，炮7退5，兵七进一，车2进1，炮九退二，象5进3，黑方优势。

7. ……　　卒1进1

细腻！死子不急吃。

8. 车四退七　炮3退5　　　　**9.** 炮七退二　车2进1

10. 车四平一　炮9平7

献炮佳着。倘若炮9平8，车一平二，炮8平9，车二进六，红方也要追回失子。

11. 相五退三　车2平3　　　　**12.** 炮七平八　车3进4

13. 帅四进一　车3平7　　　　**14.** 车一进三　车7退5

15. 炮八平七　……

只有招架之功而没有还手之力，败局已定。

15. ……　　卒5进1

16. 马三进一　马7进8（黑胜）

图57

点评：封锁与反封锁是中局经常遇到的争斗焦点，本局黑车的"掏心术"是经典之作。

第52局　一卒送终

图 58，黑方净多三卒虎视眈眈，按一般经验在物质优势较大情况下就要简化局势稳健取胜。恰好现在红方主动兑车，黑方应如何决策？请看湖南名将万福初构思巧妙地选择弃车撕开第二道防线，短平快地完成了一则漂亮的"一卒送终"的精彩杀局。

1. ……　　　前车进3

弃车杀仕逼王起驾，是计算精确的佳着。

2. 马五退四　车6进6

3. 帅五进一　马5进7

4. 帅五平六　卒5进1

冲卒渡河，如虎添翼。

5. 后车平三　卒5平4

6. 车七平六　车6退2

7. 炮七平九　卒7进1

弃卒乃调虎离山之计。

8. 车三进一　……

无奈。倘若车三平九，车6平3，黑方亦胜势。

8. ……　　　车6平4

虎口献车精妙！是"一卒送终"杀法的前奏曲。

9. 帅六进一　卒4进1（黑胜）

点评："一卒送终"是常见的高效杀法，读者应重视。

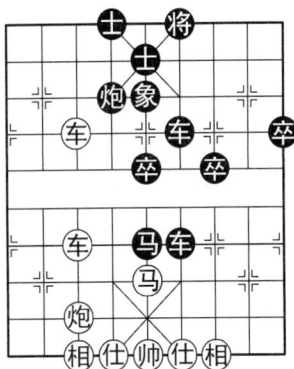

图 58

第53局　解杀还杀

图59，局面纷乱复杂，令人眼花缭乱。红方虽然"车陷士角，马喂卒嘴"，处于丢子的险境，但因有一步冲兵的杀棋，给人的感觉似乎黑势危险。就在看似山穷水尽之际，著名象棋大师蒋全胜突施妙手，力挽狂澜。

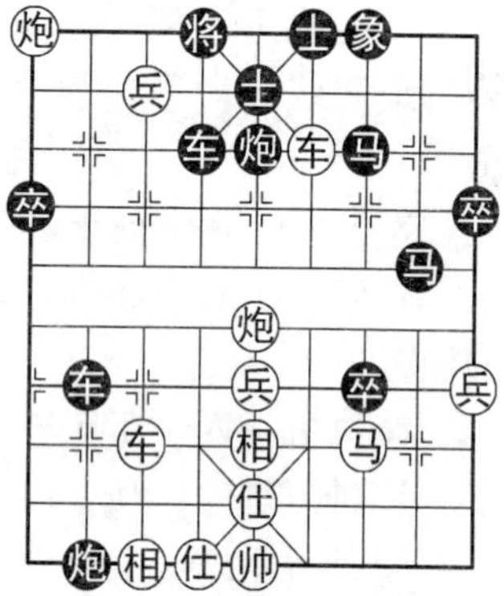

1.　……　　　车4进7

解杀还杀，直捣九宫。

2.　仕五退六　车2平4

平车占肋暗伏凤凰三点头式的杀着。

3.　相五退三　……

倘若车七退一，车4进3，帅五进一，车4平5，帅五平四，卒7进1，黑方胜势。

3.　……　　　士5进6

吃车叫杀，红方全线崩溃。

4.　马三退四　……

图59

为什么不车七平八叫杀？车4进3，帅五进一，车4退1，帅五进一，马8进6，帅五平四，卒7进1，黑胜。

4.　……　　　车4进3　　　　**5.　帅五进一　车4平5**

6.　帅五平四　车5平6　　　　**7.　帅四平五　车6平4**

借连将顿挫先吃仕后吃马，有板有眼，井然有序。

8.　相七进九　马8进6　　　　**9.　车七平四　马6进7**

10.　相三进五　后马进6

11.　炮五平八　炮5平2（黑胜）

点评：解杀还杀是中局常用手段，请仔细体会其中的奥妙与技巧。

第54局　追踪杀王

图60，红方少子而且面临黑炮打马、左肋车相兑的局面，初看之下似乎兑车在所难免。但是特级大师胡荣华却以极其高深的棋艺水平，演绎出罕有的佳构。

1. 车六进二　……

石破天惊的大手笔。倘若帅五平四出帅助杀，炮5平6，车四退一，车9平6，车四退一，马5进6，与实战无法相比。

1. ……　　　　将5平4
2. 车四进一　……

彻底摧毁第二道防线，黑王在劫难逃。

2. ……　　　　将4进1
3. 炮三平六　马5进7

图60

4. 车四平五（红胜）

点评：短小精悍的杀棋一气呵成。先弃车斩士引蛇出洞，后平车占中逼宫，再重炮镇顶，绝妙的擒王三步曲很值得学习。

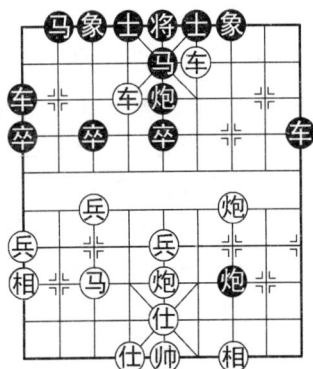

第55局　双车突破

图61，黑方呈呆滞被动局面，想利用巡河炮打车来拔掉中炮这颗钉子，缓解中路压力。红方应如何选择？请看武汉名手王斌的奇特构思。

1. 前车进三　……

弃车砍士突破是攻城擒王的最佳刀口。倘若后车平三，炮8平5，车三平五，其效果与实战相差甚远。

1. ……　　　　炮2平6　　2. 车四进四　……

前仆后继，连弃双车。

2. ……　　　　将 4 进 1

从表面上看黑方底线有炮防守，似乎壁垒森严，而实则其防线不堪一击。现在黑不敢落士吃车，否则马七进六绝杀。

　　3. 炮五平六　　车 5 平 4
　　4. 马七进六　　炮 8 平 4
　　5. 马六进四　　炮 4 平 5
　　6. 马四进六　　士 5 进 4
　　7. 车四退一　　将 4 退 1
　　8. 马六进五（红胜）

倘若将 4 平 5，马五进三绝杀。又如士 4 退 5，车四进一，将 4 进 1，马五退六，抽马，多子胜定。

　　点评：在复杂、激烈的争斗中，立足全局，及时把握对方的致命弱点进行攻击，而不被表象蒙蔽，只有这样才能成为高手。

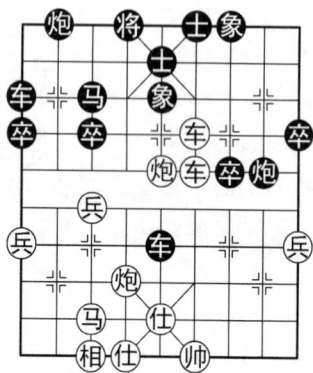

第 56 局　妙解重围

图 62 是 1965 年全国象棋个人赛中的一则著名战局。初看红方有底炮打象闷杀与肋车捉车的双向擒车手段，似乎黑车在劫难逃。而黑方虽有卧槽马，但因兵力左右分离，似难觅有效的战术组合。就在容易使人产生绝望之际，当年吉林著名棋手赵明突发妙手，一举擒王。

　　1. ……　　　　车 7 平 6

弃车砍仕石破天惊！妙解重围的佳着。

　　2. 帅六进一　……

为什么不吃车？倘若仕五退四，马 7 退 5，以下红方有三种选择：①帅

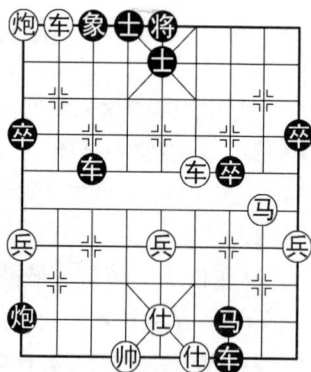

六进一，马 5 退 3，帅六平五，马 3 进 2，帅五退一，车 3 进 5，黑胜。②仕四进五，车 3 进 5，帅六进一，马 5 退 3，帅六进一，车 3 退 2，帅六退一，车 3 进 1，帅六退一，车 3 进 1，黑胜。③帅六平五，车 3 进 5，帅五进一，马 5 进 3，车八退八，马 3 退 4，帅五进一，车 3 退 2，黑胜。

2. ……　　　　　车 3 进 4　　　3. 帅六进一　　车 6 平 3

4. 车四平三　……

倘若车四退四，后车退 5，黑方亦胜势。

4. ……　　　　　马 7 进 5　　　5. 马二退四　　前车平 4

6. 帅六平五　　车 3 退 1　　　7. 仕五进六　　车 4 退 2

8. 帅五退一　　车 4 平 5（黑胜）

倘若接走帅五平四，车 3 进 1，帅四退一，炮 1 进 1，车八退九，车 5 平 6，绝杀。

点评：一个"冷"字是本局的特色。所谓冷就是在实战中很容易忽略的冷门杀着。细细品味本局的强行突破第二道防线的绝着，必获益匪浅！

第 57 局　弃车砍士

图 63，二鬼拍门与双炮打车是常见的情形。一般情况下多是双车退回，一车换双则少见。有没有第三种选择？请看著名象棋大师张影富如何决策。

1. 车四进一　……

弃车砍士，独具慧眼。另有两种选择：①车六退三，士 6 进 5，车四退二，马 7 进 8，红方底线漏风有顾忌。②车四平三，炮 2 平 7，车六平三，马 7 进 6，黑可抗衡。

1. ……　　　　　将 5 平 6

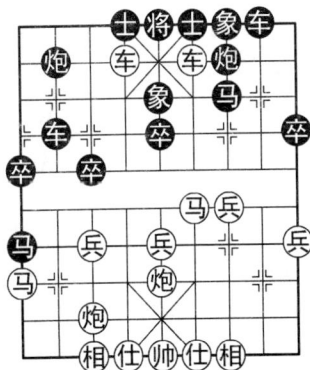

图 63

2. 车六进一　将 6 进 1　　　　　**3.** 炮七平四　……

倘若炮五平四，将 6 平 5，马四进六，象 5 退 3，炮七平六，卒 5 进 1，马六进七，将 5 进 1，车六退一，车 2 进 5，炮六进三，车 8 进 7，车六平三，车 8 平 6，车三退一，车 6 退 5，马七退六，将 5 退 1，车三平四，红亦胜势。

3. ……　　　　将 6 平 5

倘若马 7 进 6，马四进六，马 6 进 5，炮五平四，马 5 进 6，马六进四，红胜。

4. 马四进六　象 5 退 3

红马两路作杀，退象是唯一选择。

5. 马六进七　将 5 进 1　　　　　**6.** 兵五进一　……

突出奇兵。

倘若车六退一，马 7 进 6，车六平三，车 8 进 8，炮四进三，将 5 平 4，炮五平六，车 2 进 4，仕六进五，车 8 平 6，兵三进一，车 6 退 3，兵三平四，车 6 退 1，车三平八，车 2 平 3，相三进五，车 3 平 4，仕五进六，变化复杂红亦优势。

6. ……　　　　车 8 进 7　　　　　**7.** 兵五进一　车 8 平 5

8. 相七进五（红胜）

黑方放弃抵抗，签字认输。如卒 5 进 1，车六退一，马 7 进 5，马七进六，红方胜势。

点评：车是价值最大的兵种，不能轻易用车换士，这是常识。但是我们却要不断地用逆向思维推理，从而捕捉到稍纵即逝的战机。

第 58 局　古为今用

何为前沿防线？象棋的九宫城堡有士和象组成的两道防线保护主帅的安全。在第一道防线之前还有一道横排卒林（也称兵林）与河界组成的防线。由于这道防线是双方交战的结合部，所以作者称之为前沿防线。对前沿防线的突破往往是以中卒（中兵）为靶心而辐射展开的。千百年来，棋人对突破前沿防线留下许多经典之作，是象棋艺术宝库中灿烂的明珠。重温昔日佳作，可以有效提高中局水平。

"擒王13着"俗称弃马13着或舍马13着，是《金鹏十八变》等古谱中脍炙人口的名篇。仅从"13"这个数字理解很可能被误认为是中残局片段，而实则地地道道的全盘战局。在当前形势下擒王不是难事，难的是突破前如何"做棋"。

1. 炮二平五　炮 8 平 5　　　**2.** 马二进三　马 8 进 7

3. 车一进一　车 9 平 8　　　**4.** 车一平六　车 8 进 6

以上是顺炮横车对直车布局定式。黑车过河是古老的急攻战术，倘若车 8 进 4 则是稳健战术。

5. 车六进七　马 2 进 1　　　**6.** 车九进一　……

高车弃马是实施突破前沿防线的诱敌深入之计。

6. ……　　　炮 2 进 7

不吃白不吃。白吃的诱惑很难抗拒。

7. 炮八进五　马 7 退 8

通过弃马而达到驱逐看护中卒黑马的战略目的，使黑方中路的前沿防线被突破。

8. 炮五进四　士 6 进 5

9. 车九平六　将 5 平 6（图 64）

10. 前车进一　……

弃车摧毁第二道防线，是擒王的后续关键手段。

10. ……　　　士 5 退 4

图 64

倘若将 6 进 1，前车退一，以下黑方有两种选择：①炮 5 平 4，后车平四，炮 4 平 6，炮八平五，炮 2 退 7，车六平五，将 6 退 1，后炮平四，炮 6 进 6，炮五平四，红胜。②炮 5 平 6，炮八平五，将 6 退 1，前车平五，象 3 进 5，车六进七，象 7 进 9，炮五平四，炮 6 进 7，车五平四，将 6 平 5，炮四平五，象 5 进 7，车六平五，将 5 平 4，车四进一，红胜。

11. 车六平四　炮 5 平 6　　　**12.** 车四进六　将 6 平 5

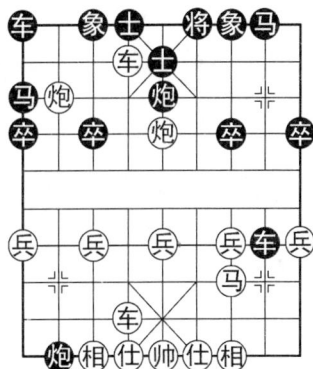

13. 炮八平五（红胜）

点评：一个"弃"字是全篇精华，其突破前沿防线的精妙构思乃棋艺精华。

第59局　猛虎下山

图65，红左翼车炮是很有威力的组合，但是如没有其他兵力支援也很难扩大攻势。通过形势分析，不难发现黑方中卒是阻碍红方右车左移的关键。读者倘若执红棋，能胜利完成攻击任务吗？请与特级大师王嘉良的实战对照一下，看看是否有特大思维。

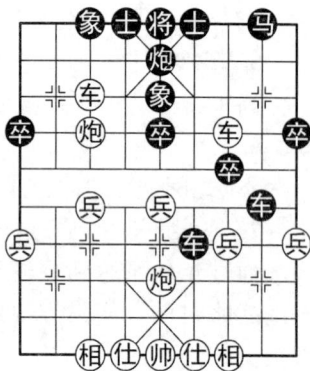

图 65

1. 车三平五　　……

弃车砍卒是特级大师思维。王特大当年乃棋界超级杀手，被棋界称为"东北虎"。

1. ……　　　　　车 8 平 6

顿挫。倘若炮 5 进 2，炮五进四，象 5 退 7，车七平五，士 6 进 5，车五平二，将 5 平 6，车二退三，红多子胜势。

2. 仕六进五　　炮 5 进 2

逼上梁山。倘若后车退 3，车五进一，象 3 进 5，车七平五，绝杀。

3. 炮五进四　象 5 进 3　　　　**4.** 炮七进三　　……

挥炮打象志在高远。倘若车七平五？士 4 进 5，车五平二，象 3 退 5，车二进二，后车平 5，将形成索然无味的和棋。

4. ……　　　　将 5 进 1　　　　**5.** 兵五进一　象 3 退 1

煞费苦心。倘若后车平 3，车七进一，将 5 进 1，相三进五，车 3 平 2，车七退三，马 8 进 6，炮五平六，车 6 退 3，车七进二，将 5 退 1，炮六平一，车 6 平 9，车七进一，将 5 进 1，车七平四，车 2 平 5，车四退三，士 6 进 5，车四平三，红方优势。

6. 车七进一　将 5 进 1　　　**7.** 炮七平九　前车平 2

8. 相三进五　车 2 退 2　　　**9.** 车七退一　将 5 退 1

10. 车七平九　……

弃兵、横扫边隅残象，十分老练，为"夹车炮"的杀势铺平道路。

10. ……　　　车 2 平 5　　　**11.** 车九进一　将 5 进 1

12. 炮五平八　车 5 平 2　　　**13.** 车九平八　……

夹车炮的战术组合颇有杀伤力。

13. ……　　　士 4 进 5

为什么不将 5 平 6 逃难？兵七进一，车 2 平 3，炮九退二，士 6 进 5，车八退一，将 6 退 1，车八平二，车 6 平 4，车二进一，将 6 退 1，车二进一，将 6 进 1，车二退三，黑方也难抵抗。

14. 兵七进一　……

妙运通头兵渡河撞车送吃，逼迫黑车放弃尾随，是杀王前的重要一环。

14. ……　　　车 2 平 3

15. 炮九退二（图 66）……

15. ……　　　将 5 平 6

16. 车八退一　士 5 进 4

倘若将 6 退 1，车八平二，红速胜。

17. 车八平六　将 6 退 1

18. 炮八进二　将 6 平 5

御驾亲征不给黑王喘息之机。

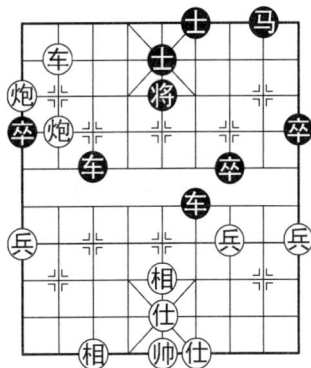

图 66

19. 帅五平六　……

19. ……　　　车 3 退 4　　　**20.** 炮九进一　将 5 退 1

21. 车六平五　士 6 进 5　　　**22.** 车五进一　将 5 平 6

23. 车五平二　将 6 平 5

倘若马 8 进 6，车二平三，绝杀。

24. 车二进一　车 6 退 5　　　**25.** 车二退一　车 3 平 4

26. 帅六平五　车 4 平 2　　　　27. 车二平五　将 5 平 4

28. 车五平六　将 4 平 5　　　　29. 帅五平六　车 6 进 2

30. 车六平五　将 5 平 6　　　　31. 车五平三　将 6 平 5

32. 车三进一　车 6 退 2　　　　33. 车三退四　……

执黑棋的蒋志梁大师相当顽强，防守也相当精彩，王特大改变策略而谋卒。

33. ……　　　　车 2 平 4

为什么不车 2 进 1 吃炮？车三平五，车 2 平 5，车五平六，车 5 平 1，车六进四，将 5 进 1，车六平四，红方胜势。

34. 帅六平五　车 4 平 1　　　　35. 车三平五　将 5 平 4

36. 仕五进六　……

蒋大师防御堪称一流，使王特大煞费苦心思索制胜绝着。倘若炮八退七亦胜。

36. ……　　　　车 1 平 2

为什么不车 1 进 1 吃炮？炮八退七，车 6 进 8，仕四进五，车 6 退 2，炮八平六，车 1 平 4，车五平三，车 4 进 5，兵九进一，将 4 平 5，炮六进二，车 6 平 4，车三进一，红胜。

37. 炮九进一（红胜）

点评：以兵马炮突破前沿防线很常见，而用价值最高威力最大的车来撞击则鲜见。深入体会做棋、杀棋的全程对提高中局水平有极大的帮助。

第 60 局　奇兵突袭

图 67 是作者与戴荣光大师在 1979 年苏州全国象棋团体赛中的实战中局。现在 3 卒与七兵邀兑，如兑卒将造成黑左炮右移打闷宫，似乎难以忍受。怎么办呢？第一感萌发冲中兵向前沿防线突破。但黑方双马保卒与巡河炮组成的防御火力网似乎无懈可击。再三推敲之后，还是决定强行突破。

1. 兵五进一　炮 8 平 5

临场希望对方卒 3 进 1，马七进五，卒 3 平 4，兵五进一，马 3 进 5，车八进三，马 5 进 3，车八平三，卒 4 进 1，车四进八，卒 4 平 5，马三进五，炮 8 退 2，炮五平二，车 8 平 9，车四平二，红优。但戴大师一炮轰顶，我的设计付之东流。

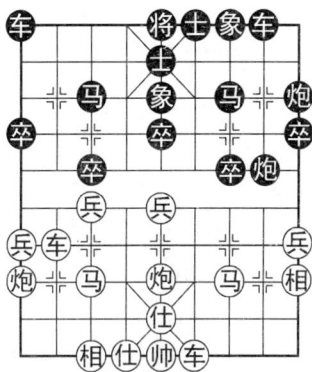

图 67

2. 兵七进一　象 5 进 3

3. 车四进六　象 3 退 5

4. 马七进五　炮 5 平 3

红方已有潜在优势，黑方却未重视。似应炮 5 进 3，相七进五，车 8 进 6，车四平三，马 7 退 8，尚可坚守。另如车 1 平 2，车八进六，马 3 退 2，炮五进三，卒 5 进 1，马五进七，红有攻势。

5. 车四平三　车 8 进 2　　**6.** 车八进三　车 1 平 4

7. 车八平七　车 4 进 6

弃马进车暗伏妙步，是在攻击中防御的好棋。

8. 炮九平八　车 4 平 2　　**9.** 炮八平六　马 3 退 1

10. 马五进六　车 2 退 3　　**11.** 车七进二　炮 3 退 1

倘若炮 9 退 1，马六进五，炮 9 平 3，马五进七，将 5 平 4，车三退一，炮 3 平 5，车三退二，将 4 进 1，车三平六，士 5 进 4，马七退八，红胜。

12. 马六进八　炮 3 平 7　　**13.** 车七进一（红胜）

点评：奇兵突袭就是不声不响地突破，最容易使对方放松警惕，所以成功率也高。

第 61 局　弃子反击

如图 68 是由中炮急冲中兵对屏风马演变而成的经典战例。红方以猛烈炮火向黑方中路展开突破，现在黑马面临逃与弃的选择。请看特级大师柳大华如何解决这道难题。

1. ……　　　象 3 进 5

飞象弃马是柳特大最先开辟的通往胜利的坦途。倘若马 7 进 8，车四平三，马 8 进 6，车三进二，马 6 进 4，仕四进五，马 4 进 3，帅五平四，前马进 1，马六进七，卒 5 进 1，前马进五，黑方崩溃。

2. 马六进七　　　……

白吃的诱惑难以拒绝，廉洁选择是马七退五。

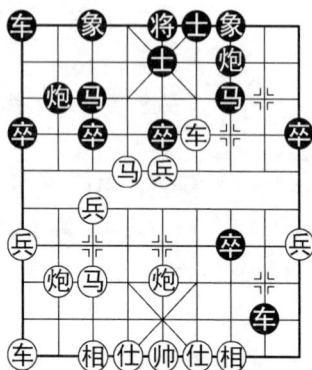

图 68

2. ……　　　车 1 平 3　　　　**3.** 前马进五　　　……

马踏中士向第二道防线突破过急，容易遭到反击。还是后马退五较稳健。

3. ……　　　士 6 进 5　　　　**4.** 兵五进一　　　马 7 进 5

凶悍！再弃一马，向红方底线发起攻击。

5. 车四平五　　　炮 7 进 8　　　　**6.** 仕四进五　　　车 3 平 4

调动主力兵种控制肋线要道是组织全线反击的前奏。另有两种选择：①炮 7 平 9，帅五平四，卒 7 进 1，车五平三，红优。②车 8 进 1，车九进一，车 3 平 4，车五平四，车 4 进 6，车四进二，各有顾忌。

7. 车五平四　　　车 4 进 6　　　　**8.** 兵七进一　　　车 8 进 1

伸车借抽将剥仕为"双车挫"的杀势打下基础。如炮 7 平 9，帅五平四，卒 7 平 6，马七进八，反生烦恼。

9. 车九进一　　　卒 7 平 6　　　　**10.** 马七进八　　　炮 7 平 4

11. 仕五退四　　　炮 4 平 6　　　　**12.** 车四平三　　　……

只好委曲让路。如车九平四，炮 6 平 3，帅五进一，车 4 平 3，黑棋胜势。

12. ……　　　炮 6 平 3　　　　**13.** 帅五进一　　　车 4 平 5

14. 车三退五　　　炮 2 进 5　　　　**15.** 马八进六　　　车 5 退 2

16. 车九平八　　　炮 3 退 1　　　　**17.** 车八平七　　　车 8 退 2

18. 车七进一　炮 2 平 5　　　　**19.** 车七平八　士 5 退 4

20. 车八平六　象 5 进 7　　　　**21.** 马六进七　士 4 进 5

22. 帅五平六　……

倘若兵七平六，车 5 进 1，车三进四，炮 5 平 7，帅五平六，车 8 进 1，帅六退一，车 5 进 3，黑胜。

22. ……　车 5 平 3　　　　　　**23.** 帅六平五　车 8 退 5

24. 马七进五（红超时黑胜）

点评：通过弃子的战术手段达到诱敌深入的目的。读者应努力学习入局做杀的构思。

第 62 局　卒建奇功

图 69，红方不但多兵还有炮轰底象之棋，而黑棋虽然有中炮镇顶但相隔两子才能攻王，粗看之下似乎红优。黑棋要想在中路有所突破，必须缩短"黑炮与红王"之间的距离。那么如何把"缩短"这一战略通过战术技巧来实施？请看宋国强大师的佳作。

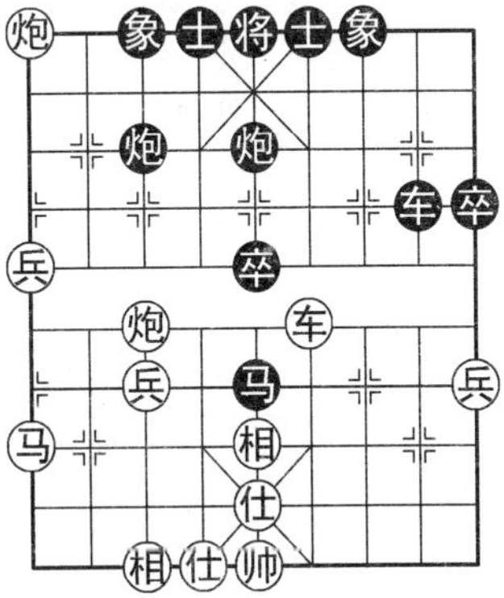

1. ……　卒 5 进 1

弃卒攻车是绝妙的佳着。

2. 炮七进五　……

暂解燃眉之急。如车四平五，马 5 退 3，兵七进一，炮 3 进 7，相五退七，车 8 进 6 杀。

2. ……　将 5 进 1

3. 车四退一　……

只好忍让。如车四平五，马 5 退 7！帅五平四，车 8 进 6，帅四进一，马 7 进 8，帅四进一，车 8 退 1，黑棋胜定。

图 69

3. ……　卒 5 平 6

卒马均献虎口，一个"弃"字是实施"缩短"中路攻王战略的关键。

4. 车四平五 ······

另有两种选择：①车四进一，马 5 进 7，红车必丢，黑胜。②车四退三，马 5 进 7，车四平三，炮 5 进 2，兵一进一，炮 3 平 7，车三平一，马 7 进 9，黑棋大有攻势。

4. ······   炮 5 进 3

伸炮挤压，红车必死。

5. 马九进八   炮 3 平 5   **6. 车五进一   卒 6 平 5**

7. 马八进九   卒 5 平 6   **8. 马九进七   将 5 平 4**

9. 帅五平四   车 8 进 6   **10. 帅四进一   炮 5 平 6**

11. 仕五进四   象 7 进 5   **12. 马七进八   将 4 平 5**

13. 炮七退二   卒 6 进 1（图 70）

弃炮冲卒算度精确。车卒联合攻王，胜势已定。

14. 炮七平四   车 8 退 1

15. 帅四退一   卒 6 进 1

16. 相五退三   象 5 退 3

追求艺术造型是宋国强大师的风格。似可卒 6 进 1，帅四平五，车 8 平7，相三进一，车 7 平 8，炮四平三，将 5 平 6，黑可速胜。

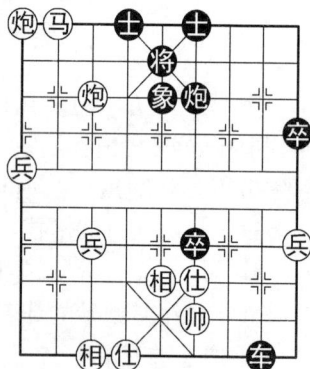

图 70

17. 相七进五   卒 6 进 1   **18. 帅四平五   车 8 进 1**

19. 仕六进五   车 8 平 7   **20. 仕五退四   车 7 退 2**

21. 帅五平六   车 7 平 5   **22. 帅六进一   车 5 退 5**

23. 炮四退五   车 5 平 2   **24. 炮九平七   车 2 退 2**

25. 炮七平四   车 2 进 8（黑胜）

点评：本局是运用兵卒突破的典型佳构。

第 63 局   一石三鸟

棋战中最困难的战斗之一是抢占桥头堡。攻击桥头堡多以兵卒为先锋，研究"兵的中路突破"就成为提高中局水平的重要课程。

著名象棋大师胡一鹏是毕生战斗在青海高原格尔木的铁路员工。图71是1966年全国象棋个人锦标赛，他在比赛中战胜全国冠军胡荣华之战的盘面，这局成为惊世的经典战局。胡一鹏先生是知识渊博的老知识分子。20世纪80年代作者在西安集训时与他讨论此局。

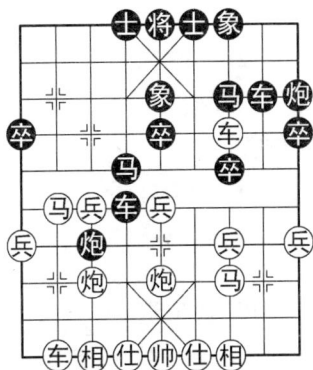

图71

1. 兵五进一　……

中路献兵有"一石三鸟"之妙：一可使黑棋稳固的王城产生动摇，二可阻马4进6踩三之势，三可为七兵冲渡埋下伏笔。

1. ……　　马4进2

倘若卒5进1，兵七进一，黑棋难以忍受。

2. 车八进四　卒5进1

吃兵后患无穷，应炮3进3打相为宜。

3. 炮七平九　……

平边炮从边线切入是抢先夺势的佳着。

3. ……　　车4进1

不甘苦守强行对杀。如车4退3，炮九进四，车4平1，兵七进一，红棋大优。

4. 炮九进四　炮3平7　　5. 炮九进三　将5进1

别无良策。如士4进5，车八进五，士5退4，车三平七，炮7进3，仕四进五，炮7平9，车八退一，士4进5，车七进三，士5退4，车七退一，士4进5，炮五平八，红胜。

6. 车八进四　车4退5　　7. 车八平六　将5平4

8. 车三平六　将4平5　　9. 马三进五　卒5进1

10. 炮五进二　象5退3　　11. 炮五进一　炮9进4

12. 马五退七　……

保持全部兵力攻击态势。如马五进六，炮9退2，兑子后攻势稍缓。

| 12. ……　　车8进3 | 13. 炮九退五　车8进3 |

只好避让。如车8平3，马七进六，车3退1，炮五退一，红亦胜势。

14. 马七进六　车8平6	15. 马六进五　象3进5
16. 马五进三　将5平6	17. 马三退二　车6进1
18. 帅五进一　车6退1	19. 帅五进一　车6退1
20. 帅五退一　车6进1	21. 帅五进一　车6退4
22. 炮五退一　炮9平8	23. 马二退三　卒7进1

24. 车六平三（红棋多子大优，余略）

点评：中路献兵是中局突破的常用手段。

第64局　弃兵借势

图72是特级大师胡荣华与浙江名手沈芝松的实战中局。红棋有一定的空间优势，中兵渡河参战是最理想的企望，可是因有黑车这座"桥头堡"阻拦，似乎难以实现。扩大优势的路在何方？

1. 兵五进一　……

弃兵取势，算度深远。一般棋手可能惜兵而马七进五，马3进4，兵五进一，马4进3，虽然红棋也优，但远不如实战。

1. ……　　　车7平5

2. 马七进五　……

借势打车运子。

2. ……　　　车5平9

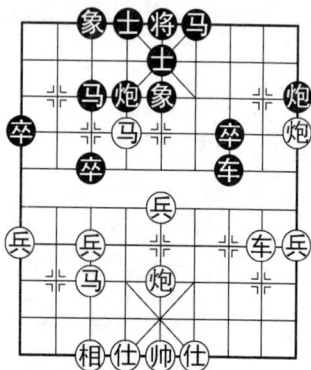

图72

3. 马五进四　马3进4	
4. 车二进六　车9平7	
6. 马四进二　……	5. 炮五进三　车7进1

飞马踏车奔槽，黑棋立呈崩溃之势。

6. ……　　　　车 7 平 5　　　　**7. 仕四进五**　　炮 9 平 8

如车 5 平 6，马二进三，车 6 退 4，马三退一，红棋多子胜定。

8. 车二退二　　车 5 退 1　　　　**9. 炮一进三**　　马 6 进 7

10. 帅五平四　　……

主帅远程助攻，轻松吃子，欣赏起来别有韵味。

10. ……　　　　士 5 进 6　　　　**11. 车二平三**　　车 5 平 8

12. 车三进二　　将 5 进 1　　　　**13. 车三退一**　　将 5 退 1

14. 车三平二　　……

算准黑棋车马的冷杀有惊无险，红棋胜势已定。

14. ……　　　　车 8 进 5　　　　**15. 帅四进一**　　马 4 进 5

16. 相七进五　　车 8 退 1　　　　**17. 帅四进一**　　将 5 平 6

18. 车二进一　　象 5 退 7

如将 6 进 1，炮一退一，黑必丢车。

19. 车二退二　　象 7 进 5　　　　**20. 炮一退一**　　士 4 进 5

21. 车二进二　　象 5 退 7　　　　**22. 车二平三**　　将 6 进 1

23. 车三平二（红胜）

点评：弃兵借势突破桥头堡是构思精巧的杰作，这是很值得学习的中局战术技巧。

第 65 局　弃炮诱敌

图 73，乍看似乎形势平淡，但红炮处于被捉死的危险境地，如何解决红炮的安全是当前的重中之重。如退炮打马，黑策马奔槽反生烦恼。在这道难题面前，特级大师柳大华以超凡脱俗的思维导演了一幕短平快的杀局。

1. 兵五进一　　……

挺兵弃炮，高瞻远瞩。

1. ……　　　　车 6 平 8

捉死子的诱惑很难拒绝。倘若车 6 进 2，车一进二，车 6 平 9，马三进一，红优。

2. 车一进二　车8退1

3. 车一平六　车8进4

4. 炮七进二　马4退3

5. 炮七进四　……

正确决策。如马三进五，车8退3，炮七进四，车8平3，车六进三，炮6进1，车六平五，炮6平3，黑棋可战。

5. ……　　　车8平7

6. 车六平二　……

控制黑棋左翼是弃子取势战术的继续。

6. ……　　　炮8平7

8. 兵五进一　……

挺兵向桥头堡发起攻击，恰到好处。

8. ……　　　车7平6

如卒5进1，马六进七，将5平6，炮七平四，炮6进7，炮四退四，红胜。

9. 兵五进一　卒7进1

10. 炮七退五　车6退3

11. 兵五进一（图74）……

中兵长驱直入，黑棋难以应付。

11. ……　　　象3进5

13. 马七退五　卒7进1

15. 车二进五　炮7退1

17. 车二平一　车5退3

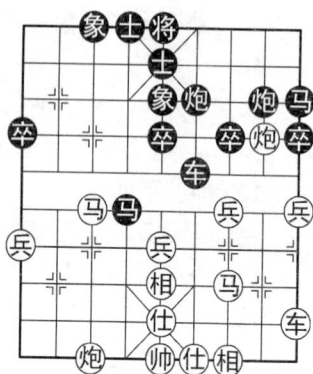

图73

7. 马七进六　车7进1

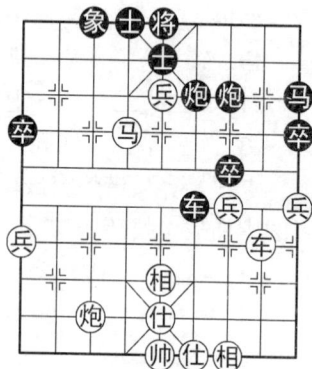

图74

12. 马六进七　将5平6

14. 炮七进八　将6进1

16. 车二退一　车6平5

18. 车一平三（红胜）

点评：弃子取势是中局取胜的重要手段，宜体会其深奥的构思与战术技巧。末段连珠妙杀干净利落，是不可多得的实战佳构。

第66局　中路奇袭

图75是由中炮七路马对屏风马双炮过河演变而成的中局。黑棋马陷车嘴，红方有吃与不吃的两条路。如何抉择？请看湖南名手崔金波的精彩实战。

1. 兵五进一　……

急冲突破正确。倘若车六平七，炮6进1，红没便宜。

1. ……　　　　炮6退4

2. 兵五进一　……

弃车狂冲是惊天动地的搏杀。

2. ……　　　　炮6平4

3. 兵五进一　马7进5

4. 兵五平六　马5进6

倩若士4进5，马七进六，车2进

图75

7，马六进五，黑亦难应。

5. 马三进五　士4进5　　　　　**6. 马五进六**　马6进5

只好兑炮。如士5进4，马六退四，红棋胜势。

7. 炮八平五　士5进4　　　　　**8. 车二进一**　……

高车与双马炮构成极有杀伤力的战术组合，胜利在望。

8. ……　　　　马3退1

虽然逃马速败，但也别无良策。

9. 马六进五（红胜）

点评：贪吃是弈战中的大忌，不贪反弃是高境界。

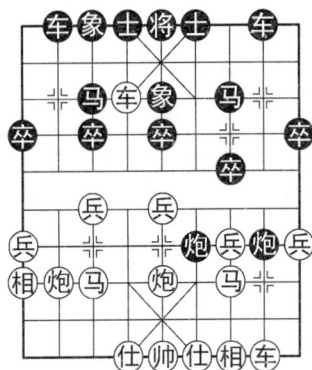

第67局　清除障碍

图76，红车在底线牵制，两个蟹眼炮控制两线肋道，蕴有强大的威慑力；相尖马蓄势奔槽待发，优势明显。黑方虽然左翼仅马

炮护家，略显几分单薄，但在河界车马卒组成防御的桥头堡，是红方攻击道路上的巨大绊脚石。如何炸开桥头堡？

请看著名象棋大师傅光明的突破佳作。

1. 兵五进一　……

强行献兵突破是炸开桥头堡的佳着。倘若马三进四，士5进6，马四进二，马6退7，车二平一，炮7平8，红方一无所获。

1. ……　　　　卒5进1

明知是苦果也只好吞咽。倘若马6退7，马三进二，马7退8，马二进三，将5平6，炮六进一，绝杀红胜。

2. 马三进四　　士5进6

3. 马四进六　　将5平6

炮轰底士摧毁防线，黑方难以招架。

4. ……　　　　车2退2

6. 炮六平三　　象5退7

4. 炮六进七　……

5. 马六退五　　将6平5

7. 车二平三（红胜）

图76

点评：一着妙冲中兵，一盘佳构。

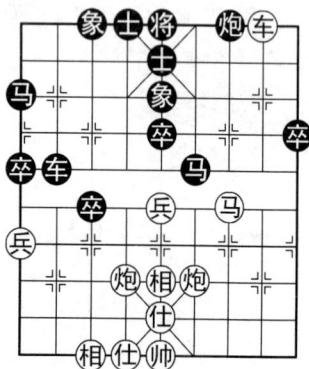

第68局　争先取势

图77，黑方车捉马，红方面临如何保马的选择。浙江名将沈芝松独具慧眼，弈出超凡脱俗的一着。

1. 兵五进一　……

冲兵弃马是"宁丢一子，不失一先"的强硬理念与战略。倘若车二进一，马3进5，黑方有很强的反弹力。

1. ……　　　　卒3进1

逆向思维是弈战中最常用的思维方法。倘若车3进1吃马，炮二平七，车8进9，兵七进一，黑方难以忍受。

2. 炮八退一　……

继续贯彻弃子抢先的战略。倘若
兵七进一，车 3 退 2，马四进三，炮 2
进 2，黑可抗衡。

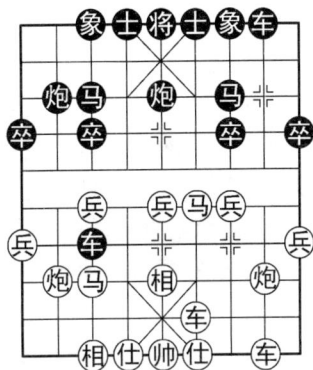

图 77

2. ……　　　　　卒 3 进 1

3. 炮八平七　　　车 3 平 8

倘若车 3 进 1，炮二平七，车 8 进
9，前炮进五，炮 5 退 1，马四进六，
红方攻势强大。

4. 炮二进七　　　车 8 进 3

5. 炮二平一　　　车 8 退 9

坚决要活捉红炮，但是也要付出一定代价。

6. 炮七进三　　　象 3 进 1

倘若车 8 平 9，炮七进五，士 4 进 5，马七进六，车 9 平 8，车
四平七，士 5 进 4，马六进四，红方优势。

7. 马七进六　　　车 8 平 9　　　　　　8. 马六进七　　　象 1 进 3

9. 车四平八　　　炮 2 退 2

倘若车 9 进 1，马七进五，炮 2 平 5，炮七进三，马 7 退 5，车
八进七，红方优势。

10. 马四进六　　　马 7 退 5　　　　　11. 车八进七　　　炮 2 平 3

12. 车八平六　　　马 5 进 7

忍痛丢子，别无良策。倘若马 3 退 1，马七进八，绝杀红胜。

13. 马六进七　　　士 6 进 5　　　　　14. 后马进五　　　象 7 进 5

15. 车六退二　　　车 9 平 6　　　　　16. 车六平三　　　马 7 退 9

17. 车三平一（红方胜势）

点评：这是一则精彩的弃子抢先战例。其逆向思维的方法很值
得学习。

第 69 局　瞒天过海

瞒天过海是一种示假隐真的疑兵之计，在战争中它是一个利用

人们存在常见不疑的心理状态，进行战役伪装，隐蔽军队集结和发起进攻企图，使敌方麻痹大意以期达到出其不意的目的。

在弈战中瞒天过海亦是屡见不鲜。图78，红方虽然多一中兵，但兵力呆滞松散，似乎很难组成有效攻势。著名象棋大师赵庆阁巧妙运用瞒天过海之计，化平淡为神奇，完成一部杰作。

1. 兵五进一　……

突然献兵是麻痹黑方的疑兵之计。

1. ……　　马2进3

你要白白送兵让我吃，我就偏偏不吃，因天下没有免费的午餐。倘若炮5进3，炮八平五，炮5进4，仕六进五，马2进3，马三进四，象7进5，车三退一，马3退4，马九进八，两难进取的平淡之势。

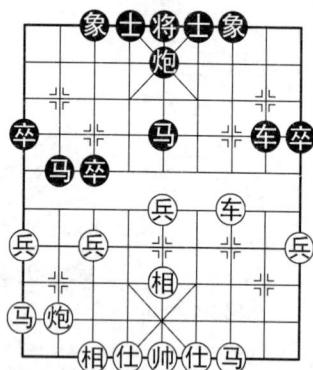

图78

2. 炮八平五　……

佳着！倘若兵五进一，马3进2，仕四进五，车8平5，车三平四，炮5进1，马九进八，象3进1，黑方稍优。

2. ……　　马5退3　　　　**3. 车三平六　……**

谨慎稳健！倘若车三进五，车8进3，车三退二，后马进2，马三进四，车8平6，炮五平二，炮5平8，仕四进五，各有顾忌。

3. ……　　车8进3　　　　**4. 马九进七　后马进2**

进马似不如前马退2。

5. 兵五进一　卒3进1　　　　**6. 车六平七　车8平4**

先弃卒引车，再抢肋道，顽强反击。

7. 马三进二　车4进2　　　　**8. 相五退三　车4退1**

捉双得不偿失，误中赵大师的诱敌之计。似可象3进5，兵五进一，象7进5，和棋不难。

9. 马二进三　车4平3

贪吃造成灭顶之灾。此时亡羊补牢犹未晚，似可炮5进7，马三进二，车4退6，仕四进五，象3进1，尚可支撑一时。

10. 兵五进一（图79）　……

绝妙佳着。

10. ……　　马2退4

倘若象7进5，马三进四，绝杀。

11. 兵五进一　……

似可马三进四一步杀王，更加精彩。

11. ……　　将5进1

12. 马三进四　将5平4

倘若将5退1，马四退五，红胜。

13. 车七平六　……

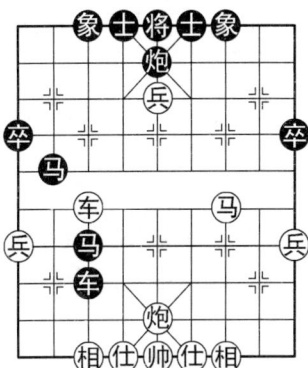

图 79

似可车七进二，车3平4，炮五进四，红胜。

13. ……　　马3退2　　　　**14. 车六进一**　士4进5

15. 炮五平六　士5进4　　　　**16. 车六平八**　……

老练！倘若炮六进五，马2退4，车六进一，车3退5，车六平九，红方亦胜。

16. ……　　车3平4　　　　**17. 车八平六**（红胜）

点评：高明的棋手总是想方设法利用真真假假、虚虚实实的手段去寻找战机。

第70局　虎口拔牙

用兵渡过楚河向桥头堡攻击是中局的常用手段。在弈战中用中兵向敌阵突破往往是打开结合部僵局的切入点，从而为夺取优势奠定基础。从以下战例将会看到名手在实战中的思维方法和战术技巧，欣赏之后对提高中局水平必大有益处。

图80，红棋肋道战车压象眼点穴颇有威慑力，但无后续兵马能快速支援却有点力不从心的感觉，中炮盘头马如从中路发动进攻有损兵之虞。经分析发现，黑棋左翼空虚，右翼子力拥塞，针对弱点发动攻势是当前的关键。

请看特级大师王嘉良巧施连环计，虎口拔牙。

1. 兵五进一 ……

冲中兵强行突破是明攻中路暗击
侧翼的佳着。

1. …… 　　卒 5 进 1

2. 马五进六 　炮 3 平 4

一箭双雕，黑炮只好逃避而忍痛
丢象。

3. 马六进五 　卒 7 进 1

冲卒有迟缓之感，车 6 退 4 加强
防守为宜。

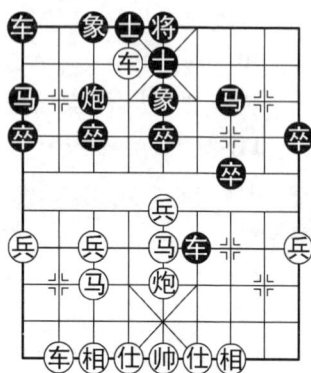

图 80

4. 仕六进五 ……

高明的棋手会在等待中寻求战机，现在补仕是较佳的顿挫。

4. …… 　　卒 5 进 1

未察觉危险来临，进入了对方设计的陷阱。似应退车防守为
佳。倘若车 1 平 2 强行兑车，车八进九，马 1 退 2，马五退六，将
5 平 6，车六平八，红得子。

5. 车八进四 ……

高车捉卒，巧施连环计，使黑卒连环而自阻车路不退守，为总
攻做好准备。

5. …… 　　卒 7 平 6

6. 车八进三 　卒 5 进 1

7. 车八平六（图 81） ……

虎口拔牙！由此吹响攻城的号角。

7. …… 　　士 5 进 4

倘若卒 5 进 1，马五进三，将 5 平
6，后车平三，红多子胜势。

8. 车六进一 　将 5 进 1

9. 马五退四 ……

弃炮抽马，算度精细。

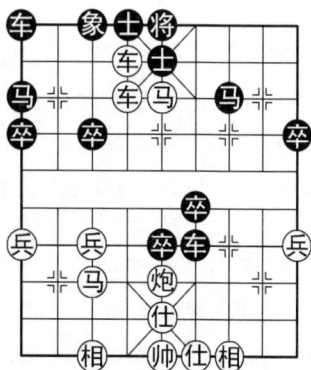

图 81

9. ……　　　　卒 5 进 1

倘若卒 6 平 5，马四进三，将 5 进 1，车六平五，士 4 退 5，车五退一，将 5 平 4，炮五平二，红方胜势。

10. 马四进三　将 5 进 1　　　　**11. 车六平五**　将 5 平 6

12. 车五平四　将 6 平 5　　　　**13. 车四退一**（红胜）

以下如士 4 退 5，车四平五，将 5 平 6，马三退四，绝杀之势。

点评：一气呵成的连珠妙杀是难得的实战佳局。其成功的秘诀有四：①弃中兵开通马路踏双；②挑仕等待的顿挫；③巧施连环计阻车；④虎口拔牙。这四种战术技巧的完美组合表现出王特大高深的棋艺水平。

第 71 局　疾兵三冲

图 82，黑方以车过河、炮瞄相进行攻击，而红方仅有河口车孤掌难鸣，似乎是各有顾忌的两分态势。但是特级大师刘殿中却找到突破口，演绎疾兵三冲的精妙战局。请看刘殿中与于幼华两位特级大师之战。

1. 兵五进一　……

超凡思维。一般棋手多会马七进五，炮 3 平 7，相三进一，炮 7 平 9，黑方反先。

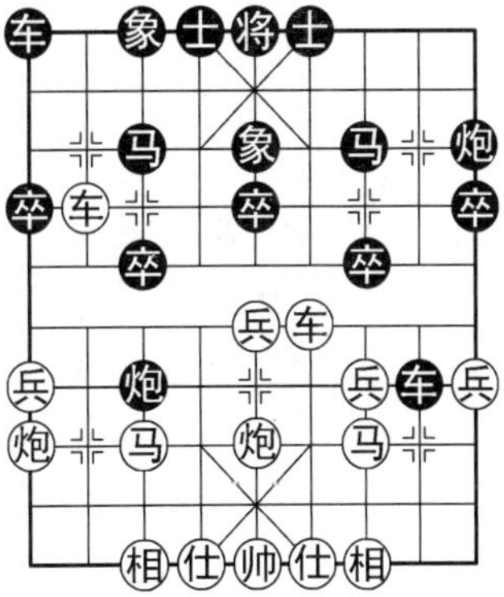

1. ……　　　车 8 平 7

杀兵过急，似应卒 5 进 1 为宜。倘若贪吃而炮 3 进 3，仕六进五，车 8 平 7，兵五进一，士 4 进 5，马七进五，红优。

图 82

2. 马七进五　炮 9 进 4

不甘忍受被动挨打，但也留下无穷后患。倘若卒 5 进 1，车八平三，卒 5 进 1，炮五进二，马 7 进 5，炮九平五，红棋也优。

3. 兵五进一　……

冲兵弃马，气势磅礴。

3. ……　　炮 9 平 5　　　　**4. 马三进五**　车 7 平 5

5. 兵五进一　……

再冲兵，打开将府大门，攻城擒王指日可待。

5. ……　　马 3 进 5　　　　**6. 车四进二**　象 3 进 5

7. 炮五退一　车 5 平 7

还是应委屈一点而车 5 退 2，炮九平三，炮 3 平 7，相三进五，车 5 平 4，炮五进五，士 4 进 5，仕四进五，车 1 平 4，炮五平九，虽然红方仍优，但黑棋比实战要好。

8. 炮九平五　炮 3 平 5

倘若车 7 平 4，后炮进五，士 4 进 5，仕四进五，红方优势。

9. 车八退三　卒 7 进 1（图 83）

大英雄此时无可奈何，只好听天由命。倘若炮 5 平 4，后炮进五，马 7 进 5，车四平五，士 4 进 5，车五进一，车 1 平 4，炮五进四，红方胜势。

10. 车四平三　……

奇迹发生。刘大师鬼使神差竟然

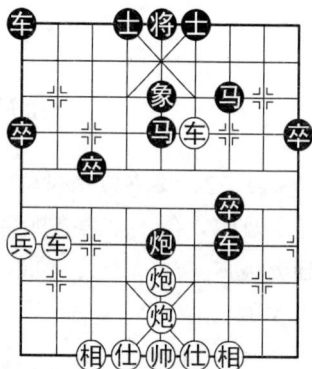

图 83

大意上演捉放曹。倘若后炮进二，士 4 进 5，后炮进四，马 7 进 5，车四平五，红方胜势。

10. ……　　炮 5 进 2

千载难逢的逃命良机。

11. 车八平三　卒 7 进 1　　　**12. 车三进一**　士 4 进 5

13. 车三平五　车 1 平 4　　　**14. 仕四进五**　马 5 进 6

15. 炮五平二　卒 7 平 8　　　**16. 炮二平六**　……

枰旁观战简直不相信自己的眼睛，几个回合之后天翻地覆。全国象棋冠军于幼华在幸运女神眷顾之下，拥有了黑方的庞大"卒团"优势。

16. ……　　卒 3 进 1　　　　**17. 相七进九**　车 4 进 6

不求有功但求无过。倘若车 4 进 5，相九进七，车 4 平 3，车五退四，车 3 平 4，车五平四，卒 8 进 1，炮六平四，黑方优势但赢棋也有难度。

18. 相九进七　卒 8 平 7　　　19. 车五平一　马 6 进 8

倘若车 4 退 3，车一平三，卒 7 平 6，车三退三，车 4 平 6，炮六平二，黑方有机会也有危险。

20. 车一退一　卒 1 进 1　　　21. 车一平四　车 4 平 1

22. 帅五平四　车 1 平 6（和棋）

点评：虽然终局意外地化干戈为玉帛，但刘殿中"三冲兵"的重拳出击尽显大师风范。

第 72 局　瞄准靶心

图 84，黑方几乎将全部兵马聚集在左翼，从而造成子力拥塞的防御弱点，红方须趁黑方没有疏导之前选择突破点。突破口在哪里？请看岭南小将朱琼思大师的精彩表演。

1. 兵五进一　……

突破的靶点直指中路。

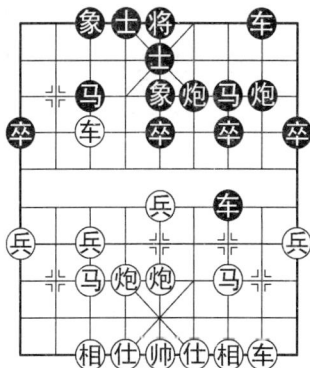

图 84

1. ……　　　卒 5 进 1

倘若炮 8 进 1，兵五平四，车 7 平 4，仕六进五，车 4 退 1，车二进四，车 4 平 6，炮六进六，马 7 退 6，马七进五，车 6 平 2，马三进四，红方优势。

2. 炮六进六　……

先弃兵打开通道，再伸炮点象眼抢先夺势，井然有序，击中要害。

2. ……　　　车 7 进 2

如马 7 退 6，马七进五，车 7 平 4，马五进七，车 4 退 4，马七进五，红方大有攻势。

3. 炮五进五　士 5 进 4

倘若将 5 平 6，炮五平三，车 7 平 3，炮三平七，炮 8 进 4，炮六平七，象 3 进 5，后炮平四，士 5 进 6，车七平六，红方胜定。

4. 马七进五　车 7 平 6　　　　　**5.** 炮五平三　车 8 平 7

6. 车七平五　将 5 平 6

倘若士 4 进 5，炮三进一，炮 8 平 7，仕四进五，车 6 退 1，车五退一，红方优势。

7. 炮三进一　士 4 退 5　　　　　**8.** 车五退一　炮 8 平 9

9. 炮三平一　……

明为护兵，暗中捉炮的佳着！

9. ……　　　炮 9 平 7　　　　　**10.** 仕四进五　车 6 退 4

11. 相三进五（红优，余略）

点评：弃兵攻象是突破火力密集防御网的关键，只有瞄准弱点实施打击才会收到较佳效果。

第73局　引车离线

当布局阶段向中局过渡后，要扩大先手争取胜利，就要寻求突破口。突破的方向大致有中路、左翼和右翼三种。中局战斗中如何选择突破的方向是非常重要的。下面通过研究分析经典实战，重点学习小兵左翼突破的战术技巧。

图 85，红方大部兵力部署在中路与左翼，如何集中优势兵力发动攻势是当前的首要任务。子力密集的防御网看去似乎无机可乘，但仔细分析后就可看到黑方右翼防线有一定的防御弱点，而巡河车明显是阻碍进攻通道的障碍。如何清除这一障碍？请看特级大师徐天红的杰作。

1. 兵七进一　……

献兵打车，逼黑放弃 2 路通道。

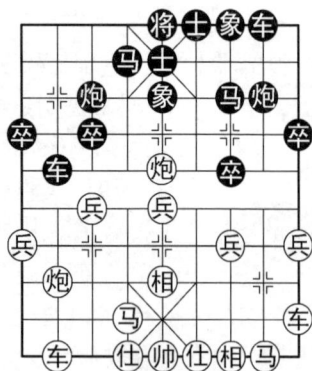

图 85

1. …… 车 2 平 3

倘若车 2 进 1，兵七平六，炮 8 进 6，马六进四，炮 8 退 4，马二进一，炮 3 平 2，炮八进五，车 2 进 4，炮八平三，红优。

2. 炮八进六 ……
刚柔相济的佳着。

2. …… 炮 8 进 2 　　**3. 马六进五** ……
弃马亮车是大手笔。

3. …… 车 3 平 4

如炮 8 平 5，兵五进一，车 8 进 9，车一平六，炮 3 退 2，车六进七，士 5 退 4，炮八平九，车 3 平 5，马五进七，车 5 平 6，车八进九，红方胜势。

4. 炮五平二 车 8 进 4 　　**5. 兵五进一** 车 4 退 2
倘若车 4 平 5，车一平六，黑方难应。

6. 马二进三 炮 3 退 2 　　**7. 车一平四** 车 8 退 1

8. 车四进三 卒 3 进 1 　　**9. 马五进六** 车 8 平 3
几乎调动全部兵马加强防守。

10. 马三进五 炮 3 平 2 　　**11. 炮八平七** ……
平炮细腻。倘若炮八平九，马 4 进 2，黑方要反客为主。

11. …… 炮 2 进 3

如车 3 退 2，车八进九，士 5 退 4，车八退三，红方优势。

12. 车四进四 车 4 平 2

13. 炮七退一 马 7 进 8

14. 马五进四 车 3 平 4

15. 马四进五（图86） ……
飞马踏象，吹响攻王的号角。

15. …… 士 5 进 6

倘若车 2 平 3，车八进六，车 4 平 2，马六进七，马 8 退 9，兵五平四，红优。

16. 炮七平四 马 4 进 6

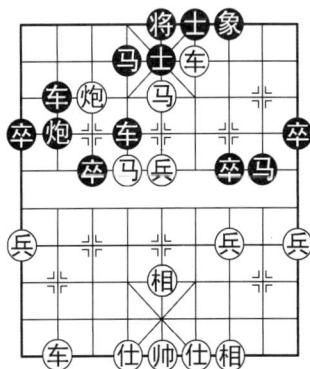
图86

倘若车 2 平 5，车四平六，车 4 退 2，马六进五，象 7 进 5，车八进六，红优。

17. 车四进一　将 5 进 1　　　　**18.** 马五进七　车 4 平 3

19. 车八进六　车 2 进 1　　　　**20.** 马七退八　马 6 进 5

21. 马八进九　马 5 退 4　　　　**22.** 车四平六（红方胜势）

点评：引车离线是中局常用战术技巧，本局是经典战例。

第 74 局　冲兵弃马

图 87，黑方冲卒欺马，意在巧渡，是一种战略威慑。红马面临弃与逃的选择，但是如何正确决策并非易事。请看阎文清大师的决策。

1. 兵七进一　……

冲兵弃马是大手笔。

1. ……　　　　炮 3 进 5

吃马造成兵力散乱阵型不整的后果，但如马 2 进 4，马七进六，仍是红优。

2. 车一平二　车 9 进 1

为了追求物质优势，只好边车保炮和马。倘若炮 3 平 7，炮八平三，车 9 进 1，兵一进一，红方优势。

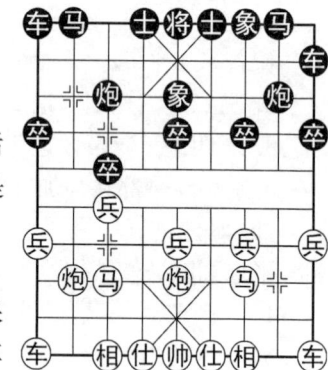

图 87

3. 炮八进二　卒 9 进 1　　　　**4.** 炮五进四　士 6 进 5

5. 炮八平九　马 2 进 1　　　　**6.** 车二进六　马 8 进 7

7. 炮五退一　卒 7 进 1　　　　**8.** 车九进二　炮 3 退 1

9. 车九平四　炮 3 平 7　　　　**10.** 车四进六　卒 1 进 1

在上段纠缠中红紧握先手，黑陷于被动挨打境地。现在挺卒驱炮是雪上加霜，但别无良策。

11. 炮五平九　车 1 平 3　　　　**12.** 后炮进三　车 3 进 4

13. 后炮退一　车 3 进 5　　　　**14.** 后炮平五　车 3 退 7

15. 炮九进二　车 3 退 2　　　　**16.** 炮九退二　卒 7 进 1

17. 炮九平三 ……

打马为胜利铺平道路。

17. …… **炮7退4**　　　**18. 车二平四　炮8退2**

19. 前车平三（红胜）

点评：这是一局"得子失先非上策"的真实写照。

第 75 局　弃炮渡兵

图 88，黑方阵地似乎坚如磐石，而且骑河炮有较强的牵制力，但细加分析就会发现右翼空虚是其弱点。发现弱点容易，但如何攻击弱点却很难。请看于红木大师的佳作。

1. 兵七进一 ……

凶悍！冲兵弃炮，向黑右翼突破是弃子抢先的佳着。

1. …… **象5进3**

为什么不炮 8 平 2 吃炮？车二进八，车 8 进 1，兵七进一，马 3 退 1，车七平八，炮 2 平 3，兵七进一，炮 3 进 1，车八进八，士 6 进 5，兵七进一，士 5 进 4，车八退七，炮 3 平 7，兵七平八，红方稍优。

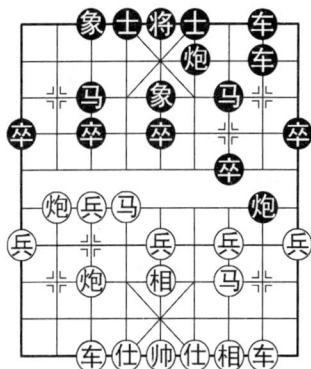

图 88

2. 炮八进三　象3进5　　　**3. 车二进一　炮6进1**

倘若卒 7 进 1，马六进八，卒 7 进 1，马八进七，炮 8 平 3，炮八进二，象 5 退 3，车二平四，炮 3 进 4，相五退七，卒 7 进 1，炮七进四，象 3 退 1，车四平六，炮 6 平 4，炮七退二，卒 5 进 1，车六进四，红方弃子有攻势。

4. 车二平四　炮8退3

为保留横车通道畅通而退炮连环。如士 6 进 5，马六进七窥象，也是红有攻势。

5. 马六进七　前车平2　　　**6. 车七平八　车8进1**

似可炮 6 进 2，车四进三，炮 8 进 1，黑方尚可坚守。

7. 车四进五　　车 8 平 4　　　　　**8.** 仕四进五　　车 4 进 4

9. 兵五进一　　······

难能可贵的大手笔。

9. ······　　　　　车 2 退 1

只好退车生根。为什么不车 4 平 5 吃兵？炮八平五，车 2 进 8，炮五退三，红优。

10. 车四平三　　马 3 退 5　　　　　**11.** 炮八退一　　炮 6 进 4

12. 兵五进一　　卒 5 进 1

倘若炮 6 平 3，兵五进一，炮 3 退 3，炮七进四，车 4 平 8，兵五平四，红方优势。

13. 马七退五　　炮 6 进 2

14. 炮八平六（图 89）　　······

绝妙闪击。多得一子，由此奠定胜利基础。

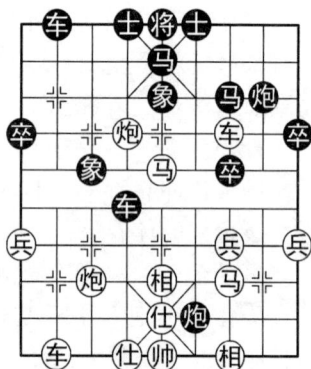

图 89

14. ······　　　　　马 5 进 3

15. 车八进九　　马 3 退 2

16. 车三进一　　车 4 退 2　　　　　**17.** 车三平五　　士 4 进 5

18. 车五平二　　车 4 平 5　　　　　**19.** 马五退四（红胜）

点评：弃子抢先是中局的重要手段，学习其构思与技巧对提高中局水平会大有益处。

第 76 局　　左攻右防

图 90，黑方右马被逼于边线一隅，左马被卒林车压住马头，红优之势已确立。红方要想继续扩大优势的第一感觉往往是开边炮再跳马，准备捉死黑边马。但黑有一着"退炮攻车"，可能将这一切化为泡影。突破的刀口在哪里？请看特级大师吕钦的精彩表演。

1. 兵七进一　　······

冲兵瞄象高瞻远瞩。如炮七平九，炮 9 退 2，车八进四，车 8 进 1，车三平一，炮 9 平 7，其效果难与实战相比。

1. ……　　炮 9 退 2

倘若车 6 进 4，兵三进一，车 6 平 7，车三退一，象 5 进 7，兵七进一，红棋优势。

2. 兵七进一　车 8 进 1

3. 炮五进四　……

简明，多兵之势十分壮观!

3. ……　　马 7 进 5

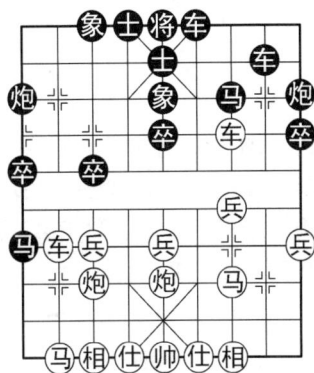

图 90

4. 车三平五　车 8 进 2

5. 车五平九　……

佳着，黑方边马危在旦夕。

5. ……　　车 6 进 8

倘若炮 9 平 7，相七进五，车 8 进 3，马三进四，车 8 进 1，马四进三，车 8 平 6，仕四进五，前车退 5，车九平四，车 6 进 3，马三退二，红方仍优。

6. 仕六进五　卒 1 进 1

黑方只有招架之功没有还手之力，弃卒为下一步车炮联合捉马争取一点机会。

7. 车九退二　炮 9 平 7

8. 相七进五　车 8 进 3

9. 车九平四　……

连消带打的绝妙佳着。

9. ……　　车 6 平 7

10. 车八平九　炮 7 进 7

11. 炮七退一　……

精巧! 逼黑吐回一子，胜势已定。

11. ……　　炮 7 进 2

12. 相五退三　车 7 进 1

13. 车九退一　车 8 退 1

14. 马八进六　炮 1 平 4

15. 兵七进一　炮 4 进 2

16. 马六进七（红胜）

点评：左攻右防是把握全局的精妙构思。

第77局　弃兵蓄势

图91，红方集结大量兵力向黑方右翼展开突破，但遭到强力阻击，似乎很难找到一条攻击之路。通过形势分析，不难发现红方难以突破的原因还是后续兵力不够。如何蓄势？请看特级大师万春林的奇妙构思。

1. 兵七进一 ……

倘若炮八退一，卒5进1，黑方有反击之势。

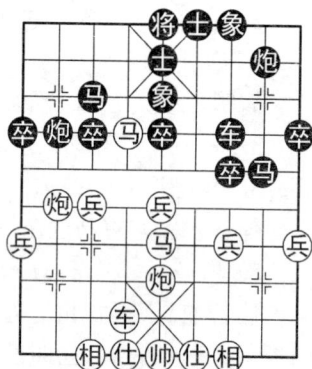

图91

1. …… 卒3进1

2. 炮八退一 炮2平3

3. 仕六进五 ……

好棋！挑仕比飞相要优。

3. …… 马8退7

4. 兵五进一 ……

妙着。

4. …… 车7平6

如卒5进1，炮八进三，马3进5，车六进四，红方优势。

5. 兵五平六 车6进2

倘若马7进6，兵六平七，炮3平2，车六进二，红方优势。

6. 兵六平七 车6平2　　　7. 车六进二 ……

奠定胜势。倘若兵七进一，车2进1，马五进六，马3退2，后马进四，士5进6，红方仍然优势。

7. …… 炮3进6　　　8. 兵七进一 马3退1

9. 马五进六 炮3退5　　　10. 后马进四 ……

倘若车六平七，士5进4，炮五平八，车2平4，车七进二，炮8进3，前炮进二，车4平2，后炮平六，红棋亦优。

10. …… 士5进6　　　11. 马四退五 炮3平5

红马上下腾挪，井然有序，黑方难以抗衡。现在又出错丢车，造成速败。倘若炮 3 进 3，虽可支撑一时，也难免败局。

12. 马六进七　将 5 进 1　　　　　**13.** 炮五平八（红胜）

点评：弃兵蓄势是取得胜局的关键。

第 78 局　巧渡奇兵

图 92，乍看盘面平平稳稳，倘若被假象麻痹就会失去稍纵即逝的战机。请看著名象棋大师陈孝堃的战法。

1. 兵七进一　炮 1 平 7

不甘苦守，寻求对攻。倘若卒 3 进 1，兵三进一，卒 7 进 1，车二平三，马 7 退 5，车三平二，马 5 进 7，马三进四，炮 1 平 3，相七进九，炮 8 平 9，车二进五，马 7 退 8，马八进六，炮 9 进 4，兵五进一，马 3 进 2，炮五进四，红方优势。

2. 兵七进一　卒 7 进 1

3. 车二进二　炮 7 进 3

4. 仕四进五　马 3 退 5

5. 兵五进一　卒 7 进 1

6. 兵五进一　……

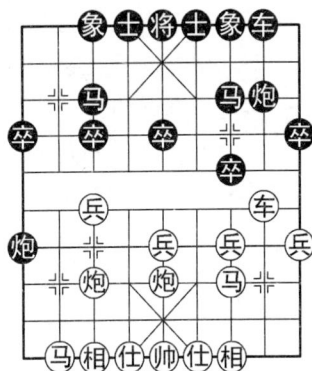

图 92

弃马冲兵，凶悍。

6. ……　　　　卒 7 进 1　　　　**7.** 兵五进一　象 3 进 1

如象 3 进 5，兵五进一，象 7 进 5，兵七平六，马 7 进 5，兵六平五，马 5 进 7，兵五进一，士 4 进 5，炮七平三，红方胜势。

8. 兵五平六　马 5 进 6

倘若马 5 进 4，炮七进一，将 5 进 1，炮七平五，将 5 平 6，兵七平六，马 7 进 6，车二平四，炮 8 平 6，前炮平四，马 6 退 4，车四平六，炮 6 平 7，车六平四，将 6 平 5，炮四平五，将 5 平 4，车四平六，后炮平 4，车六平五，车 8 进 4，马八进七，红方胜势。

9. 炮七进一　将 5 进 1（图 93）

10. 马八进七 ……

也可炮七平五, 将 5 平 4, 兵七进一, 士 4 进 5, 前炮平六, 马 6 进 4, 兵六平五, 士 5 进 4, 车二进一, 红方胜势。

10. ……	马 6 进 8
11. 炮七平五	将 5 平 6
12. 前炮平四	将 6 平 5
13. 马七进六	马 8 进 6
14. 马六进五	象 7 进 5
15. 马五退四	马 7 进 5

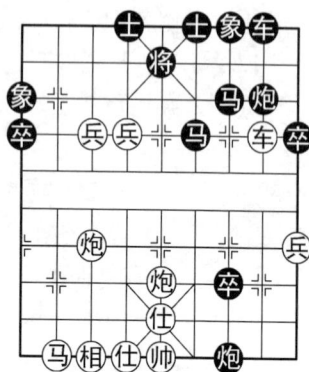

图 93

16. 炮四平五 (红胜)

点评: 平平淡淡出妙手, 一气呵成的杀棋。先冲七兵, 后冲中兵抢先, 体现出象棋的高深意境。

第 79 局　弃炮抢先

图 94, 黑方小卒直逼九宫, 影响其他子力的速度, 所以趁黑左翼车炮尚未摆脱牵制是最佳突破之机。读者能找到突破的刀口吗? 请看特级大师徐天红的实战杰作。

1. 兵七进一 ……

弃兵是高级战术技巧。倘若马七进五, 车 8 平 7, 红方攻势受阻。

1. ……　　　　卒 7 平 6

倘若卒 3 进 1, 马七进五, 卒 3 进 1, 兵五进一, 红优。

2. 兵七进一 ……

弃炮挺兵是既定方针。如炮五进一, 卒 3 进 1, 炮八平四, 卒 3 进 1, 黑棋反先。

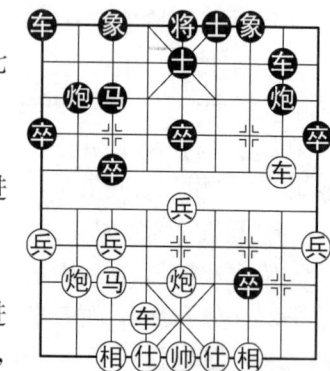

图 94

2. ……　　　　卒 6 平 5

3. 兵七进一　马 3 退 4

4. 车六进七　……

伸车压马造成黑棋半身不遂之势。亦可炮八平五，象 3 进 5，炮五进四，红棋也优。

4. ……　　　　前卒进 1　　　　5. 仕六进五　炮 2 平 7

先弃卒防红炮镇中再右炮左移，顽强反击。

6. 炮八进四　卒 5 进 1

倘若炮 7 退 1，炮八平五，象 7 进 5，车六退三，炮 8 平 7，帅五平六，红棋解杀还杀胜定。

7. 炮八平一　炮 7 进 1　　8. 炮一退一　卒 5 进 1

9. 车二进一　炮 7 进 1　　10. 车二平三　象 7 进 5

11. 相七进五　车 1 进 2　　12. 马七进八　车 1 平 4

兑掉"点穴车"，局势稍有缓和。

13. 车六退一　士 5 进 4　　14. 马八进六　炮 8 平 6

15. 兵七进一　士 4 退 5　　16. 兵七进一　马 4 进 3

17. 车三平七　炮 7 退 2　　18. 兵七平六　炮 7 平 9

19. 炮一平五　象 3 进 1

飞象是不明显的软着。似应车 8 进 3 捉炮，尚可支撑。

20. 马六进七　炮 6 平 3　　21. 车七平九　车 8 进 5

22. 车九进一　车 8 平 3　　23. 车九退一　炮 3 进 1

24. 兵六平七　……

绝妙杀着。

24. ……　　　　将 5 平 4　　25. 车九进三　象 5 退 3

26. 车九退一　炮 9 平 5　　27. 兵七进一　将 4 平 5

28. 车九平六（红胜）

点评：弃炮抢先是获胜的关键。

第 80 局　妙手劫子

图 95，黑方前沿阵地的双卒已在河头红马的铁蹄之下，因黑方边炮瞄准中兵使红马不敢轻举妄动。所以如何解决黑边炮的威胁

是当前的战略重点。请看特级大师陶
汉明的实战。

1. 兵七进一 ……

妙不可言的神来之笔。如车八进三，
卒1进1，其效果与实战有天壤之别。

1. …… 　　　卒 3 进 1

倘若炮8进3，兵七进一，炮8平
6，车二进九，马9退8，炮七进五，
红方优势。

2. 马四进三 ……

妙！弃兵后七路炮显现遥控威力，现在马借炮威使黑陷于丢子
境地。

2. …… 　　　马 3 进 4

顽强。如炮8平6，车二进九，马9退8，马三进二，黑方亦
要丢子。

3. 马三进四　车 8 进 1　　　**4. 马四退二** ……

似可炮五进四，士6进5，马四退二，车1进3，炮五平二，
车8平7，炮二平七，炮1平3，前炮退三，卒3进1，炮七平八，
车1平2，炮八平三，车7进4，车八进六，马4退2，炮三平一，
卒3平4，相七进五，车7平4，车二进三，红方多子优势。

4. …… 　　　车 1 进 3　　　**5. 车八进五** ……

稳健点似可车二进六，士6进5，炮五进四，马4进5，车二
平三，车1平5，车三平五，马5进3，车八进二，马3退4，车五
退三，红方优势。

5. …… 　　　马 4 进 5　　　**6. 炮七平六　马 5 退 7**

7. 车八退二 ……

似可车二进四捉马为佳。

7. …… 　　　卒 1 进 1　　　**8. 仕四进五　车 1 平 4**

9. 马九退七　车 4 平 3　　　**10. 马七进九　卒 5 进 1**

对多卒之势过于乐观，挺进中卒露出破绽而造成速败。还是应

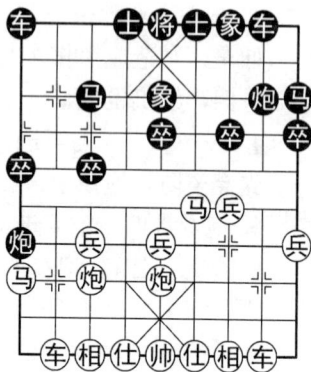

图 95

车 3 平 4 为宜，后面的争战还很长。

11. 马二退四　车 3 平 6

无可奈何，只好弃车砍马。

12. 车二进八　马 9 进 7　　　　**13.** 车二平六　士 6 进 5

14. 相三进一（红胜）

点评："左吊右击"是绝妙佳作。

第 81 局　弃炮擒车

图 96，黑方的倒骑河炮在红方河口阵地很有牵制力，而且又冲卒，发出攻击的强烈信号，红方面临复杂的挑战。应如何应对？且看象棋大师宋国强的抉择。

1. 兵七进一　……

弃炮冲兵，胸有成竹。如车九平七，卒 3 进 1，相五进七，稳健有余攻势不强。

1. ……　　炮 8 平 2

2. 车二进八　车 8 进 1

3. 兵七进一　马 3 退 5

4. 车九平七　马 5 退 7

5. 兵七进一　后炮进 2

企望通过弃还一炮来缓和红方在右翼车马炮兵的四子联合攻势。

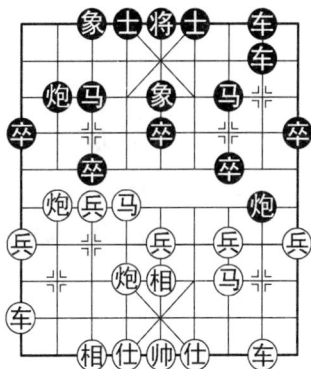

图 96

6. 兵七进一　……

冲兵阻车凶悍，不给对方喘息之机。倘若马六进八，车 8 平 4，炮六平八，车 4 进 6，炮八退二，马 7 进 6，黑棋尚可一战。

6. ……　　后炮平 5　　　　　**7.** 兵七平六　士 6 进 5

8. 车七进八　车 8 进 4

自投陷阱！似应车 8 进 7 为宜。

9. 兵三进一　车 8 平 7

倘若车8退1，马六进七，炮2进4，炮六进七，后马进6，车七平八，象5进3，炮六平七，马6退4，马七进六，红方胜势。

10. 兵六平五 将5进1　　　**11. 车七平六 炮2进4**

是非之地不可久留。似应车7进1为佳。

12. 马六进八（图97）　后马进9

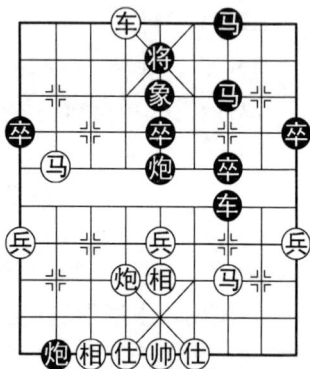

倘若将5平6，车六平三，车7平2，车三退一，将6退1，车三退一，炮2退5，车三退一，红方优势。

13. 马八进六　将5平6

14. 马六退五（红胜）

点评：退马陷车，奇妙佳构！宋国强大师历来追求艺术象棋，几乎是当代棋坛唯一能抵挡金枪银弹，依然坚守"艺术象棋"高地的优秀棋手。

"宁丢一子不失一先"是颠扑不破的棋理。

图97

第82局　弃炮夺势

图98，这盘棋是特级大师于幼华与特级大师赵国荣之战。

黑方首先冲卒强渡，暗伏飞马踏双，使红方面临弃与逃的复杂选择。一般的棋手多会选进炮顶车或平炮兑车的消极避让。但是拼命三郎面对东北虎咄咄逼人的攻势毫不畏惧，反而将计就计，演绎出佳局。

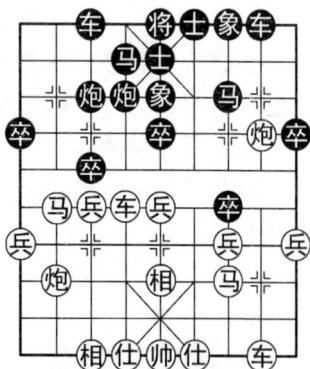

1. 兵三进一 ……

欣然接受挑战，算度深远的大手笔。倘若炮二进二，卒7进1，黑可抗衡。

图98

1. ……　　马7进6　　2. 兵五进一　……

既定的战术方针。如车六进一，马6退8，兵七进一，炮3平2，马八进九，炮2进1，黑优。

2. ……　　马6退8　　3. 兵七进一　……

倘若急于夺回失子而兵三进一，象5进7，车六平二，炮4平8打双车，黑胜。

3. ……　　象5进3

无奈！倘若卒5进1，车六进二，红夺回失子多兵优势。

4. 兵三进一　卒5进1　　5. 兵三进一　象3退5
6. 马三进五　马4进2　　7. 马五进三　马2进3
8. 马三进五　……

死马不急吃，先吃中卒，老练。

8. ……　　炮3平1　　9. 车二进三　炮4平2
10. 马八进七　炮2进2　　11. 兵三平二　炮2平5
12. 马七退五　车3平2　　13. 炮八平七　车2进7

倘若车2进3，马五退三，车8进1，相五进七，马3退5，车六进一，红方稍优。

14. 炮七进二　车2退4　　15. 马五退三　马3退5
16. 车六进四　马5进7
17. 车二平七（图99）　……

精妙！炮底藏车，暗伏闪击。

17. ……　　象5进3

看似一个非常简单的局势，可是如何决策下一步棋却颇有难度。倘若车2退3，兵二平一，红方优势。

18. 炮七平九　……

闪击！这步棋看似平凡，却很有威力。

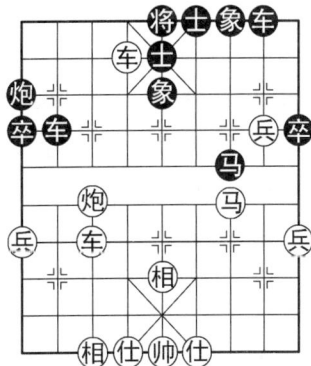

图99

18. ……　　马7退6

速败。倘若马7退5，车六平九，炮1进3，兵九进一，马5

进7，车七进二，象7进5，车七平六，士5退4，车九退一，车2平5，兵二平三，车8平7，兵三平四，车5平6，车九平五，士6进5，车五退二，红棋稍优。

19. 炮九平五　……

一炮定乾坤！

19. ……　　士5退4

如炮1平5，车七进二，车2退3，马三进四，炮5进1，车六平八，车2平4，车七进一，炮5退1，兵二进一，红方胜势。

20. 车六平四（红胜）

点评：此局是两位全国象棋冠军的高水平实战。看似黑方局势仅稍差一点，但在红方精雕细琢的攻击之下，终成败局。

第83局　献兵引车

图100，黑方虽然左翼兵力呆滞，右翼空虚，可是红方要想寻觅突破的刀口也颇费神思。第一感觉往往是左车肋道捉马，或者退七路炮准备平边轰车侧袭。请看特级大师蔡福如的奇妙构思。

1. 兵三进一　……

另有两种选择：①车八平六，炮8进2，车六进二，卒7进1，车六退四，卒7进1，车二退三，卒7进1，红方多子黑方多卒，各有顾忌。②炮七退一，炮8进2，炮七平九，炮8平5，相三进五，车8进5，后炮进三，车8平7，黑方尚可坚守。

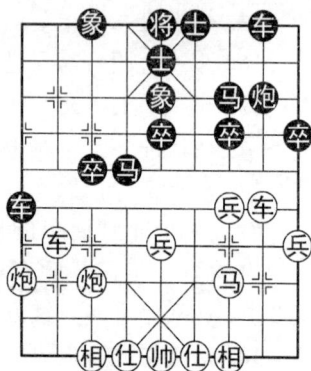

图100

1. ……　　车1平8

2. 马三进二　卒7进1

倘若士5退4，兵三进一，黑方也难以忍受。

3. 炮九进七　士5退4

马瞄中象，黑方防线崩溃。

4. 马二进三　……

4. …… 　　　车 8 进 1

红方两翼夹击，黑方将府告危，只好提短车策应。倘若马 4 退 6，车八进五，炮 8 进 6，车八平六，炮 8 平 3，车六进一，红方优势。

5. 马三进五 　……

飞马踏象，攻破第一道防线。

5. …… 　　　车 8 平 4

倘若车 8 平 1，马五进七，将 5 进 1，炮九平八，黑亦难以应付。

6. 炮七进七 　将 5 进 1　　**7. 炮七退一** 　车 4 进 1

倘若将 5 进 1，车八进四，车 4 进 1，炮九退二，马 7 进 6，炮九平六，炮 8 平 4，车八退一，马 6 进 5，车八平五，将 5 平 6，相七进五，红方优势。

8. 马五进三 　将 5 平 6

倘若马 4 退 3，车八进四，将 5 平 6，炮九退一，将 6 进 1，马三进五，士 6 进 5，炮九退一，红胜。

9. 炮九退一 　将 6 进 1　　**10. 兵五进一** 　……

红方攻势强大，使黑方主将高处不胜寒，似乎失败即在眼前。可是黑方以下的顽强防守还是可圈可点。

10. …… 　　　马 4 进 6（图 101）

11. 车八平四 　……

似可兵五进一，卒 7 进 1，兵五进一，马 6 退 5，车八进三，红方速胜。

11. …… 　　　卒 7 进 1

12. 相三进一 　车 4 进 3

13. 相一进三 　车 4 平 5

14. 仕四进五 　马 7 进 8

16. 马二退四 　将 5 平 6

似应马 8 退 6 坚守为宜。

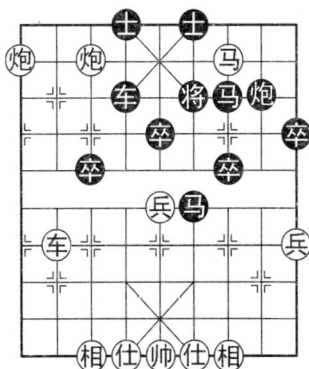

图 101

15. 马三退二 　将 6 平 5

17. 炮七平二　　车 5 退 1

倘若马 8 退 6，炮九退二，卒 5 进 1，炮九平一，黑方也难抵挡。

18. 炮九退三　　……

简捷有力的杀着。

18. ……　　　　卒 3 进 1　　　　**19.** 马四进二　　将 6 平 5

20. 炮九平二（红胜）

点评：献兵引车、底线袭击是取胜秘诀。

第84局　弃兵拦挡

图 102，红方左车横扫右车点穴，炮马在肋线封锁黑左车通道，呈现生机勃勃的立体攻势。但是黑方可升车巡河捉马，将会打乱红方兵力部署与架构。那么怎样解决这道难题？请看特级大师王嘉良的实战。

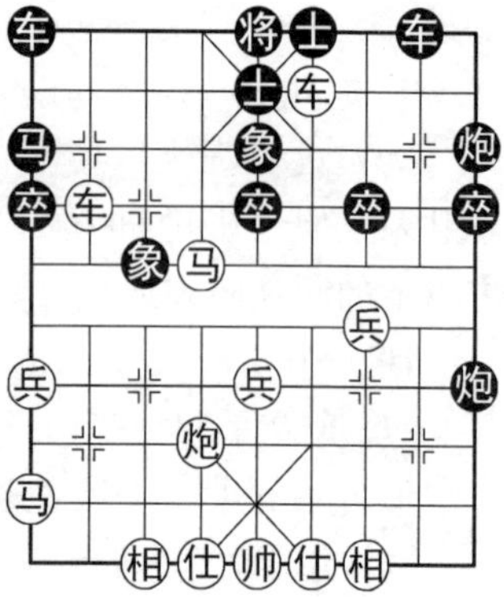

1. 兵三进一　　……

渡河献兵拦挡，意境深远的大手笔。

1. ……　　　　卒 7 进 1

2. 车八平五　　后炮平 7

强硬的反击。倘若恋卒而卒 9 进 1，马九进七，红优。

3. 相七进五　　车 8 进 8

底线过于空虚，伸车捉马看似凶悍，实则留下后患。

图 102

4. 车五平一　　……

一箭双雕。倘若马九进七，车 8 平 3，红有顾忌。

4. ……　　　　车 8 退 2

进而复退，不但白丢一先，而且陷入极大风险区。倘若车 8 平 1，车一退三，前车退 2，马六进四，炮 7 平 6，炮六进二，红方亦大优。

5. 马九进七 ……

暗藏陷阱，黑方进退两难。

5. …… 炮 9 平 5

别无良策。

6. 马六退五 车 8 平 5　　　**7. 炮六进七** ……

献炮陷车，绝妙。

7. …… 车 5 进 1

倘若车 5 平 8，炮六平四，车 1 进 1，车一进三，红方胜势。

8. 相三进五 车 1 平 4　　　**9. 马七进五** 车 4 进 6

10. 马五进四 车 4 平 6　　　**11. 车一平九** ……

黑方难以反击。红方多子，胜势已定。

11. …… 炮 7 平 9　　　**12. 车九平一** 炮 9 平 8

13. 车一平二 炮 8 平 9　　　**14. 车二进二** 象 5 退 3

15. 马四进三（红方胜定）

点评：弃兵拦挡与弃炮谋车的构思精巧。

第 85 局　调虎离山

图 103，黑方子力活跃并封锁重要通道与战略要点，红方虽然多兵却没有多少优势。尤其红方右车较暗左车未动，显然双车难以发挥作用，不能扩大优势。如何把双车快速投入到战斗中来？请看李来群的调虎离山之计。

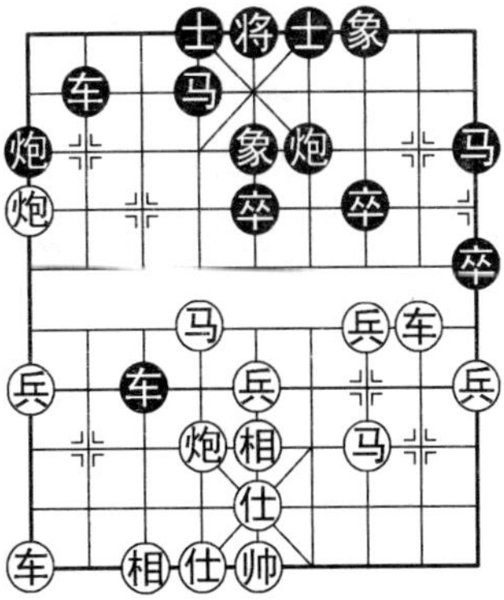

1. 兵三进一 ……

小兵白白送吃真是不可思议，而这确确实实是李来群对局面评估的超人之处。

1. …… 卒 7 进 1

图 103

2. 炮六进六　车2平4　　　**3.** 车九平八　……

先弃兵后打马，从而达到左车开出右车通畅的目的。

3. ……　　　　炮6平7

平炮打马是反击佳着。

4. 车八进六　……

弃子抢先激情四溢，比拼命三郎还拼命。倘若马三退四，车3平5，红没便宜。

4. ……　　　　炮7进5　　　**5.** 炮九平五　士6进5

补士的方向很值得探讨。似可士4进5，以下红方看似凶猛又有多种下法，但要找回失子很难。在局势十分复杂的情况下就是电脑也难计算清楚，所以不能求全责备。

6. 帅五平四　……

精妙！准备车二平四"铁门栓"绝杀。

6. ……　　　　马9进7

似应马9进8防御为佳。

7. 车八进一　……

似可车二平四，马7退8，车八退一，车4进2，车八平四，马8进6，马六进八，车4平5，马八退七，车5平8，马七进六，红方优势。

7. ……　　　　炮7退2

退炮拦挡是解围佳着。倘若炮1进1，车八平五，卒7进1，车五平九，士5退6，车二平三，车4平6，帅四平五，车3平5，车九退一，红方优势。

8. 马六进四　车3退3　　　**9.** 马四进三　炮1进1

10. 炮五退二　车3平6　　　**11.** 帅四平五　车6退1

如炮7进1，车八平五红胜。

12. 车八退一　车6平7　　　**13.** 车八平九　马7进5

14. 车九平五　车4进3

15. 相五进三　马5进7（图104）

机警！倘若卒7进1，车二进一，卒7平6，炮五平九，红方大优。

16. 相七进五　……

似可炮五平九，象 5 退 3，相七进五，车 4 平 5，车五平七，马 7 进 5，车七进三，车 7 平 1，车七退六，红方优势。

16. ……　马 7 进 5

大意出错，应车 4 平 5 兑车，可成和棋。

17. 车二平四　……

车占肋道似无可非议。可车二进五，车 4 退 2，炮五平九，马 5 退 4，车五进一，红方优势。

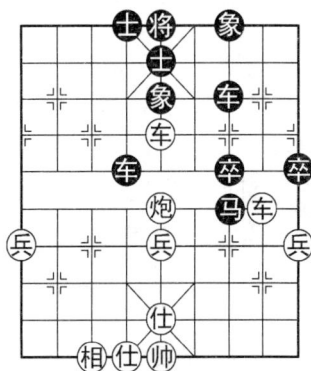
图 104

17. ……　车 7 退 1

错失最后和棋之机。似可车 7 平 8，车四进四，车 8 进 7，仕五退四，马 5 进 3，仕六进五，车 4 平 2，炮五进三，士 5 进 4，仕五退六，车 2 进 5，车五平六，车 8 退 2，相五退七，车 2 平 3，炮五退六，马 3 进 5，车六平五，士 4 进 5，车四平三，车 8 退 7，车五退五，和棋之势。

18. 车四退一　卒 7 进 1

倘若马 5 进 3，帅五平四，红胜势。

19. 车四平五　卒 7 平 6　　　　20. 炮五平九（红胜）

点评：兵的运用千变万化，调虎离山的运子妙法十分高明。

第 86 局　金蝉脱壳

图 105，黑方兵力呆滞，形势落后，而红方虽有一定的空间优势，但黑方双车链住红方双车双炮，使其难有作为。摆在红方面前的任务是如何摆脱拴链扩大优势。请看李来群的妙着。

1. 兵三进一　……

精巧，给黑方出了一道难题。

1. ……　　　　**卒 7 进 1**

卒吃兵难，车吃兵也难。倘若车
2 平 7，炮八平七，炮 5 平 6，车八平
二，车 8 进 2，前车进四，象 3 进 5，
马三进四，红棋优势。

2. 炮二平七　　**象 3 进 1**

3. 车二进九　　**马 7 退 8**

4. 车八平二　　**……**

通过弃兵后的一系列手段达到摆
脱拴链的战略目的。

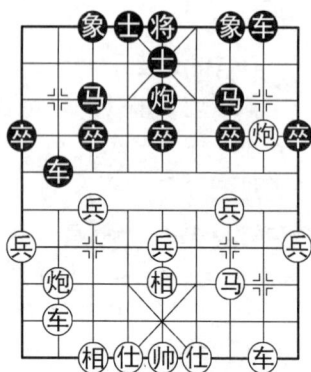

图 105

4. ……　　**马 8 进 7**　　　　**5. 炮八平七**　　**卒 9 进 1**

倘若马 7 进 6，车二进八，马 6 进 5，车二平三，士 5 退 6，车
三退二，将 5 进 1，马三进四，车 2 平 6，前炮平一，红方优势。

6. 车二进五　　**炮 5 平 4**

倘若马 7 进 6，车二进三，马 6 进 5，车二平三，士 5 退 6，车
三退二，将 5 进 1，马三进二，红优。

7. 车二平三　　**象 7 进 5**　　　　**8. 马三进四**　　**车 2 平 5**

捉兵护卒，别无良策。

9. 兵九进一　　**士 5 退 6**

倘若卒 7 进 1，相五进三，车 5 进 2，相三退五，车 5 退 2，后
炮进一，红优。

10. 后炮平六　　**……**

冷箭突发。

10. ……　　**车 5 平 6**

倘若士 4 进 5，马四退六，车 5 进 2，炮六进五，士 5 进 4，车
三进一，车 5 平 4，车三平五，士 6 进 5，车五退一，红方优势。

11. 马四进二　　**车 6 平 5**

盲棋，误认为弃马可打死车，造成速败。倘若车 6 退 2，炮六
进四，士 4 进 5，兵五进一，红方优势。

12. 马二进三　　**士 4 进 5**

如梦方醒。倘若炮 4 进 1，炮七平五，红车安然无恙，黑方计谋落空。

13. 车三平五　车 5 退 1　　　　　**14.** 马三退五　炮 4 进 1

15. 炮六进三　士 5 进 6　　　　　**16.** 炮六平一　士 6 进 5

17. 马五退六（红胜）

点评：本局是封锁与反封锁，牵制与反牵制的经典战例。

第 87 局　弃马冲兵

图 106，乍看盘面，红马在前方阵地被捉死，丢子之势已成必然。虽然黑方左翼比较空虚但很难找到明显的攻击切入点。请看李来群设计的攻城擒王战斗方案。

1. 兵三进一　……

冲兵渡河，看似无奈之举，实是陷敌于泥潭的妙计。

1. ……　　　车 4 平 3

吃马似乎并无风险，不吃白不吃。

2. 炮六进三　……

于无声处起惊雷。

2. ……　　　卒 9 进 1

弃卒为阻断红左炮右移的通道。

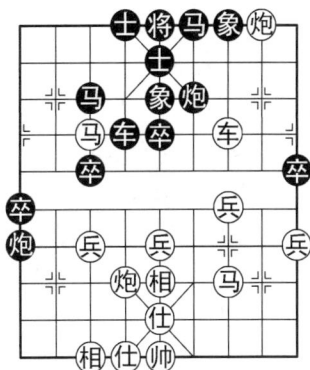

图 106

倘若车 3 平 1，炮六平一，卒 5 进 1，炮一平五，车 1 平 7，兵三进一，红方虽然少子但兵多势优。

3. 炮六平五　……

先进炮打卒再平中打象，如入无人之境。

3. ……　　　象 5 进 7　　　　　**4.** 炮五退一　炮 6 平 5

暂解燃眉之急，因卒林车已陷泥潭不能自拔。如象 7 退 9，车三平四，黑方也难逃一败。

5. 炮五平三　象 7 退 9　　　　　**6.** 炮二退一　……

步步叫杀，攻势如潮。

6. ……　　　　士 5 进 6　　　　**7.** 车三进二　马 3 退 5

8. 炮三进二　……

老练。把车打向低位。

8. ……　　　　车 3 退 3

倘若卒 5 进 1，炮二退二，车 2 退 3，炮三平五，红方胜势。

9. 车三平四　马 5 进 3　　　　**10.** 车四平三　马 3 退 5

11. 炮三平四　……

准备炸开缺口，攻城擒王。

11. ……　　　　炮 5 平 1

倘若马 5 进 7，炮四进三，车 3 进 3，炮四退一，士 4 进 5，车三进一，士 5 退 6，车三平一，红方优势。

12. 炮四进三　后炮退 1（图 107）

倘若将 5 平 6，炮二进一，象 7 进 5，车三进一，将 6 进 1，炮二退九，象 5 进 7，炮二平四，马 5 进 6，车三平五，红方胜势。

13. 炮四退一　……

遗憾！似应炮二进一，马 5 进 7，炮四退一，将 5 进 1，炮四平九，将 5 进 1，炮九退五，完胜。

13. ……　　　　后炮平 6

14. 车三平四　象 9 进 7　　　　**15.** 帅五平四　……

似可马三进四，马 5 进 4，马四进五，炮 1 平 5，马五进三，炮 5 平 6，炮二进一，象 7 进 9，车四平三，车 3 进 1，马三进一，红胜。

15. ……　　　　马 5 进 3

倘若车 3 进 3，车四退一，马 5 退 3，炮二进一，象 7 进 5，车四退一，马 3 进 4，马三进四，车 3 退 2，马四进五，车 3 平 7，兵一进一，炮 1 平 5，兵一进一，红方优势。

16. 炮二进一　象 7 进 9　　　　**17.** 车四退一　马 3 退 1

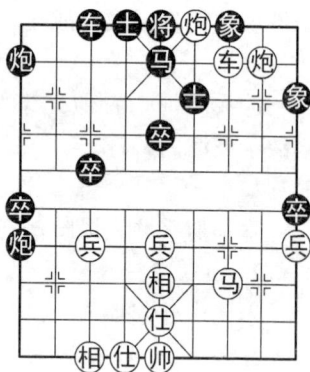

图 107

18. 马三进四 ……

时间紧张！似可车四进二，将5进1，车四退五，车3进2，车四平九，车3平6，帅四平五，马1进3，车九退一，红方胜势。

18. …… 车3进2 　　　 **19. 车四退一** 车3平8

20. 炮二平一 马1进3

21. 兵一进一（红方优势，终局红胜）

点评：优美的三路兵突破是奇思妙想。

第88局　平地惊雷

图108，双方虽然没有一兵一卒过河参战，却处于一触即发的激战前夜。黑方在巡河车掩护下有边马借炮打车之势。红车如何避打？请看李来群的惊人之举。

1. 兵三进一 ……

弃兵避打如平地惊雷，因为三兵的价值很大。

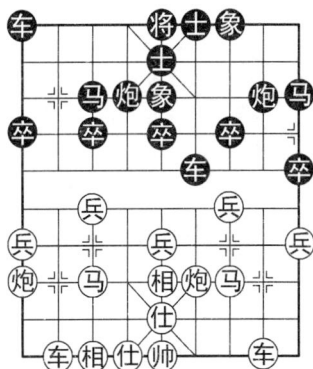

图108

1. …… 卒7进1

2. 车二进四 车6平5

倘若卒7进1反弃，车二平三，马9进8，马七进六，红棋先手。

3. 车八进六 炮8平7

4. 马三进四 车1平2

5. 车八平七 炮4退2

6. 车二进三 ……

红调动兵马潮水般发起攻击，使黑方陷入困境。

6. …… 炮4平3 　　　 **7. 车七平六** 卒7进1

8. 马四进三 车5平4

倘若车5平7，炮四平三，车7平4，车六退一，马3进4，车二平三，炮3进2，马三进一，炮3平7，马一进三，将5平4，炮三进五，红方多子优势。

9. 车六退一　马3进4　　　10. 兵七进一　马4退6

无奈! 炮3进7, 兵七平六, 炮3退5, 马三进五, 象7进5, 车二平一, 车2进6, 车一退一, 车2平5, 相五进三, 红方优势。

11. 兵七进一　炮7退1　　　12. 马七进六　车2进5

13. 马六进四　车2退1　　　14. 炮四进四　车2平6

15. 马三进一　象7进9

倘若车6退1, 车二退一, 车6退2, 车二进二, 红方优势。

16. 炮四平一　车6退1

倘若象9退7, 炮九进四, 红棋亦优。

17. 车二平一　卒5进1

倘若象5退7, 车一平三, 车炮脱链红方优势。

19. 炮一平九（图109）……

炮轰边卒, 黑方全线溃退。

19. ……　　　　炮3平1

20. 车一平五　车6平3

21. 车五退二　炮7退2

22. 兵七平六　……

倘若相五进三也是红优。

22. ……　　　　炮1进6

23. 前炮退一　炮1平9

25. 相五进三　……

红方胜势已定。

25. ……　　　　炮7退1

27. 车五平七　……

绝杀。

27. ……　　　　士5进4

18. 兵七进一　　炮7进3

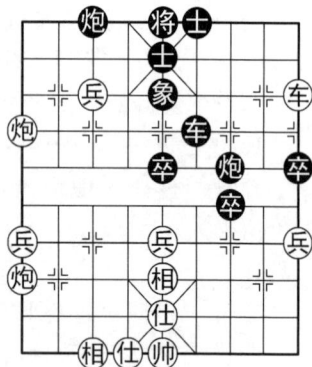

图 109

24. 前炮平一　车3平9

26. 炮九平五　将5平4

28. 炮一平六（红胜）

点评: 小兵的巧妙运用尽显特级大师的风范。

第 89 局　弃兵劫子

图 110，这是特级大师吕钦与郭长顺大师之战。此前黑方跳马在河口护炮。小吕伸炮倒骑河轻吊打车，郭大师飞马踏兵。从表面看这步棋是等价交换，令人意想不到的是招致灭顶之灾。

吕钦的绝着是什么?

1. 兵三进一　……

诱车到射程之内然后攻击。如马七进五，炮 3 平 5，马三进五，车 8 平 2，黑方足可抵抗。

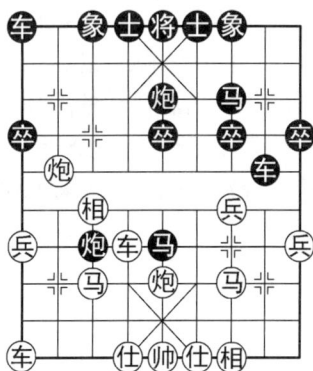

图 110

1. ……　　　车 8 平 7

2. 炮八进二　……

得子佳着。

2. ……　　　马 5 退 6

如车 7 进 3，炮八平三，车 7 平 6，仕六进五，黑方亦丢子败势。

3. 炮八平三　马 6 退 7

无可奈何，丢子已成定局。

4. 马三退五　车 1 进 1

5. 车六平七　车 1 平 6

6. 马五退七　车 7 进 5

7. 仕六进五　车 6 平 3

倘若车 6 进 4，车九平八，车 7 退 5，炮五进五，象 7 进 5，后马进六，车 7 平 3，车八进三，红方优势。

8. 炮五进五　象 7 进 5

9. 后马进六　卒 7 进 1

10. 车九平八　卒 7 进 1

11. 车八进六　卒 7 平 6

12. 车七平二　车 7 退 5

13. 车二进一　卒 6 平 7

14. 车二进二　卒 1 进 1

15. 马七退九　……

老练。多子之势，稳扎稳打。

15. ……　　　卒 7 进 1

16. 马九进八　卒 7 进 1

17. 马八进六　卒 7 进 1

18. 车八退三　马 7 进 6

19. 前马进五　　车 7 退 3（红胜）

点评：精巧的战术组合，巧妙得子而成胜势。

第 90 局　弃兵引卒

图 111，黑方虽然双车晚出，但从表面看以双马双炮四子组成的防御体系有一定的抵抗力。现在红方面临被黑炮瞄准的河口马逃与保的抉择，似乎逃也难保也难，因很难在保与逃的前提下做到抢先夺优。请看吕钦的选择。

1. 兵三进一　……

盘河红马不逃不保反而再弃一兵，真乃艺高胆大。倘若车八进四，象 3 退 5，车八平七，车 9 平 8，黑方可抗御。

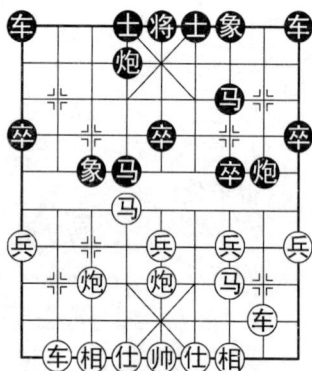

图 111

1. ……　　卒 7 进 1

如炮 4 进 4，兵三进一，炮 4 平 7，兵三平二，象 3 退 5，车二平六，炮 7 进 4，仕四进五，马 4 退 6，车六进六，马 6 退 7，炮七进五，车 9 平 8，车八进五，士 6 进 5，车六退二，车 1 平 3，炮七平三，炮 7 退 7，车六平四，红方优势。

2. 马六进四　　马 4 退 6

倘若马 7 进 6，车八进四，红优。

3. 马四进六　　卒 9 进 1

挺进边卒意在升车保护肋马。似应车 1 进 2 坚守为宜。

4. 车八进八　　炮 4 进 1　　　　**5. 车八平四　　马 6 退 5**

倘若车 9 进 3，车四退一捉双红优。

6. 车四退一　　车 1 进 2　　　　**7. 炮五进四　　……**

炮轰中卒是夺优佳着。

7. ……　　马 5 进 4　　　　**8. 车四平三　　炮 8 平 5**

9. 炮七平五 ……

倘若相三进五，车 9 进 3，炮五平二，炮 4 退 1，炮二进三，将 5 进 1，车三退三，红优。

9. …… **炮 5 进 3** | **10. 相三进五** **车 9 进 3**

11. 炮五退一 **车 9 平 6** | **12. 车三退三** **马 4 退 6**

13. 车二进四 ……

经一番大量子力交换，红棋取得了空心炮优势，现在伸车保炮抢占有利地形，再积蓄力量组织进攻。

13. …… **车 1 平 2** | **14. 车三进四** **车 2 进 1**

倘若车 6 平 8，车二进一，马 6 进 8，车三退二，黑方丢子，难挽败局。

15. 炮五退一 **车 6 平 7** | **16. 车三平四** ……

倘若车二平五，士 4 进 5，车五进三，将 5 平 4，黑有喘息之机。

16. …… **车 7 进 1（图 112）**

17. 车二平三 ……

稍软。似可马三进四，车 7 平 8，马四进二，马 6 进 7，车四退三，马 7 进 8，马二进三，马 8 进 7，车四退四，车 2 平 7，马三退五，炮 4 平 5，马五退七，炮 5 进 4，相五进三，红方胜势。

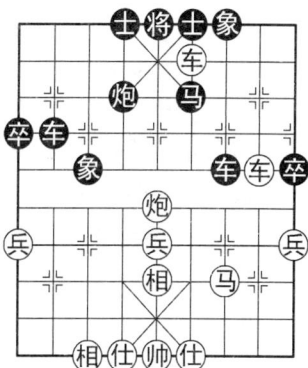

图 112

17. …… **马 6 进 7** | **18. 车四退三** **马 7 退 8**

19. 车四平七（余略，终局红胜）

点评：弃兵引卒保持先手，由此发动立体攻势，终成胜局。

第 91 局　舍兵开路

图 113，黑方 16 子俱在的防御体系似乎无懈可击，如何打破对峙的僵局是当前的首要任务。突破的刀口在哪里？请看特级大师

许银川的杰作。

1. 兵三进一　……

舍兵开路,构思精巧深邃,由此
打开一条进攻道路。

1. ……　　　卒7进1
2. 车二进二　炮6退1
3. 车二平六　卒7进1

弃卒反击却变成授人以柄。倘若
炮3平4,马四退六,前车退1,前马
进七,炮4平3,兵七进一,红优。

4. 马四退六　……

回马金枪,锋芒毕露。

4. ……　　　前车退1　　　**5. 前马进四**　……

双马腾跃,精彩的运子技巧令人赞叹。

5. ……　　　马4进5

倘若炮3平4,马六进五,亦是红优。

6. 马六退七　……

又是回马金枪。引黑车于低位交换子力,精细老练。

6. ……　　　前车进2　　　**7. 车六平五**　前车平3

8. 车五平七　卒7平6

倘若车 3 平 4 拦炮,相五进三。
红边炮将发挥威力。

9. 炮六进六　车3退2
10. 炮六平五　车3平1
11. 马四进二　车2退1
12. 兵七进一　车1退2
13. 相五进七（图114）　……

精妙。飞相不但护炮,而且为其
后边炮右移敞开通道。

13. ……　　　炮6平8

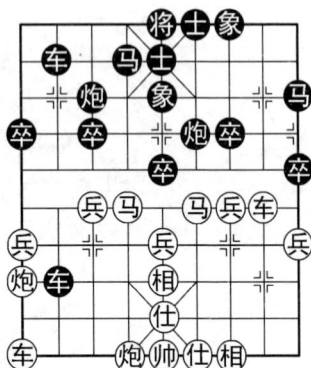

图 113

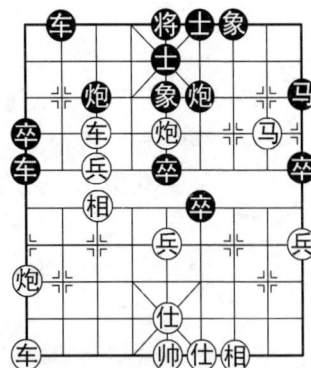

图 114

14. 车九平六　车1进1　　15. 炮九平三（红胜）

点评：这盘棋是打破对峙僵局的经典战局，集多种中局技巧于一身，读者应深刻体会。

第 92 局　弃马运兵

图 115，看似平淡无奇的僵局，红方要想有所突破颇有难度，但是许银川却找到一条攻击之路。

1. 兵三进一　……

这不是白送兵吗？不是，自有妙计在胸。

1. ……　　炮3进2

2. 兵三进一　……

弃马运兵算度深远，一般人难有如此胆魄。

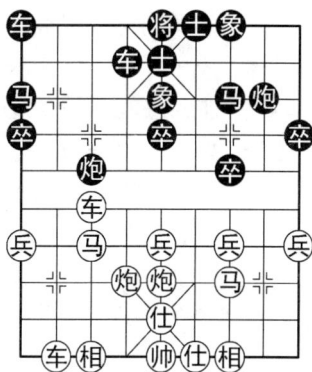
图 115

2. ……　　象5进7

稳健。如炮8进4，兵三进一，炮8平7，相三进一，马7退9，兵三平四，车4平3，车七平三，车1平2，车八进九，马1退2，兵四平五，红弃子有攻势。

3. 车七退一　车4进2

过于求稳，刚性不足，似可车4进4倒骑河较佳。

4. 兵五进一　象7退5　　5. 马三进五　车4平3

6. 车七进三　马1进3　　7. 马五进三　象5进7

8. 车八进三　炮8进3

伸炮打兵，颇为刁钻。

9. 车八平七　……

平车捉马，逼其定位，平淡中见功夫的好棋。

9. ……　　马3进4　　10. 炮五平三　……

大手笔，彰显上着逼马之意。

10. ……　　　　象 7 进 5

为什么不炮 8 平 5 轰中兵？车七平五，黑方要丢子。

11. 车七平二　炮 8 退 1　　　　**12. 炮三退一　车 1 平 3**

13. 炮六平三　……

弃相移炮，不给黑方喘息之机。

13. ……　　　　车 3 进 9　　　　**14. 仕五退六　炮 8 退 4**

巡河炮已无路可走。

15. 马三退四　马 7 进 6　　　　**16. 车二进六　……**

红方多兵种紧密结合，生擒一炮。

16. ……　　　　车 3 退 3　　　　**17. 车二退五　车 3 平 6**

18. 仕四进五　马 6 进 5　　　　**19. 兵五进一　马 4 进 2**

20. 车二平八　马 5 进 6

进退两难，马入绝境是无奈。

21. 帅五平四（余略，红胜）

点评：弃子后全局盘活。能在平淡的局面下发现机会是高水平、高境界的表现。

第 93 局　献兵兑车

图 116，黑方呈互保之势，子力部署也较为开扬，两军彼此对峙，状态各有短长，似乎暂时无忧矣。但是细细审度就会发现黑方右马边卒被红"前车后炮"吊住是最大的隐忧。虽然如此，因黑方有巡河车在前沿保驾护航使红方难实施打击。请看许银川的突破妙计。

1. 兵三进一　……

献兵兑车是计算精确的佳着，由此打开僵局。

1. ……　　　　车 4 平 8

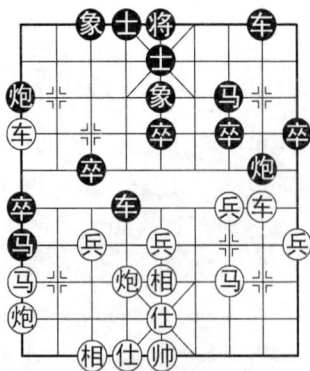

图 116

2. 马三进二　卒 7 进 1　　　　**3.** 车九退二　马 1 进 3

4. 炮九平七　马 7 进 6

援救岌岌可危的 3 路马是当前重中之重，但因路途遥远鞭长莫及。倘若卒 7 进 1 反送，车九平三，马 7 进 6，车三平四，马 6 进 8，车四平二，车 8 进 2，马九进八，马 3 退 1，马八进六，炮 8 平 7，车二平九，马 1 进 2，炮六退一，红方优势。

5. 马二进四　炮 8 平 6　　　　**6.** 马九退八　炮 6 进 4

围捕与反围捕的战斗打响！

7. 仕五退四　……

如炮七平四，马 3 进 2，车九退四，马 2 退 3，车九进二，马 3 进 4，仕五退六，车 8 进 6，兵一进一，车 8 平 5，虽然红优，但黑方也有一线和棋之望。

7. ……　　马 3 进 1　　　　**8.** 炮六退一　……

如仕六进五，马 1 进 3，炮七平四，马 3 退 4，仕五进六，车 8 进 7，红方赢棋也有难度。

8. ……　　马 1 退 3　　　　**9.** 炮七平四　马 3 进 2

10. 炮四进一　车 8 进 6　　　　**11.** 仕六进五　车 8 平 5

12. 炮六退一（余略，终局红胜）

点评：献兵兑车是具有很高实战价值的战术。

第 94 局　巧弃妙兑

图 117，红方双车双马单炮的全部兵力集结于侧翼，向黑方左翼阵地发起攻击但遭到阻击。请看许银川的锦囊妙计。

1. 兵三进一　……

冲兵突破是发动攻势的佳着。

1. ……　　卒 7 进 1　　　　**2.** 炮四平三　车 3 平 4

3. 相七进九　车 8 进 3

倘若炮 3 平 6，车四进二，马 7 退 6，车四进一，红亦优势。

4. 炮三进四　炮 3 平 6　　　　**5.** 车四进一　……

紧逼施压，虎穴夺子。

5. ……　　　车4退7

6. 车四平三　　车4平7

黑方紧急调车回防，堪称最佳防御。

7. 马三进四　　车8退1

8. 炮三平五　　……

打象兑车十分巧妙，白赚一象。

8. ……　　　车7进3

9. 炮五平二（余略，终局红胜）

点评：巧弃妙兑是本局的精华。

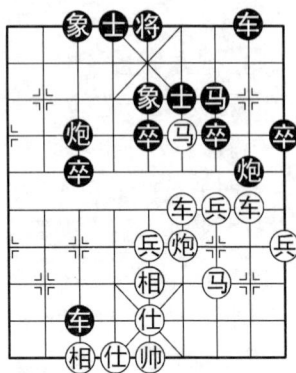
图 117

第95局　弃兵得势

这局棋是2003年在北京举行的第十四届银荔杯争夺冠亚军总决赛第二盘。图118，红方车马双炮兵以凶悍的战术组合在中路向黑方第一道防线发起冲击。尽管兵临城下，但黑方右马左象似乎能有效阻止红方突破。如何斩断黑方的防护链条？请看许银川的杰作。

1. 兵三进一　　……

三路通头兵是胜利的后备军，岂能白白送吃？实际上，这步棋是立意高远的大手笔，是突破敌营的第一把尖刀。

如车六进五，炮3平5，炮五进三，车2平5，炮五进二，象7进5，兵五进一，车5进1，炮六平五，车5退4，车六平七，虽然也是红优却难与实战效果媲美。

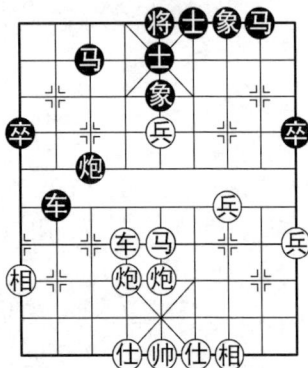
图 118

1. ……　　　象5进7

倘若车2平8，马五进六，炮3平7，马六进四，马8进9，炮五进三，炮7平6，兵五进一，车8平5，炮六平五，车5退1，兵五进一，士6进5，马四进六，将5平6，马六退五，红方胜势。

2. 车六进五　……

第二把尖刀插向重要的"穴点"。

2. ……　　　　　马3进1

弃兵的效果立即显现。倘若炮3平5，车六平七，红得子优；又如马3进2，车六平八，黑方也难招架。

3. 马五进六　……

上马拦炮叫杀，插上第三把尖刀，这也是弃兵之后的效果体现。

3. ……　　　　车2平4　　　　**4. 马六进四**　……

跳马弃车是第四把致命尖刀，红方胜局已定。

4. ……　　　　炮3平5　　　　**5. 仕六进五**　车4平6

6. 车六退三　……

倘若车六平九亦速胜。

6. ……　　　　炮5进2

只好逃逸。倘若车6退1，马四进三，车6退3，车六平五，车6平7，车五平七，红胜。

7. 车六平三　象7进5

倘若马8进9，车三进四，马1进3，车三退六，炮5退2，车三平七，红胜。

8. 车三平五　炮5平6　　　　**9. 马四进三**　马8进6

10. 兵五进一（红胜）

点评：运筹帷幄，决胜千里的佳局。

第96局　步步为营

图119，黑方虽然兵力分散，却高象飞扬，尚无大碍。红方双马炮组成三角状组合在河界地带具有很强的控制力。黑方边炮瞄兵，显然红不宜飞相撑仕。如何寻求突破。请看许银川的精妙构思。

1. 兵三进一　……

弃兵是抢先佳着，向黑方阵地比较薄弱地带攻击是正确的战略战术。

1. ……　　　　象 3 退 5

倘若炮 9 退 1 打马，马六进七踩车打炮，红方稍优。

2. 兵三进一　象 5 进 7

3. 车九平三　象 7 进 5

4. 马六进七　……

当前红方只有空间优势，如何把

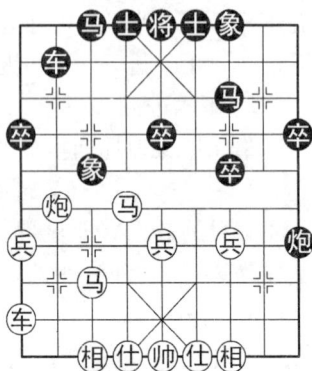

图 119

空间优势向实质优势转化是重中之重。现在飞马踏车窥象是夺取优势的佳着。

4. ……　　　　车 2 平 3　　　　**5. 后马进六**　……

红方双马通过腾挪又构成漂亮的三角组合。

5. ……　　　　车 3 进 1　　　　**6. 炮八平七**　车 3 平 4

7. 车三进二　炮 9 进 2　　　　**8. 炮七进五**　……

机警！打马兑子白赚一象，从而构成无风险小优势。

8. ……　　　　象 5 退 3　　　　**9. 车三进二**　炮 9 平 2

10. 仕四进五　炮 2 退 6　　　　**11. 相三进五**　士 6 进 5

12. 车三进一　……

压住马头，黑方陷入困境。

12. ……　　　　炮 2 进 1

最顽强的抵抗！倘若车 4 平 3，马六进四，车 3 进 1，车三进一，炮 2 退 1，车三退一，卒 9 进 1，车三平一，炮 2 平 1，兵五进一，士 5 退 6，兵五进一，士 4 进 5，红方稍优。

13. 马六进四　马 7 退 6　　　　**14. 车三退二**　车 4 平 3

15. 马七退八　车 3 进 2

黑方的反抗也颇有力度，红方的攻势受阻。

16. 马四退六　马 6 进 5　　　　**17. 兵五进一**　……

看似平淡无奇，实是扩大优势的佳着。

17. ……　　　　卒 5 进 1

似应车 3 平 8，马六进五，卒 1 进
1，坚守为宜。

18. 车三进一（图 120）……

既定的"先纵后擒"方针。

18. ……　　　　炮 2 进 1

19. 马六进五　……

妙！黑卒必丢。

19. ……　　　　车 3 进 2

20. 车三平五　　炮 2 退 2

21. 马五退七　……

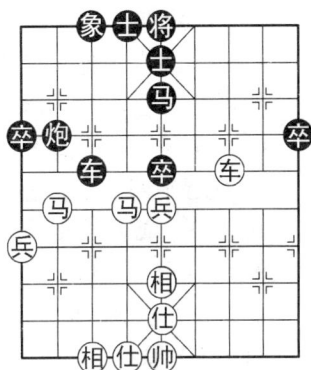

图 120

妙着连珠，借机踩炮保兵而奠定胜局。

21. ……　　　　炮 2 平 1　　　　**22. 兵九进一**　炮 1 退 1

23. 车五平三　车 3 平 6（黑方放弃续战，红胜）

点评：步步为营的过硬本领。似乎在神不知鬼不觉之中，黑方
滑向失败的谷底。

第 97 局　小兵撞车

图 121，红马遭到霸王车追杀，看来只有前进而无退路，在向
前三个马步点位中，奔槽最具威慑力，
但黑方有肋车守护，倘若匹马单枪涉
入腹地恐有后虑。如何决策？请看徐
天红的佳作。

1. 兵三进一　……

暗伏杀机。倘若先马六进四也有一
定的杀伤力，但不及弃兵撞车精彩。

1. ……　　　　车 6 平 7

倘若卒 7 进 1，炮九退一，车 6 进
2，车六进三，红方优势。

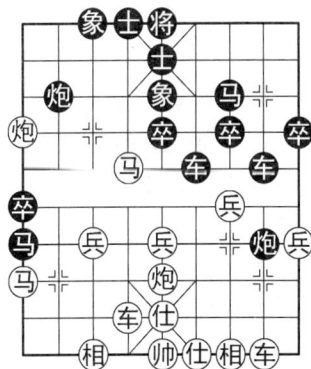

图 121

2. 马六进四　车7平6　　　　　**3.** 车六进三　马1进3

4. 车六平九　炮2进4　　　　　**5.** 车二进二　车6进2

似可马3退5，车九平八，将5平6，尚可一战。

6. 兵五进一　车8平2

7. 炮五平四　士5进6　　　　　**8.** 相七进五　马3进1

跳边马造成丢子败局。似应马3退5忍耐为宜。

9. 马九退七　炮2进1　　　　　**10.** 炮四平八　马1退3

倘若车2进3，车九退三，红方多子亦胜势。

11. 马七退九　车6平3　　　　　**12.** 兵五进一　炮8平5

13. 马四退三　炮5平4　　　　　**14.** 炮九平三　卒5进1

15. 车二进一（红胜）

点评：小兵撞车，逼其离开战略要道，从而为飞马奔槽袭击赢得时机，灵活的战术技巧很值得借鉴。

第98局　巧出奇兵

图122，红方大有全面推进之势，但黑方有双车护肋，边马潜伏前沿以及肋炮觊觎底仕的防守反击，似乎难有突破。但是徐天红却独具慧眼，找到突破的路线。

1. 兵三进一　……

妙，奇兵出动。

1. ……　　　卒7进1

只好吃兵。倘若炮8平7，兵三进一，马7退5，炮五进四，炮7进9，仕四进五，炮7退5，兵三平四，红方优势。

2. 炮五平三　炮8平7

3. 炮三进五　炮4进7

飞炮轰仕，背水一战。

4. 炮三平四　……

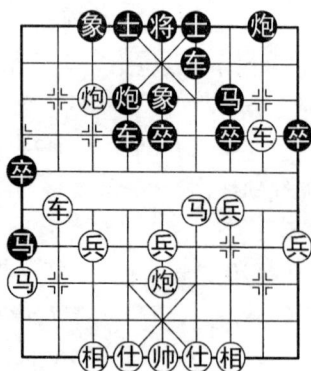

图122

红方虽然得子，但黑方仍有攻势，只好谨慎防守。

4. ……　　　炮4退1　　　**5.** 炮四退一　车4退1

倘若卒5进1，炮四平五，士6进5，车二平三，炮7平6，炮五进二，车6进4，炮五退三，士4进5，车三平六，车6平2，车六退五，红方优势。

6. 马四进五　车4进4　　　**7.** 仕四进五　车4平5

8. 马五退四　炮4平1　　　**9.** 相七进五　车5退2

倘若士6进5，马四进六，车5退3，车八进二，车5进1，车八平六，马1退2，炮七退二，车5进1，炮四平一，红方优势。

10. 车二平三　炮7平8　　　**11.** 炮四平五　士6进5

12. 车三平二　炮8平6　　　**13.** 炮五平一　车6平9

倘若炮6进5打马，车二进三，士5退6，炮一进三，黑方也难应。

14. 炮七进一　……

超常思维！一般人会选择车八进二。

14. ……　　　士5进6

不肯轻易被动挨打。倘若车9退1，车八进二，红方优势。

15. 马四进三　车5退1　　　**16.** 炮七平八　卒1进1

17. 车八进三　马1进3

倘若消极防守只能等待失败的来临，现飞马奔袭乃大势所逼。

18. 炮八进一　卒1进1

现在黑方防线四处漏风而难以攻守两全。冲卒欺马最后一搏，但是后果相当严重。

19. 马三进二（图123）　……

精妙！攻城擒王就在眼前。

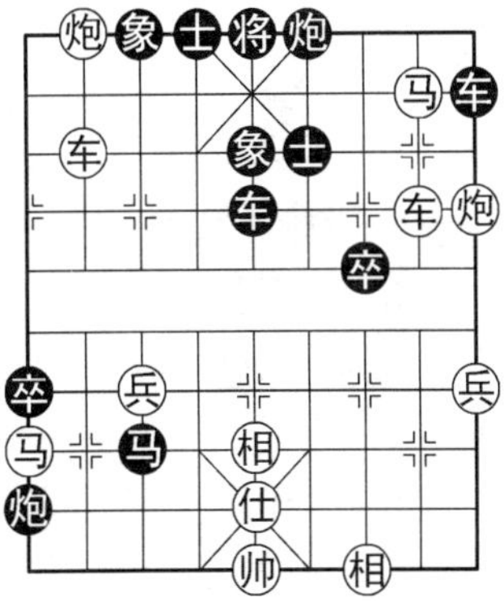

19. ……　　　车5平8

20. 马二退四　炮6进1

21. 车八平五　将5平6

图 123

22. 车五平六　将6平5

速败。倘若炮6平8，马四退二，车9进2，车六平四，将6
平5，马二进三，将5进1，马三退四，红方优势。

23. 车六进二　　将5进1　　　24. 车六平五（红胜）

点评：弃兵得子的技巧颇具实战参考价值，宜细细体会借鉴。

第99局　冲兵制胜

图124，红方车压马，肋炮点象眼，有一定的立体攻势。由于
后备兵力的通道不畅，尚不能构成有效的战术组合，还不能对黑方
阵地实施毁灭性打击。请看陶汉明的佳作。

1. 兵三进一　……

弃兵切断封锁线是大手笔。倘若
炮四平五，车2平4，兵五进一，炮1
平3，黑方尚可一战。

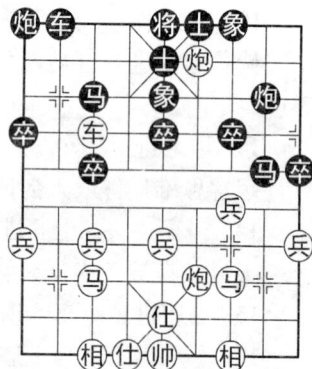

图 124

1. ……　　　卒7进1

2. 马三进四　卒7进1

3. 马四进六　……

弃兵后造成小卒过河，从局部利
益来看似乎代价高昂，但从全局来看
弃有所值，现在飞马双踏颇有威力，
显现弃兵之妙。

3. ……　　　车2平3

倘若马3退4，车七平五，黑方卒林被杀通，难以忍受。

4. 兵五进一　……

主攻方向明确。为什么不马六进五白吃象？士5进6！前炮平
七，象7进5，车七进一。虽然多得一象，红棋无趣。

4. ……　　　卒7进1　　　5. 后炮平五　炮1进1

似应炮1进2坚守为宜。

6. 炮四平九　马3退1　　　7. 车七平五　车3平4

捉马丢象加速局势恶化。似可马1进3，车五平七，卒7平6，

坚守为宜。

8. 马六进五　……

先弃后取白赚一象，是扩大优势的佳着。

8. ……　　象7进5　　　**9. 车五平二　象5退7**

10. 车二退一　炮8平5　　　**11. 车二平一　马1进2**

12. 车一平七（余略，红方胜势）

点评：本局是经典战例，读者应深刻体会其构思与运子技巧。

第100局　乱中夺路

这是2002年全国象棋团体赛中厦门名将郭福人与特级大师吕钦之战。

图125，进入争斗的高潮，各有窝心马更是难见一景。红方左翼车炮"纵链车炮横链车马"，颇令人生畏。但是黑方也有较强的反击手段，只要窝心马轻轻一踢红车必须撤离，优势将立即烟消云散。如何解决这道难题？

1. 兵三进一　……

倘若贪恋得子车八平六，车6平4，炮八进六，炮2进7，黑方少子有攻势。

1. ……　　车6平7

如马5进3，车八平七，炮2平1，兵三平四，车2进6，马三进四，象7进5，马四进六，象5进3，马六进七，红方优势。

2. 马五进四　……

这是一个皆有窝心马的有趣阵型。

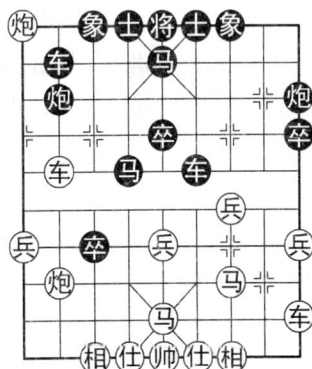

图 125

红方利用弃兵战术，抢先跳出窝心马，展开河口争战。

2. ……　　车7平8

为什么忍让而不车7进3杀马？车八平六，马5进3，车六进四，马3退4，炮八进六，炮9平3，车一平六，炮3进7，帅五进一，士6进5，车六平七，车7平3，车七进一，卒3进1，炮八进一，象7进5，马四进二，红方优势。

3. 马三进四　……

双马腾挪，威风八面！

3. ……　　马4进6

弃车是当前强硬的较佳战策。倘若马5进3，车八平七，马4进6，车七平二，炮2平1，车二平四，车2进6，车四退一，车2退7，炮九平七，车2平3，车四平七，象7进5，马四进二，红方优势。

4. 车八平二　炮2平3　　　　5. 车一平六　……

刺刀见红的搏杀。

5. ……　　炮3进7　　　　6. 仕六进五　马5进3

先炮轰底相再跳出窝心马，顷刻间化解危机。

7. 车二平四　车2进6

倘若马6进4，炮八平四，士6进5，车四平三，象7进5，车三平二，炮9平7，马四进二，车2进8，相互搏杀，胜负难料。

8. 车四退一　炮9平5　　　　9. 马四进二　车2进2

倘若炮5进4，仕五进四，炮5平1，车四平九，炮1退6，车九进五，车2进2，仕四进五，炮3平7，仕五退六，象3进5，马二进四，红方优势。

10. 马二退三　卒5进1　　　　11. 车四进四　……

略急。经过第一阶段暴风骤雨后，红方取得多子之优。但是如何加强后院稳定是当前重中之重。似可车六进一为佳，倘若黑方卒5进1，车四平五，红方多子优。现在伸车点穴看似凶悍而实则是导致优势下丢先的不明显拐点。

11. ……　　卒5进1

攻守两利的好棋。倘若士6进5，车四平三，黑方优势。

12. 车六进六　炮5退1　　　　13. 相三进五　……

倘若车六平四，炮3平6，仕五退六，炮6退8，车四进一，炮5进1，黑方优势。

13. ……   卒 5 平 4

献卒精巧，吹响反击的号角。

14. 车六退三   炮 5 进 6   15. 仕五进六   炮 3 退 2

16. 帅五进一   车 2 退 1   17. 帅五退一   车 2 退 8

18. 马三进四   ……

只好吐回一子，因黑有马 3 进 5 踩双车的棋。

18. ……   车 2 平 1   19. 车六平八   ……

为什么不退马踩炮再退车捉死炮？如马四退五，马 3 进 5，车六平五，炮 3 平 5，车四退四，炮 5 退 2，车四平五，车 1 进 3，黑方胜势。

19. ……   炮 5 平 9

天降大任于斯人，不得不拼。当时广东队的形势是除许银川局势稍好，其余两台均落下风。倘若马 3 进 5，车六退二，马 5 进 6，车六退二，车 1 进 6，车八平九，车 1 退 1，可立成和棋。

20. 马四进二   士 4 进 5   21. 车四退三   车 1 进 6

22. 仕四进五   马 3 进 5

跳马盘中防红马卧槽的效果不佳。似不如马 3 退 4，再马 4 进 5 为宜。

23. 马二进四   士 5 进 6   24. 马四进二   ……

红棋的后院已破碎，很难防守，只有拼命一搏。

24. ……   车 1 进 3   25. 仕五退六   炮 3 进 2

26. 仕六进五   卒 3 平 4   27. 车八平七   炮 3 退 3

28. 仕五退六   象 7 进 5   29. 车四进二   ……

倘若马二进一，士 6 进 5，车四平二，炮 3 进 3，仕六进五，炮 9 平 5，仕五进四，炮 3 退 3，帅五进一，炮 3 平 5，帅五平四，后炮平 6，仕四退五，车 1 平 7，黑方有攻势。

29. ……   炮 3 进 3   30. 仕六进五   炮 3 平 2

31. 车七平八   炮 2 平 3   32. 车八平七   炮 3 平 2

33. 车七平八   炮 2 平 3   34. 车八平七   炮 3 退 3

35. 仕五退六（图 126）   炮 9 进 1

　　继续寻找取胜之路。倘若士 6 进 5，车四退一，炮 3 进 3，仕六进五，炮 3 平 2，车七平八，炮 2 退 3，仕五退六，卒 4 进 1，马二进一，炮 2 平 4，马一退三，将 5 平 4，帅五平四，车 1 平 4，帅四进一，车 4 退 1，帅四退一，卒 4 平 5，车八进二，车 4 进 1，帅四进一，以下有两种选择：①炮 4 退 3，车四平五，炮 4 退 1，车五平六，车 4 平 7，车六平三，车 7 平 1，

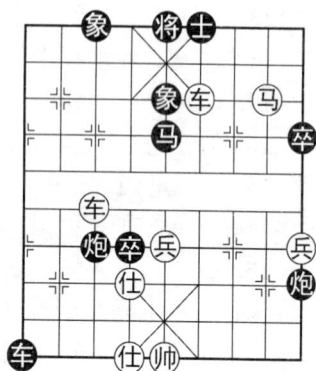

图 126

车八平九，车 1 平 2，车九平八，不变判和。②炮 4 退 4，马三退五，车 4 退 1，帅四退一，炮 4 平 2，车四进三，将 4 进 1，车八进一，卒 5 进 1，马五退七，马 5 退 3，车八进一，将 4 进 1，马七退五，将 4 平 5，车八平六，车 4 退 7，马五进三，将 5 平 4，车四退七，红方胜势。

36. 马二进一　炮 9 平 3　　　　**37. 马一退三　将 5 进 1**

38. 帅五平四　……

　　出帅有惊无险。倘若车七平八，后炮退 5，反生麻烦。

38. ……　将 5 平 4　　　　**39. 车七平八　车 1 平 4**

40. 帅四进一　后炮退 5　　　　**41. 车八进四　象 5 进 3**

42. 马三退五　……

　　冷箭突发的绝妙杀着。

42. ……　车 4 退 1　　　　**43. 帅四退一　车 4 进 1**

44. 帅四进一　车 4 退 1　　　　**45. 帅四退一　车 4 进 1**

46. 帅四进一　卒 4 进 1

　　时间恐慌之下出现漏着，速败。倘若士 6 进 5，马五退七，将 4 退 1，车八平七，也难挽败局。

47. 马五退七（红胜）

　　点评：红献兵抢先双马腾挪是其精华，扣人心弦的惊险搏杀十分精彩！

第 101 局　　小兵破阵

这盘棋是林宏敏与于幼华两位特级大师之战。乍看图 127 似乎只是平平常常的仕相棋，但是林宏敏却发现战机，一步妙棋使十六子俱在的黑方立即落入败势。

1. 兵三进一　……

献兵绝妙，这是千载难逢的良机。

1. ……　　卒 7 进 1

于幼华是凶猛的全攻型棋手，必然选择背水一战。倘若士 6 进 5，兵三进一，马 7 退 6，这种委曲忍让难以接受。

2. 炮二平三　……

佳着。平炮瞄马，扰乱黑方防御阵线。保马则丢炮，保炮则丢马。

图 127

2. ……　　车 1 平 2　　　　**3. 炮八平七　车 2 进 7**

4. 车六进二　……

为谋子的大局而不得不在狭小空间暂时蜗居。

4. ……　　炮 4 平 6　　　　**5. 炮七退一　车 2 退 6**

竭尽全力跟炮但无机可乘，只好无功而返。

6. 炮三进五　象 7 进 5　　　**7. 兵五进一　车 2 平 8**

8. 马二进一　前车进 6

倘若前车进 5，车六平二，车 8 进 6，车一平二，车 8 平 9，马一进三，红方优势。

9. 兵七进一　炮 6 进 5　　　**10. 兵九进一　马 3 退 5**

倘若炮 6 平 9，炮七进一，前车退 5，炮三平七，前车进 4，车六平二，车 8 进 6，前炮平一，炮 9 平 3，车一进一，红方优势。

11. 炮三退一　卒 9 进 1

如炮 6 平 9，炮七进一，前车退 4，炮三平七，前炮平 3，炮

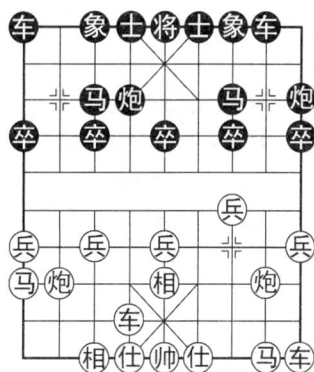

七平二，车8进3，车六退一，红方优势。

12. 马九进八　马5进3　　　**13.** 炮三平七　炮6平9

14. 兵七进一　……

死子不急吃。

14. ……　　前炮平5　　　**15.** 后炮进一　……

升炮打车丝丝入扣，于平淡中见功夫。

15. ……　　前车退2　　　**16.** 相七进五　前车平5

17. 马八进六　……

弃相飞马，展开攻击。

17. ……　　车5进2　　　**18.** 仕四进五　士4进5

19. 车一平四　卒5进1

20. 兵七平八（图128）　车8进3

为什么不车5平3吃炮？马六进

八，炮9退1，车四进八，士5进6，

炮七平五，马3进5，马八进六，将5

平4，马六进八，将4平5，车六进

六，绝杀红胜。

21. 马六进八　……

策马奔槽使黑方难以招架！倘若

后炮进五，炮9平3，马六进八，士5

进6，马八进七，将5进1，兵八进一，红棋亦胜势。

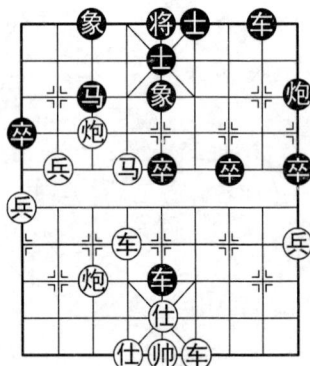

图 128

21. ……　　炮9退1　　　**22.** 后炮进五　车8平3

23. 炮七平八　象3进1　　　**24.** 炮八进二　象5退7

25. 车四进八（红胜）

点评：弃兵谋子是中局的常用手段，应细心体会其构思与

技巧。

第 102 局　弃兵吊象

图129，观察盘面，不难看出，黑方主要弱点是中卒虚浮，针

对这一弱点攻击是正确选择。请看象棋大师汪洋的杰作。

1. 兵三进一　……

弃兵吊象是算度深远的佳着。

1. ……　　　　　**炮8平9**

黑方不敢用象飞兵。倘若象5进
7，马八退九，炮2平3，马九进七，
炮3进4，炮七平五，象7退5，车四
进四，红方优势。

2. 车二平三　　车8进3

3. 车四平三　……

抢占卒林要道，刻不容缓。

3. ……　　　　**车8平7**　　**4. 兵三进一**　马7退6

5. 相三进五　马3退2　　　　**6. 炮七平八**　卒3进1

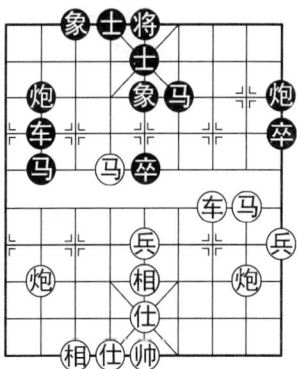

倘若卒5进1，车三平五，卒3进1，车五平七，车4平7，马
三进二，车7进1，马二进一，车7平9，车七平一，红方稍优。

7. 车三平七　车4平7

失误！只好炮2进3，车七平八，
马2进4，虽然被动，也许还有和棋
之望。

8. 马三进二　车7平2

为了吃一兵而付出的代价高昂，
造成黑车马被拴链的后果。

9. 车七平三　马6进8

10. 炮四平二　马8进6

11. 马八进六（图130）　……

计算精确的取胜妙着！

11. ……　　　　　**车2平4**　　**12. 炮八进五**　车4进1

13. 炮八平四　士5进6　　　　**14. 马二进三**　……

通过巧妙的子力交换，红棋形成车马炮三子归边的战术组合，
黑方难以招架。

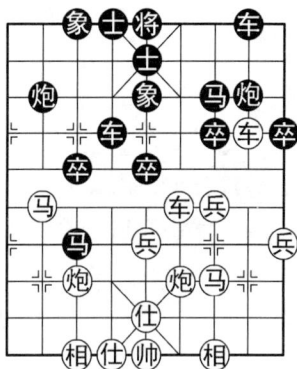

图 129

图 130

14. ……　　　炮9平8

倘若炮9进4，炮二进七，卒5进1，马三进二，马2退4，车三进五，将5进1，车三退一，将5退1，车三平四，车4平7，车四平六，士4进5，车六退二，红方优势。

15. 炮二进三　卒5进1　　　16. 炮二平五　士4进5

17. 车三平二（红胜）

点评：冲兵吊象以及兑子得子颇有章法，很值得借鉴学习。

第103局　弃兵调卒

图131是双方对峙的局面。黑方除边车晚出外，左右两翼兵力因互保而形成一道完美的防御链条。所以红方当前寻觅突破点是重中之重。请看象棋大师金松的实战杰作。

1. 兵三进一　……

超凡脱俗的大手笔。一般情况下献兵都是先弃后取为目的，但在此形势下黑卒有炮暗保，所以弃而不取。

1. ……　　　卒7进1

2. 炮五退一

退炮，引诱黑卒连冲。

2. ……　　　卒7平6

3. 炮五平三　象7进9

4. 相三进五　……

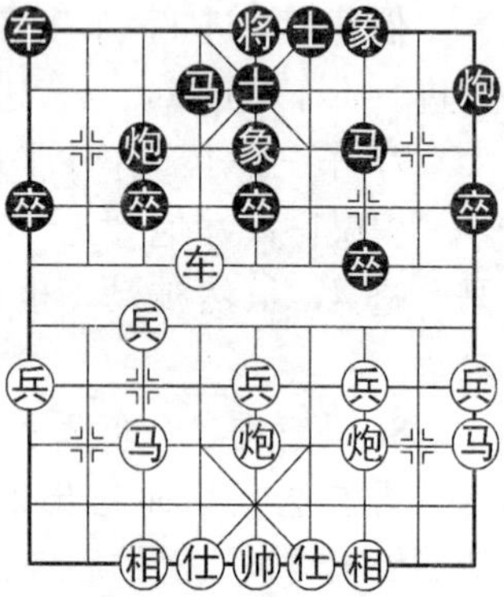

图 131

攻不忘守。如马一进三，卒6进1，前炮进五，炮3平7，炮三进六，卒6平7，红方没便宜。

4. ……　　　卒6进1　　　5. 马七进六　卒6进1

小卒顺流而下是不得已而为之，弃之可惜。

6. 前炮进四　卒6平7　　　7. 后炮平六　卒7平8

随波逐流，六步连冲，其后果是使红棋各大子力均借机调整到较佳点位。

8. 马六进四 ……

兵力集结完毕，开始总攻。

8. ……   象 9 进 7

倘若贪吃而卒 8 平 9，马四进五，红方大有攻势。

9. 马一退二   车 1 进 1   10. 马二进四   车 1 平 2

长途跋涉的小卒终因无用武之地而被抛弃。

11. 后马进二   卒 5 进 1

劣势下顽强防御。

12. 马二进四   马 4 进 5   13. 炮六平二 ……

集中优势兵力向黑方侧翼袭击，
好棋。

13. ……   炮 9 进 5（图 132）

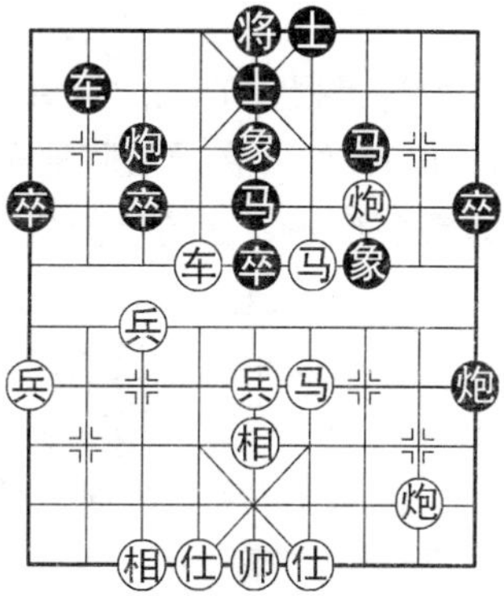

14. 前马进三 ……

似可后马进三，炮 9 进 3，相五退
三，马 5 进 7，马四进五，士 5 进 6，
车六平五，士 6 进 5，车五平三，
红优。

14. ……   炮 3 平 7

如炮 9 平 5，仕四进五，马 5 退

图 132

7，车六平五，车 2 进 5，马四进三，红优。

15. 车六平五   马 5 退 3   16. 炮二进八   炮 7 退 2

17. 炮三平四 ……

第一道防线突破在即，红方已迎来胜利曙光。

17. ……   卒 3 进 1   18. 马四进三   车 2 进 2

19. 马三进二   车 2 平 5

倘若炮 9 进 3，仕四进五，车 2 平 5，车五平三，车 5 进 3，马
二进四，车 5 平 8，车三进四，车 8 进 3，车三退九，车 8 退 9，车
三平一，红优。

20. 车五平三   将 5 平 4   21. 马二进三 ……

似可兵七进一，车 5 进 3，兵七进一，马 3 进 5，马二进四，

炮 9 进 3，仕四进五，车 5 平 8，车三进四，红方胜势。

21. ······　　　象 5 退 7　　　**22.** 车三进四　士 5 进 6

23. 炮四进三　车 5 平 8

24. 兵七进一（红棋胜势，余略）

点评：构思奇特，发人深省。不论布局还是中局，过于频繁走动某一个子力，必将影响其他兵力出动，势必会带来灾难，本局黑方的失败是很好的证明。

第 104 局　小兵欺车

这是民国时期两位象棋老前辈徐词海与彭述圣弈于北京之战。图 133，红方在前沿阵地车炮沉底抽打，后方援军"车马兵"在河口整装待发，一场攻击战一触即发。

1. 兵三进一　······

冲兵欺车，趁机渡河。

1. ······　　　车 6 进 2

倘若车 6 平 7，炮三平六，炮 6 退 2，炮六平四，士 5 退 6，车六平四，红胜。

2. 炮三平六　炮 6 退 2

3. 炮六平四　车 6 退 6

4. 车二退二　车 6 进 2

倘若马 3 进 2，车六平七，红亦大优。

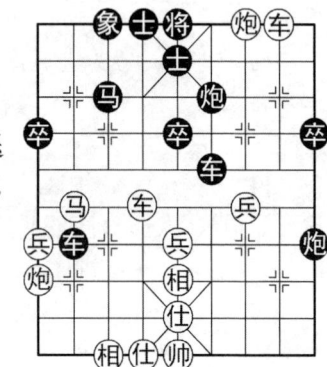

图 133

5. 车二平四　士 5 进 6　　　**6.** 车六平七　车 2 平 3

7. 车七退一　炮 9 平 3　　　**8.** 炮九进四　······

边炮轰卒，奠定胜利基础。

8. ······　　　象 3 进 5　　　**9.** 兵三平四　卒 9 进 1

10. 炮九平七　炮 3 退 2　　　**11.** 兵四进一　士 6 退 5

12. 马八进六　卒 5 进 1

　　倘若象 5 退 7，马六进七，炮 3 退 2，兵四平五，红方多兵胜定。

　　13. 马六进五　马 3 进 1　　　　**14.** 马五进三　将 5 平 4

　　15. 炮七平六　炮 3 平 4　　　　**16.** 兵四平五　马 1 进 2

　　17. 前兵进一　将 4 进 1　　　　**18.** 马三退四（红胜）

　　点评：小兵欺车引发全面进攻，其战术技巧值得认真学习，深刻体会。

运子争势

第 105 局　避实击虚

在象棋比赛中，棋手们创造出大量脍炙人口的中局佳作，这些象棋宝库中的精品是学习研究提高中局水平的宝贵教材。

图 134 是 1956 年第一届全国象棋个人赛上全国冠军杨官璘与西宁名手张增华的实战中局。红方中炮镇顶，车控将门，攻势强大，黑方右翼虽有孤炮看家护院但河口车远离家门难以策应，那么如何在黑方处境危难之际选择一条杀路？请读者朋友认真思考，看看是否与全国冠军的思维同步。

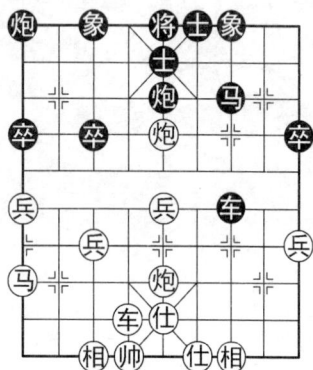

图 134

1. 后炮平八　……

绝妙，经典"天地炮"杀法！

1. ……　　　炮 1 平 2

只好拦挡。倘若马 7 进 5，炮八进七，士 5 退 4，车六进八，将 5 进 1，车六退一杀。

2. 马九进八　炮 2 平 1　　3. 马八进七　炮 1 平 2

4. 马七进八（红胜）

点评：黑方难解挂角卧槽之杀而败，倘若不走马七进八而改走马七进九依然绝杀。这种精妙高效杀法有很高的实战借鉴价值。

第 106 局　老将出马

图 135 是 1962 年 11 月 9 日合肥全国象棋个人赛江苏著名棋手戴荣光对广东著名棋手陈柏祥的实战中局。棋谚云："马跳窝心，不死发昏"，可是黑方在前沿阵地仅有双车，而其他子力呈远水难解近渴之势，尚难及时增援。请读者朋友想想看，如何运用"远程助攻"来攻城杀王？

1. ……　　　将 5 平 4

精妙！远程助攻，于无声处响惊雷，由此展开强攻。

2. 兵七平六　炮 2 平 4

在前一着的引导之下才使远程炮又借势生威。

3. 马五进四　……

方向性错误！另有两种选择：①兵六平七，炮 4 进 2，车八退四，炮

图 135

4 平 5，红棋也速败。②马五进六，炮 7 进 8，仕四进五，炮 7 平 9，炮七进五，车 7 进 3，仕五退四，炮 4 进 5，车八进三，将 4 进 1，炮二退一，车 7 退 8，仕四进五，车 7 平 8，车八退一，将 4 退 1，车四进四，士 5 退 6，车八平二，红方足可一战。

3. ……　　　炮 7 进 8

错失良机！似应车 4 进 1，帅五进一，车 4 退 1，帅五退一，再炮 7 进 8 打相，仕四进五，炮 7 平 3，帅五平四，车 4 进 1，帅四进一，车 4 平 8，黑方胜势。

4. 仕四进五　炮 7 平 9　　　5. 炮七进五　……

假棋漏杀！应帅五平四先避一着，风暴过后前景不坏。

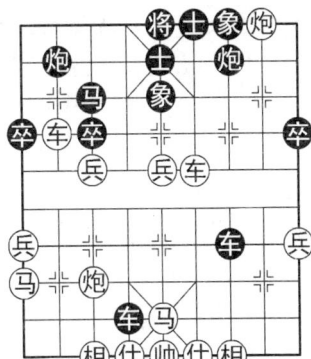

5. ……　　　　车 7 进 3　　　　　6. 仕五退四　车 4 进 1

7. 帅五进一　车 4 退 1　　　　　8. 帅五退一　车 7 退 1

9. 仕四进五　车 7 平 5（黑胜）

点评：这盘棋阴差阳错，从而演绎成绝妙杀着，是意外收获。

第 107 局　骏马驰骋

通过子力兑换抢先夺势是中局常见手段之一。图 136 是 1954 年 8 月广东杨官璘与北京侯玉山的实战中局。尽管六路红车象眼点穴颇有威力，但黑方兵多将广，似乎很难找到快速切入的刀口，而杨官璘突发妙手高奏凯歌。

1. 马五进四　　象 5 退 7

2. 马四进六　……

超凡脱俗的大手笔！倘若马四进三，车 8 进 2，马三退二，虽然白吃一子但有呆板之嫌，不及实战精彩凶悍。

2. ……　　　炮 8 退 3

3. 车二进四　车 2 平 4

只好用"四车见面"的兑换来保证不丢子。倘若车 8 进 1，马六进七，车 2 退 2，帅五平六，车 2 平 3，车六进一，绝杀红胜。

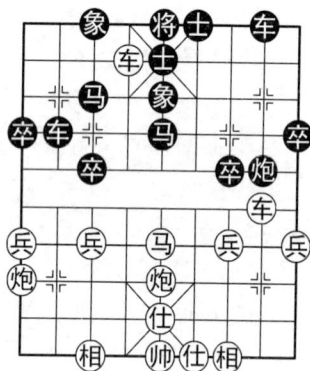

图 136

4. 车六退二　……

在动态兑子交换中红车不声不响地占据了卒林要道。

4. ……　　　车 8 进 1　　　　　5. 炮九进四　车 8 进 2

消极防守别无良策。如马 3 进 1，车六平五，吃马抽车红胜定。

6. 炮九进三　象 3 进 5　　　　　7. 炮五平八　士 5 进 6

8. 帅五平六　马 3 进 2　　　　　9. 炮九退三　马 2 退 3

10. 炮八进四　将 5 进 1　　　　11. 车六进二（红胜）

点评：细细品味兑子交换占位的效果真是妙不可言，末段夹车炮的连珠妙杀很值得借鉴。

第108局　三拆聚宝楼

"士"（仕）乃九宫中将帅贴身护卫，是负责王城防御的第二道防线，所以对第二道防线实施突破是中局重要的战术手段。寻觅突破第二道防线的攻击点往往会使初学者感到无从下手与困惑，下面讲解几种基本突破技巧。

"三拆聚宝楼"是前人借助武侠评书中的典故对一种中局杀棋技巧的称谓。"三拆"是指一拆、再拆、三拆吗？非也！

图137，黑棋多子多卒，大有"黑云压城城欲摧"之势，但其右翼十分空虚，是致命弱点。

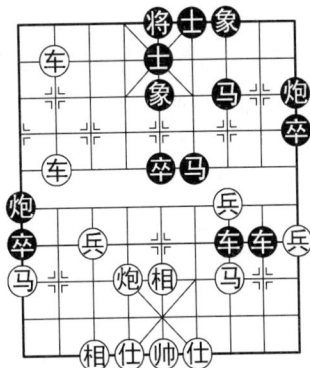

图 137

1. 前车平六　……

运子次序切莫颠倒。倘若后车平六，象5退3，车八进一，马6退5，红棋攻势半途而废。

1. ……　士5退4　　**2. 车八进四　士6进5**

3. 炮六进七　……

远程炮轰底士炸开九宫城角，红棋双车炮三子组合杀势俗称三拆聚宝楼。

3. ……　将5平6　　**4. 车八平五　……**

弃车砍士，机不可失。

4. ……　炮1平5

不能马7退5吃车，因有炮六退一杀。

5. 马三进五　……

关键！如仕六进五，象5退3"倒脱靴"打车，反生枝节。

5. ……　　　象5退3	6. 车八平七　　炮5退4
7. 炮六退五　将6进1	8. 炮六平四　马6退8

9. 马五进四（红胜）

点评：本局"三拆"乃经典车炮组合，体会其"做棋"精华技巧必获益良多。

第109局　平淡寓三拆

平淡和缓的局势极易使人产生麻痹松懈，往往与稍纵即逝的战机擦肩而过，所以应盯住敌方"空当区域"，寻觅"三拆"的蛛丝马迹。图138，似乎风平浪静的盘面实则暗流涌动……

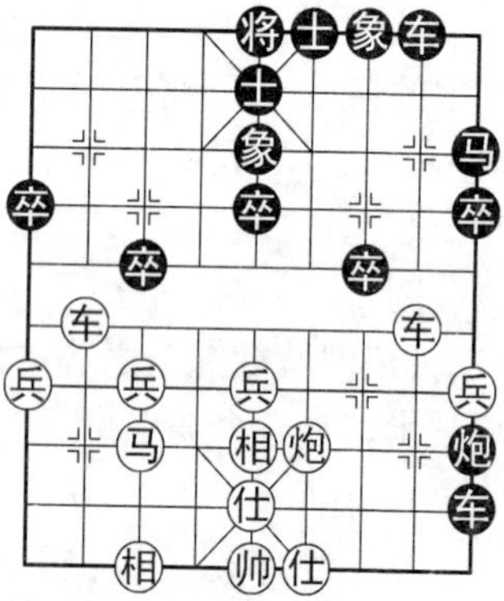

通过对上局"三拆"的联想，现在寻找突破第二道防线的刀口不是难题。

图 138

1. 车八进五　……

机不可失，倘若车二进五兑车消极。

1. ……　　　士5退4

2. 车二平六　士6进5

3. 相五退三　……

借弃马退相捉炮之机为实施"三拆"打开通道。

3. ……　　　炮9平3

不吃也得吃。如炮9平7，炮四平六，车9平7，相三进一，车7平8，帅五平六，红棋有杀对无杀。

4. 炮四平六　将5平6　　　**5. 炮六进七（红胜）**

点评：运用"三拆"战术向空当区域袭击往往会收到奇妙效果。

第110局　潜艇式三拆

图139，粗看盘面，黑棋多子多卒，具有较大物质优势，而且

其强大的攻势正蓄势待发，似乎红棋已在劫难逃。但经仔细判断就会发现黑棋这艘"泰坦尼克号"大船有致命的死穴，只要潜艇在底线发射导弹即可反败为胜。读者通过上两局杀法技巧的联想，就能找到取胜之路。

1. 炮六进三　……

平地起惊雷！虎口献炮是"潜艇式三拆"的精妙绝着！

1. ……　　　　　　车 2 进 1

无奈。如将 5 平 4，车四平五绝杀。

2. 炮六平四　……

构成"三拆"的战术组合。

2. ……　　　　　　将 5 平 4

3. 车四平五　……

图 139

前仆后继，为了整体战局牺牲局部利益而在所不惜。

3. ……　　　　　　车 2 平 5　　　　4. 炮四退八　象 5 退 7

弃象敞开通道以防止闷杀是中局常用的手段。倘若车 5 退 1，炮四平六，炮 1 平 4，马六进八，炮 4 平 3，马八进六，炮 3 平 4，马六进七，炮 4 平 3，仕五进六，炮 3 平 4，马七进八，将 4 进 1，车一退一，车 5 进 1，仕六退五，炮 4 平 2，马八退六，将 4 进 1，仕五进六，绝杀红胜。

5. 车一平三　车 5 退 1		6. 炮四平六　炮 1 平 4	
7. 马六进八　炮 4 平 3		8. 马八进六　炮 3 平 4	
9. 马六进五　炮 4 平 5		10. 马五退六　炮 5 平 4	
11. 马六进八　炮 4 平 3		12. 马八进六　炮 3 平 4	
13. 马六进四　炮 4 平 5		14. 车三平五　将 4 进 1	

15. 仕五进六（红胜）

点评：一气呵成的连珠妙杀颇具实战借鉴价值。

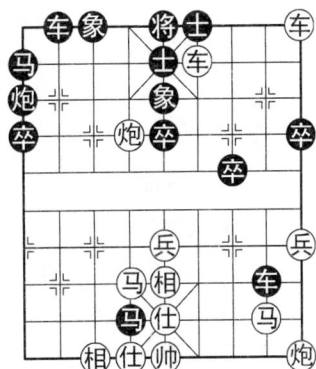

第 111 局　凤凰三点头

"凤凰三点头"是突破第二道防线的基本战术之一，其战术组合为车炮三步擒王。它因锋锐杀王的优良性能而被冠名为"凤凰三点头"。"凤凰"乃神鸟，可见棋人对"三点头"战术技巧是何等喜爱和推崇。

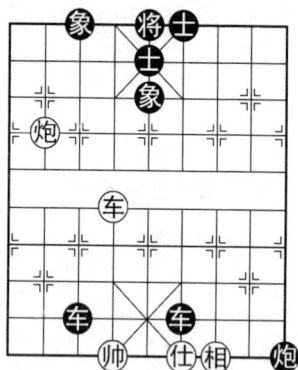

图 140，红方面临"断将亡"危境，你能快速捉黑王否？

1. 炮八进三　士 5 退 4

如象 3 进 1，车六进五绝杀。

2. 车六进五　将 5 进 1

3. 车六退一（红胜）

点评：车炮组合三步杀王。虽然这最基本的杀法很简单，但作者的忠告是："掌握了这个杀法之后，以下各局就会迎刃而解。"

图 140

第 112 局　擒车侧面虎

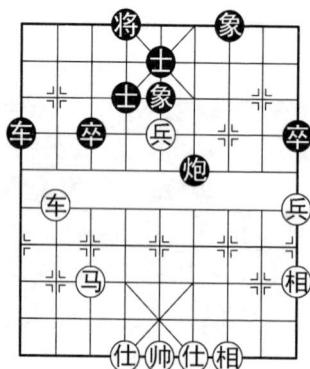

车是价值最大的兵种，而侧面虎则是捕捉车的极佳组合之一。你能否以侧面虎的战术组合擒车？

1. 车八进五　……

打响围捕黑车的第一枪！

1. ……　　　　将 4 进 1

2. 马七进八　车 1 退 1

3. 马八进七　车 1 平 3

4. 车八平七　……

逼黑炮护车。

图 141

4. ……　　　炮 6 平 3　　　　　**5.** 兵五平六　象 5 进 7

倘若士 5 进 6，兵六进一速胜。

6. 帅五进一　……

亦可车七平三，炮 3 平 6，车三平七，以下黑有两种选择：①炮 6 退 2，兵六平五，炮 6 平 9，兵五进一，车 3 进 1，兵五进一，士 4 退 5，车七退三，红胜。②炮 6 平 3，兵六进一，士 5 进 4，车七退一，将 4 退 1，马七进五，象 7 退 5，车七退一，红胜。

6. ……　　　象 7 进 9

7. 帅五平六　象 9 退 7　　　　**8.** 兵六进一　……

弃兵谋车的佳着！

8. ……　　　士 5 进 4　　　　　**9.** 车七退一　将 4 退 1

10. 马七进五　象 7 进 5　　　　**11.** 车七退一　卒 9 进 1

无可奈何！倘若不兑卒后患无穷。

12. 车七平六　将 4 平 5　　　　**13.** 车六进二　将 5 进 1

14. 车六退四　卒 9 进 1　　　　**15.** 帅六平五（红胜）

点评：这是"车马兵"围捕黑车常用战术。尽管有黑炮护车，却是假根而一击即溃。

第 113 局　献车高钓马

图 142，黑方右翼虽然十分空虚，但这一带红方仅有孤兵单马，似乎难以成势。如果有了"钓鱼马"做棋意识，杀王就不是难事。

1. 兵六进一　……

低兵撞开缺口。

1. ……　　　将 5 平 4

2. 马八进七　将 4 平 5

3. 后车平八　象 5 退 3

4. 车八进五　象 3 退 1

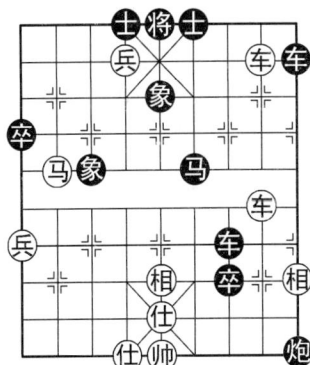

图 142

5. 车二平八　……

点象眼绝妙！

5. ……　　　车 9 平 3　　　**6.** 后车平七　马 6 退 5

7. 车七进一　象 1 退 3　　　**8.** 车八平七　马 5 退 4

9. 车七平六（红胜）

点评：细细体会弃兵引路及献车妙点的技巧必获益匪浅。

第 114 局　积少成多

图 143，红方小优，但是把小优转化为胜势并非易事。高明的棋手总会敏锐地捕捉到稍纵即逝的战机。请看胡荣华把小优转化为胜势的杰作。

1. 马二进四　卒 1 进 1

平淡之下红马踏士突涌波澜，挺卒活马别无良策。如士 5 退 6，车一平四，将 5 进 1，车四退六，红胜势。

2. 仕六进五　炮 6 退 5

黑炮不能离开肋线也只有逼兑。

3. 马四退二　炮 6 退 1

4. 兵三进一　马 1 进 2

5. 兵三进一　马 2 进 1

6. 兵三平四　马 1 进 3

7. 马二进四　士 5 退 6

9. 车一平四　将 5 进 1

10. 帅五进一　车 9 平 6（红胜）

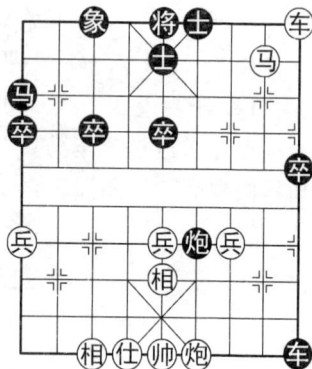

图 143

8. 兵四进一　马 3 进 5

点评：逐渐积累小优才能做成大优，切莫急躁，读者应牢记。

第 115 局　纵虎掏心

从以上几局我们已初步掌握了炮炸花心的“猛虎掏心”战术。

审视图 144，只能判断是相互对峙的局面，难以看到半点"猛虎踪影"。难道是枰深藏虎迹吗？非也！学习一些技巧不难，难的是如何"做棋"，把理论应用于实战。请看著名象棋大师孙勇征在 1996 年全国象棋个人赛演奏的"做棋"交响曲。

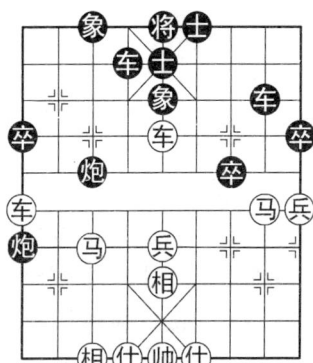

图 144

1. ……　　　将 5 平 4

出王助战看似平凡，实则是高难动作，逼红方表态。

2. 马七退八　……

另有两种选择：①仕四进五，车 4 进 5，马七进八，炮 1 平 5，马八进七，将 4 进 1，马七退六，炮 5 退 2，车五平六，士 5 进 4，马二退三，车 8 进 5，黑棋稍优。②仕六进五，炮 1 平 2，车九平八，车 4 进 5，车八退一，车 8 进 3，黑优。

2. ……　　　车 4 进 7　　　**3. 车九退一　……**

大意失荆州。似应马二进四，尚无大碍。

3. ……　　　车 8 进 3

4. 车九平八　炮 3 进 4（图 145）

黑方创造出良机，做成猛虎掏心的杀着。

图 145

5. 仕六进五　炮 3 平 5

猛虎掏心！

6. 车八进三　炮 5 平 2

7. 车八平六　车 4 退 5

8. 车五平六　将 4 平 5

9. 车六平一　卒 1 进 1（黑胜，余略）

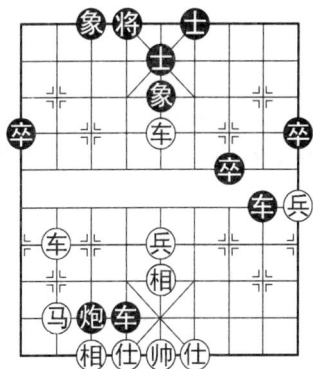

点评：红方失败的主要原因是对"猛虎掏心"战术认识不足，从而遭到偷袭。希望读者细细体会，真正掌握既能纵虎掏心，又能

防虎伤害的双向本领。

第 116 局　快速突破

图 146，粗看黑方阵型稳固，似乎快速突破是一道难题。但是如有"掏心"的知识，突破的灵感火花必将立即点燃，其难题也就会迎刃而解。

请看特级大师柳大华的实战答案。

1. 炮五进二　……

弃炮轰士，发动总攻。

1. ……　　　马 7 进 8

最强劲的抵抗。倘若车 4 进 4 逃车，炮五退三，黑方败势。

2. 马四进三　炮 2 平 7

3. 车八进九　……

佳着，不给黑方喘息之机。

3. ……　　　将 5 进 1

倘若车 4 退 4，车四进五，将 5 平 6，车八平六，将 6 进 1，炮五平三，红方多子胜势。

4. 车四进五　炮 7 进 8

无可奈何，难有退敌良策。

5. 仕四进五　象 5 退 3

6. 炮九平五　象 7 进 5

7. 车八平七（红胜）

点评：在看似严密的防守中找到突破口，实施快速打击，迅速获胜，靠的是超凡的审局能力。

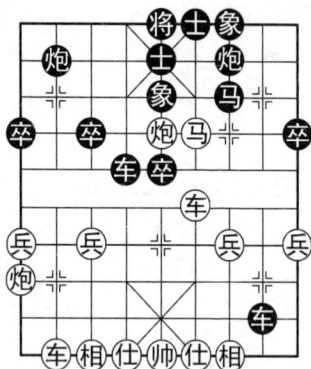

图 146

第 117 局　车炮强攻

图 147，红方车马在黑方大本营做成杀棋，一步棋就可杀死黑王；后院的"后卫马"与第二道防线组成了看似牢固的防御链条，掩盖着致命弱点。读者能否察觉？请看特级大师陶汉明的经典

之作。

　　1. ……　　　炮 8 进 7

　　左炮飞落底线锁定仕相，为接下来的攻击打下基础。

　　2. 相一退三　　炮 2 进 7

　　铁蹄之下献炮，扭断了马与仕的防御链条。

　　3. 马七退八　　车 6 进 6

　　再献一车，即将大功告成。

　　4. 仕五退四　　车 4 进 1（黑胜）

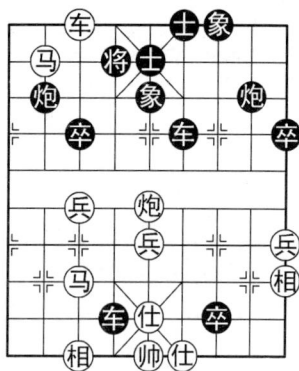

图 147

　　如接走帅五进一，炮 8 退 1，帅五进一，车 4 退 2，绝杀黑胜。

　　点评：短小精悍的突破杀王构思，非集大成者难有如此大手笔。

第 118 局　中路强攻

　　图 148 是古谱《橘中秘》中炮对单提马的古老战局。中兵急冲向黑方前沿防线突入，战火由此而点燃。请看 600 年前的突破与激战。

　　1. 兵五进一　……

　　冲兵展开中路突破。

　　1. ……　　　卒 5 进 1

　　倘若士 4 进 5，兵五平六，卒 3 进1，马三进五，炮 2 进 4，马八进七，炮6 进 5，兵六平七，炮 2 平 5，马七进五，炮 6 平 2，前兵进一，炮 2 退 1，后兵进 ·，马 3 退 4，车九平八，车 1平 2，炮五进四，红方弃子有攻势。

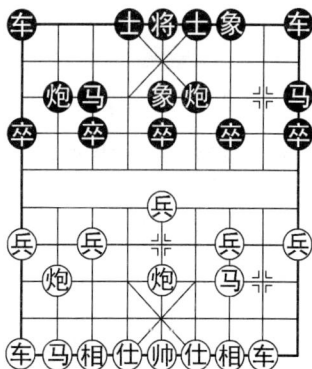

图 148

　　2. 车二进五　　士 4 进 5

　　3. 车二平五　　车 1 平 4　　　4. 马八进七　……

　　黑棋中路前沿防线被打通之后，红有一定空间优势，但如何扩大优势却是一道难题。现跳里马是设计一个弃子取势的陷阱。

4. …… 炮 6 进 5

伸炮打串得子很有诱惑力。如廉洁不贪而车 9 平 8，炮八平九，红方同样前景光明。

5. 炮八平九 炮 6 平 3　　　　**6.** 马三进五 车 4 进 6

7. 车九平八 炮 2 平 1　　　　**8.** 车八进七 炮 1 进 4

9. 马五进六 ……

至此攻势极大，充分显示出弃子取势之妙。

9. …… 马 3 退 4　　　　**10.** 炮九进四 炮 1 进 3

11. 炮九进三 象 5 退 3　　　**12.** 车五进三 ……

精妙！车借炮势强行砍士，突破第二道防线。

12. …… 将 5 进 1　　　　**13.** 车八进一 将 5 退 1

14. 马六进五 士 6 进 5　　　**15.** 车八平五 将 5 平 6

16. 车五进一 将 6 进 1　　　**17.** 车五平四（红胜）

点评：古谱为了突出杀法精彩往往有迁就着法，而此局明显作秀的痕迹很少。一气呵成的入局杀着精妙绝伦，很值得借鉴与学习。

第 119 局　马搏双象

20 世纪 60 年代的一天晚上，作者向一位过路军人借阅一本古谱《梅花泉》，必须在第二天天亮之前交还。经通宵达旦苦读，总算阅完全谱。岁月流逝，对该谱大多数内容渐渐忘记，但其中一盘 14 步擒王"袖珍"型的全局却印象深刻。现与读者共同赏析（图 149）。

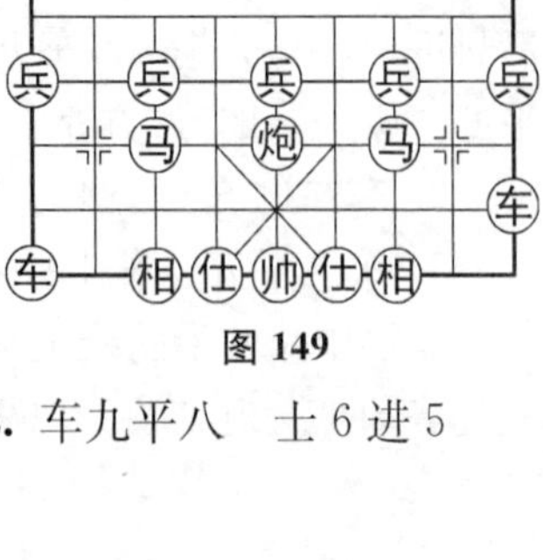

图 149

1. 兵五进一 ……

中路突破是一些古谱的主基调，现代的选择很可能是兵三进一。

1. …… 车 1 平 2　　　　**2.** 车九平八 士 6 进 5

3. 兵五进一　卒 5 进 1

4. 马三进五　……

前沿防线出现松动，策马盘中颇为锋锐。

4. ……　　炮 8 进 7

古代棋战，攻击总是主旋律。

5. 马五进四　车 8 平 7

红马是明踏黑马暗窥中象。倘若车 8 平 6，炮八平五，象 3 进 5，炮五进五，士 5 进 6，炮五平九，红亦胜势。

6. 马四进五　象 3 进 5　　　**7.** 炮八平五　将 5 平 4

8. 车一平四　士 5 进 6　　　**9.** 炮五平九（红胜）

点评：此局虽然没有《橘中秘》"擒王 13 着"声名显赫，但其连续突破两道防线及杀王妙着亦是经典之作。

第 120 局　暗度陈仓

图 150 是百岁棋王谢侠逊所著《象棋指要》中炮盘头马对屏风马形成的局势。其中路突破佯攻来掩护侧翼袭击的战术组合构思颇耐人寻味。

1. 兵五进一　马 4 进 5

2. 马三进五　卒 5 进 1

3. 炮五进三　炮 8 进 2

4. 炮五平二　马 7 进 8

5. 马五进四　……

跳马占据制高点是扩大优势的佳着。

5. ……　　车 9 平 8

6. 车六进八　士 5 退 4

倘若将 5 平 4，车一平六，将 4 平 5，车六进五，红亦优势。

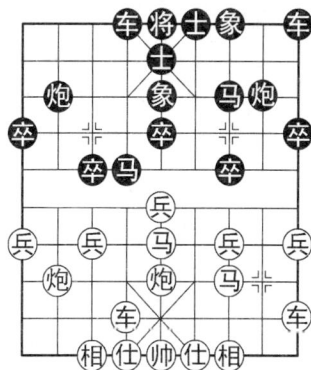

图 150

7. 马四进六　炮 2 平 4　　　**8.** 炮八进七　士 4 进 5

9. 马六进八　车 8 进 3　　　**10.** 车一平六　将 5 平 4

如车 8 平 3，车六进六吃炮，红亦胜定。

11. 马八进七　将 4 进 1　　　　　**12.** 车六平八（红胜）

点评：突破前沿防线后，两军形成"兵少将寡"之势，似乎趋于平淡。但兵不贵多而贵精，"势"的优劣往往是决定胜负的关键。

第 121 局　顺拐马突破

在古谱中偶尔可见顺拐马。图 151 是《象棋指要》中炮盘头马对屏风马形成的局面。作者以独特视角设计出以"顺拐"盘头马突破前沿防线，颇有艺术性和趣味性。

1. 马三进五　……

右马盘头名曰"顺拐马"。大多盘头马是走双炮中间七路马盘中，好处是当中炮射出之后，后炮可随时平中再架。而顺拐马使后架中炮的机会大大减少。

1. ……　　　　　马 3 进 4

盘河马有很强的挑战与反击意味。

2. 兵三进一　……

由于黑方前沿防线有巡河炮阻击

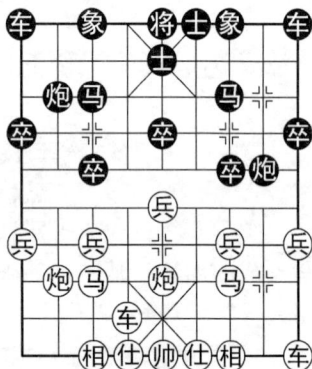

图 151

而灵活地改为侧翼突破。倘若兵五进一，马 4 进 5，马七进五，炮 2 平 5，红方没便宜。

2. ……　　　　　炮 2 平 4　　　　　**3.** 车六平三　卒 7 进 1

4. 兵五进一　马 4 进 5　　　　　**5.** 马七进五　车 1 平 2

6. 炮八平六　炮 4 平 5　　　　　**7.** 车三进三　车 9 进 2

可能为突出后来的精彩杀法而采取古谱常用的迁就性着法。应卒 5 进 1，黑可抗衡。

8. 车一平二　车 2 进 6　　　　　**9.** 车三进二　车 9 平 8

10. 马五进三　车 2 平 3　　　　　**11.** 仕四进五　车 3 平 7

12. 马三进四　……

弃车取势，绝妙！

12. ……　　　车 7 退 3

倘若车 7 平 6，炮五平三，炮 5 进 2，相三进五，象 3 进 5，炮三进五，士 5 进 6，马四退三，红亦胜势。

13. 马四进三　将 5 平 4　　14. 炮五进一　炮 5 进 2

15. 相三进五　炮 8 进 3　　16. 车二进二　车 7 进 6

17. 相五退三　车 8 进 5　　18. 相七进五　炮 5 进 3

19. 帅五平四（红胜）

点评：顺拐马突破前沿防线别有韵味。虽然略有迁就性但瑕不掩瑜，最后的妙杀还是货真价实，值得学习。

第 122 局　平分秋色

600 多年前"炮"局盛行时期，多是单马守护中卒，所以对前沿防线的突破就容易些。后来屏风马崛起，用双马保护中卒，使急攻突破受阻。图 152 是由清代棋谱《石杨遗局》中炮盘头马对屏风马形成的四兵卒相见局势，让我们看看清朝棋手怎样争夺前沿防线。

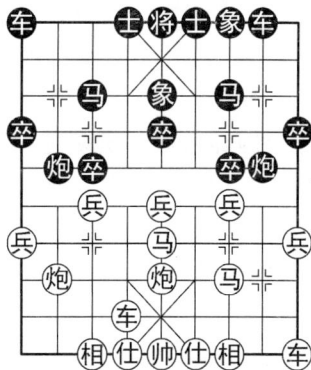

图 152

1. ……　　　士 4 进 5

补士巩固中防是当前较佳的应着。

2. 炮八平七　……

平炮逼马，由此打开对峙僵局。

2. ……　　　车 1 平 4

3. 车一进一　马 3 进 4

4. 车六进三　……

稳健！倘若兵三进一，炮 8 平 9，车一平四，马 4 进 5，车六进八，将 5 平 4，马三进五，炮 2 平 7，车四进二，车 8 进 9，黑方可抗衡。

4. ……　　　马 7 进 6

佳着！两军爆发前沿阵地激烈肉搏战斗。

5. 兵五进一　马6进5　　　6. 马三进五　卒5进1

似可炮8平5，兵七进一，车8进6，炮五进三，车8平5，车一平五，车5退2，车五进四，卒5进1，兵七平八，卒7进1。和棋之势。

7. 兵三进一　卒5进1　　　8. 炮五进二　炮2进1

精妙！逼兑造成大量子力交换，为赢得均势奠定基础。

9. 兵七进一　炮2平5　　　10. 车六平五　马4进5

11. 车五退一　炮8平3

12. 炮七平五　车8进3（局势平淡）

点评：经大量兑子之后趋于平稳，黑棋取得较佳的抵御效果。

第123局　中兵疾进

以上各局简略介绍了名谱中的经典范例。尽管为了突出艺术性精彩杀着而有明显的牵强痕迹，但瑕不掩瑜。为进一步提高读者的中局水平，以下精选当代棋战突破前沿防线的实战精品。

图153，中兵向黑方前沿防线突破，因屏风马严密防守而遇阻，由于黑方车炮控制兵林，使红马难以盘中助攻，似乎给突破制造了障碍。如何找到一条攻击之路？请看全国象棋冠军李义庭与季本涵大师之战。

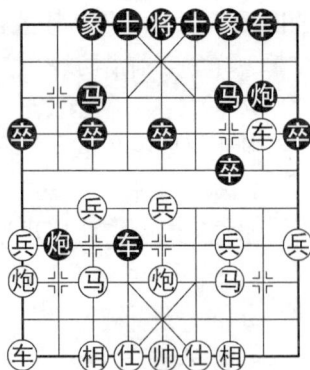

图153

1. 兵五进一　象7进5

2. 马七进八　……

明修栈道，暗度陈仓。倘若兵五进一，士6进5，兵五平六，炮2退3，兵七进一，黑方可战。

2. ……　　　车4平3

只好忍耐！倘若卒5进1，兵七进一，车4退1，兵七进一，车 4 平 2，兵七进一，卒 5 进 1，兵七进一，红方有攻势。

　　3. 马八进九　马 3 进 1

　　倘若炮 8 平 9，车二进三，马 7 退 8，马九进七，炮 9 平 3，兵五进一，士 4 进 5，炮五退一，马 8 进 7，相三进五，红方优势。

　　4. 兵五进一　……

　　弃马冲兵是中路突破的佳着！倘若炮九进四，卒 5 进 1，其效果与实战天壤之别。

　　4. ……　　　　炮 2 退 2　　　　**5. 炮九进四　炮 2 平 5**

　　6. 仕六进五　车 3 平 7　　　　**7. 车九平八　……**

　　弃马亮车是算度深远的大手笔！

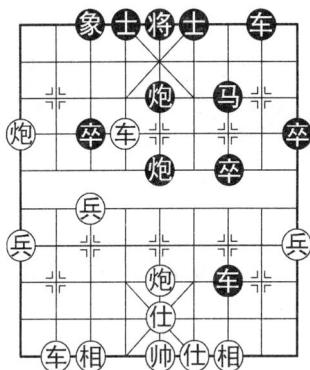

图 154

　　7. ……　　　　车 7 进 1

　　贪吃造成后患无穷。稳健点似应车 7 平 1，炮九平八，士 6 进 5，坚守为宜。

　　8. 兵五进一　……

　　突破第一道防线。

　　8. ……　　　　炮 8 平 5

　　9. 车二平六（图 154）　士 6 进 5

　　红方双车炮构成有效的攻击组合，黑方补士实属无奈。另有两种选择演示如下：①车 8 进 1，帅五平六，车 8 平 1，车八进七，将 5 进 1，车八平六，车 7 退 1，炮九进一，前炮退 1，炮九平五，将 5 平 6，前炮进二，车 1 进 5，前车进一，士 6 进 5，前炮退三，红方胜势。②后炮进 5，相三进五，车 8 进 8，帅五平六，士 6 进 5，炮九进三，车 8 平 6，车八进九，将 5 平 6，车八平七，将 6 进 1，炮九退一，将 6 退 1，车七退二，车 6 退 6，车六进三，士 5 退 4，车七平四，将 6 平 5，车四平三，红方优势。

　　10. 炮九进三　车 8 进 6　　　　**11. 车八进九　将 5 平 6**

　　12. 车六平四　后炮平 6　　　　**13. 炮九平七　将 6 进 1**

　　14. 炮七退一　士 5 进 4　　　　**15. 车八平六（红胜）**

　　点评：一气呵成的连珠杀，是不可多得的中局杀棋佳构。

第124局　中炮逞威

图155，黑方以车双马炮组成的防御网，把孤军深入的红车陷于死亡之谷。如何逃车？请看象棋大师邹立武与程福臣之战。

1. 炮五进四　……

炮轰中卒打开前沿防线，使红车的风险释放。倘若马八进九，炮9平7，炮五进四，马5进3，黑方得子优势。

1. ……　　马7进5

2. 车三平五　卒7进1

弃卒是经典的后手反击技巧。

3. 兵三进一　炮2平7

4. 炮七进四　……

弃马轰卒，颇具匠心。由于后来

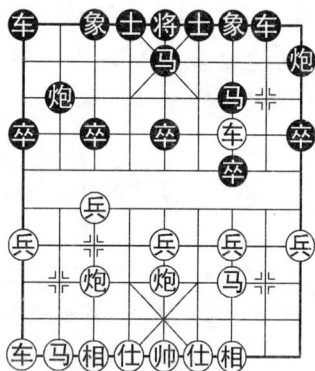
图155

弈成颇有威慑力的炮镇窝心马之势，从而得到棋界人士的推崇。倘若相七进五，炮9平7，马三退五，车8进8，黑方有攻势。

4. ……　　炮7进5　　　5. 炮七退一　……

气势雄壮！退炮是向黑方中路施压的佳着。

5. ……　　车8进4

倘若象7进5，炮七平五，马5进7，车五平九，炮9平5，前车进三，炮5进3，相七进五，车8进8，兵三进一，象5进7，前车退四，炮5平6，前车平六，风暴过后红方多兵优势。

6. 炮七平五　车1平2　　　7. 车九进二　炮7平2

8. 兵五进一　象3进5　　　9. 车五平一　炮9平8

10. 车一平四（终局红胜）

点评：棋谚云："马跳窝心，不死发昏"，此局是真实写照。读者请牢记：非到万不得已，切莫跳马窝心弄险。

第 125 局　中兵逼宫

图 156，乍看之下，黑方中炮针锋相对，河口前沿阵地有炮马巡守，给人的感觉是相互对峙之势。倘若说黑方面临崩溃的境地，恐难令人信服。当看完 1963 年沪、黑友谊赛中著名棋手王有盛与胡荣华之战后，读者会深受启发。

1. 兵五进一　……

中兵急冲，向黑方的前沿防线发动凶猛进攻。

1. ……　　　　马 4 进 5

胡荣华一时不慎落入突破前沿防线的陷阱。似可炮 2 退 1 打车，车三退一，马 4 进 3，黑方尚可一战。

2. 兵五进一　……

绝佳妙着！

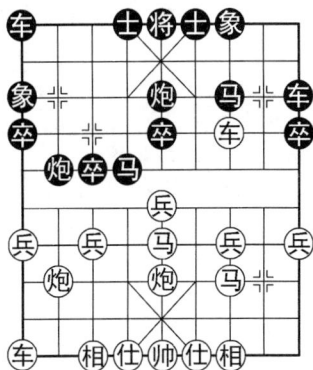
图 156

2. ……　　　　炮 5 退 1

无可奈何。倘若马 5 进 7，兵五进一，前马退 5，炮八进一，象 7 进 5，炮八平五，马 7 退 5，车九进一，象 1 退 3，车九平六，车 9 平 6，车三平六，炮 2 退 4，仕六进五，车 1 进 2，帅五平六，绝杀红胜。

3. 兵五进一　……

勇往直前，逼近将府！

3. ……　　　　象 7 进 5

倘若炮 5 平 7，车三平八，马 7 进 6，马三进五，红亦胜势。

4. 炮五进五　炮 5 平 7　　　　**5. 炮五平一**　炮 7 进 2

6. 马三进五　炮 7 平 5　　　　**7. 炮八平五**　车 1 平 2

8. 车九平八　炮 2 进 4　　　　**9. 炮一平九**　……

红方多兵多相，以较大的物质优势进入残局。

9. ……　　　　车 2 进 6　　　　**10. 仕六进五**　炮 5 进 4

11. 相七进五　　马 7 进 5　　　**12.** 马五进四　　士 4 进 5

13. 炮九平二　　士 5 进 4　　　**14.** 炮二退六　　炮 2 退 1

15. 炮二进一　　炮 2 进 1（图 157）

16. 车八平六　……

略显软弱！似可马四进二，将 5 平 4，车八平六，马 5 退 6，车六进六，红方胜势。

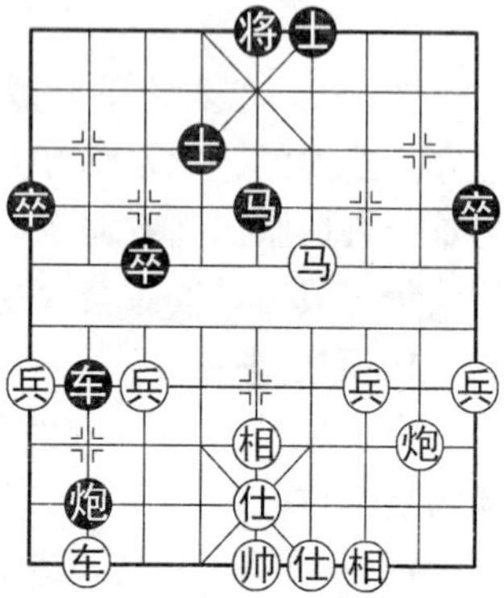

16. ……　　　　炮 2 平 1

17. 马四进二　　马 5 退 6

18. 马二进三　　车 2 平 3

19. 车六进七　　车 3 平 7

连杀双兵，颇有所获。但是红方强大攻势还是难以抵挡。

图 157

20. 车六平五　　将 5 平 4　　　**21.** 马三退四　　车 7 平 2

倘若车 7 退 3，车五平四，马 6 进 8，马四进六，红优。

22. 仕五进六　　车 2 平 6　　　**23.** 马四退六　　炮 1 平 3

24. 炮二进二　　车 6 平 4　　　**25.** 马六进四　　车 4 平 6

26. 马四进三　　炮 3 退 2　　　**27.** 炮二退三　　……

攻守兼备的佳着。

27. ……　　　　炮 3 平 5　　　**28.** 炮二平五　　……

大敌当前稳健为上。似应相五退七，红方胜势。

28. ……　　　　炮 5 进 2　　　**29.** 仕四进五　　卒 3 进 1

30. 相五进七　　车 6 平 1

倘若卒 1 进 1，车五平九，车 6 退 2，车九进二，将 4 进 1，车九平四，红亦胜势。

31. 车五平四　　将 4 平 5　　　**32.** 帅五平四（红胜）

点评：由于前沿防线离九宫还很遥远，往往容易对敌军突破防线的战术产生轻敌而导致溃败。

第 126 局　小兵突破

图 158，渡河兵觊觎前沿防线，红方有一定优势，但七路车马被黑车拴链是块心病。红方或者为车寻根后再伺机进攻，或向黑方前沿防线展开攻击。读者，试想如何决策？请看 1992 年全国象棋个人赛天才少年许银川与张强大师之战。

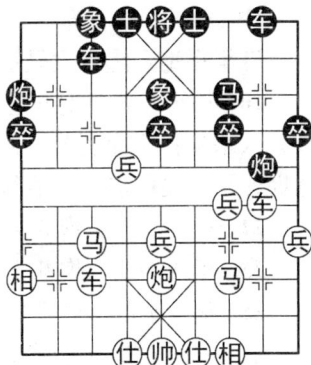

1. 兵五进一　……

乍看之下挺进中兵平淡乏味，实则是进攻计划缜密的体现。倘若兵六进一，炮 8 平 5，交换后攻势缓慢。

1. ……　　　士 4 进 5
2. 兵六进一　车 3 进 3
3. 兵六平五　炮 1 平 3
4. 前兵进一　……

小兵横冲直撞，弃马吃象。小许早有锦囊妙计。

4. ……　　　象 3 进 5

为什么不炮 3 进 4 打马却用象飞兵？因可前兵进一，士 6 进 5，车二退一，红方大优。

5. 炮五进五　士 5 退 4　　6. 仕四进五　炮 3 进 4
7. 车二退一　车 3 退 2　　8. 炮五退二　炮 3 退 2
9. 马三进四　炮 8 平 6

倘若卒 7 进 1，马四进五，炮 8 平 5，车二进六，马 7 进 5，兵五进一，红方胖势。

10. 车二进六　……

小许用兵历来谨慎。现在兑车稳健有余。

10. ……　　　马 7 退 8　　11. 炮五平六　车 3 平 8
12. 炮六退一　炮 3 平 2　　13. 车七平八　炮 2 平 3
14. 兵五进一　……

图 158

前仆后继，中兵渡河如虎生翼。

14.　……	炮6退3		15. 炮六平五	士6进5
16. 兵五平六	车8平5		17. 炮五退二	炮3退2
18. 马四进三	车5进3		19. 车八进二	……

逼黑车离开河口，佳着。

19.　……	车5进1		20. 车八进三	……

进车捉炮，黑方立呈崩溃之势。

20.　……	炮6进7		21. 相九进七	……

入杀选择干净利落！倘若车八平七，车5进1，车七平二，虽然捉死马亦是胜势，但战线要拉长。

21.　……	炮3平7		22. 车八退四	车5退3
23. 车八平四	炮6平7		24. 马三退五	车5平8
25. 帅五平四（红胜）				

点评：通过弃子造成时间差，从而加速突破防线，这是一种高级突破战术，读者应努力学习。

第127局　中兵神功

突破前沿防线往往会收到直捣黄龙的效果，所以突破前沿防线是历代棋人的主攻方向。在现代棋战中，无论是棋坛王者还是一般的爱好者都曾留下过许多脍炙人口的实战佳构。读者体会以下实战精品的做棋构思，搏杀技巧，可以较快提高棋艺水平。

这是于 1997 年 3 月，北京、河北、广东、安徽四省市象棋邀请赛中的一个著名经典战局。图 159，黑方先弃马后弃卒轰象，两军争斗立即进入高潮，红方面临黑方咄咄逼人的攻势。当时的棋界对这种局面的理解还属于初级

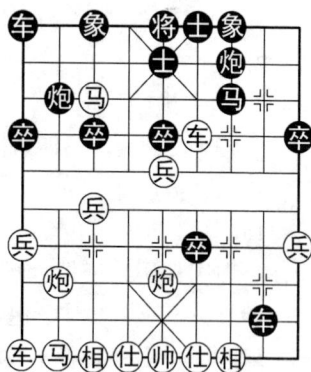

图 159

阶段，无谱可寻，如何抉择颇费神思。刚刚告别少年时代的李来群（后来三届全国象棋冠军）以奇特构思完成了中路突破的杰作。

1. 炮五进四　……

炮轰中卒，是突破前沿阵地的突破口，由此引发一场跌宕起伏的精彩攻杀大战。

1. ……　　　马7进5

不很明显的软着。战略与战术严重脱节，使黑方底炮瞄准红相的压力失于无形中。似可象3进5，相七进五，马7进5，马七退五，车8平2，尚可一战。

2. 兵五进一　车8平2　　**3. 炮八平二**　……

高瞻远瞩！虽然前沿防线已经突破，但如欲架中炮从中路直线突破显然不现实。

3. ……　　　炮2进7　　**4. 兵五平六**　车1进2

5. 炮二进七　……

借助红帅远程遥控助攻，使伸炮底线威力倍增。

5. ……　　　卒6平5　　**6. 兵六进一**　……

兵临城下，顿现杀机。

6. ……　　　车1平2

倘若士5进4，车四进三，将5进1，车九进二，车2平8，车四平五，将5平4，车五平六，将4平5，车六退二，红方胜势。

7. 车四平五　前车平4（图160）

无奈！欲借还杀之机解围。另有两种选择：①前车平8，兵六进一，红有肋条道与双杀速胜。②后车退1，车五退三，前车退2，车五进三，后车平3，车九进八，车2进3，车五平四，象3进5，兵六平五，车2退3，兵五进一，车3平5，仕四进五，炮7平6，马七进五，将5进1，炮二退一，红胜。

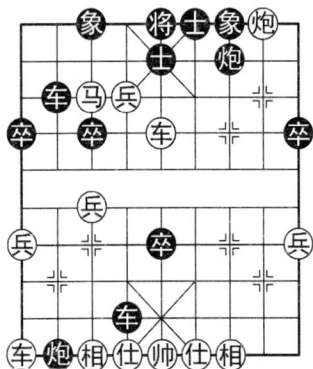

图160

8. 车九平八　……

弃车砍炮，一举斩断进军黑方解杀还杀的战术链条，为最后胜利奠定基础。

　　8. ……　　　　　车2进7　　　　9. 车五退三　车2退8

　　10. 车五平四　象3进5

　　肋车杀王。逼黑方无奈，飞象送吃。

　　11. 兵六平五　车4平8

双车左右护宫疲于奔命。倘若车2平3，兵五进一，车3平5，马七进五，绝杀红胜。

　　12. 兵五进一　车2平5　　　　13. 相七进五　……

绝妙！倘若马七进五，车8退8，车四平八，象7进5，马五退七，炮7平5，仕六进五，炮5平3，车八进六，炮3退1，车八退一，车8进2，车八平六，士6进5，车六平五，将5平6，相三进五，虽然红仍优势，但不及实战精准快速充满韵味。

　　13. ……　　　　　车8退8　　　　14. 车四平八　车5进6

只能仰天长叹！最后绝望的无奈反击。

　　15. 相三进五　炮7平5　　　　16. 仕六进五（红胜）

　　点评：这盘棋是中国象棋艺术宝库中的珍品。真乃天然风韵，不是排局胜似排局。

第128局　从天而降

图161，乍看盘面，令人感觉平淡。红方倘若左马盘河则有底车脱根之忌，又如右马盘中则有炮打三兵攻车之虞。看来寻觅切入的刀口还是颇有难度。如何抉择？请读者自思是否与特级大师胡荣华的实战相同。

　　1. 兵五进一　……

向前沿防线进攻是正确的决策。

　　1. ……　　　　　炮9退1

面临复杂选择。倘若卒5进1，车三平七，马3退1，炮七平八，炮2平4，马三进五，士4进5，炮五进三，红优。

2. 马七进六 ……

飞马出击是暗伏杀机的佳着。

2. ……　　　　车 2 进 5

为什么没有炮 2 平 5 抽车？可能畏惧炮五平八，车 2 进 6，炮七退三，车 2 平 4，马三进五，车 4 平 5，炮八平五，红优。

实则可炮 2 平 5，炮五平八，炮 5 平 4，要比实战好。

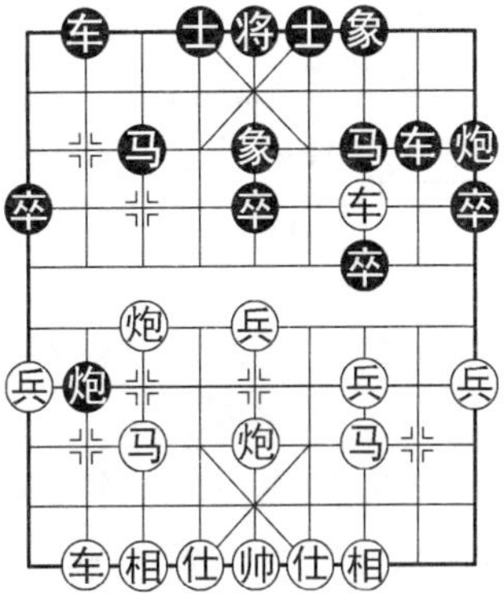

3. 兵五进一 ……

大胆弃车，勇敢地向前沿防线突破，是意境深远的佳着，特级大师的大手笔。

图 161

3. ……　　　　炮 9 平 5　　　　**4. 兵五进一** ……

再度弃车，向第第一道防线挺进，使黑方难有喘息之机。

4. ……　　　　炮 5 进 6

另有两种选择：①象 7 进 5，马六进四，炮 5 进 6，相七进五，炮 2 平 5，马三进五，车 2 进 4，马四进三，车 2 退 5，炮七退三，红方优势。②炮 2 平 5，仕四进五，车 2 进 4，兵五进一，士 4 进 5，马三进五，红方优势。

5. 相三进五　　　　炮 2 平 5

箭在弦上不得不发！

6. 马三进五　　　　车 2 进 4　　　　**7. 兵五平四　　　　马 7 退 8**

8. 马六进四 ……

速度往往是"杀棋"的决定因素。弃兵运马意在快速杀王。

8. ……　　　　车 8 平 6　　　　**9. 马四进六　　　　车 6 进 4**

倘若车 6 平 4，炮七平六，车 4 进 1，车三平六，车 2 退 3，炮六退三，红方优势。

10. 炮七平五（图 162） ……

绝妙！亦可马六进七，将 5 进 1，马五进六，将 5 平 6，炮七平四，车 2 退 7，车三进二，将 6 进 1，炮四进五，红方亦胜势。

10. ……　　　车 6 退 5

11. 马五进七　车 2 退 8

12. 仕六进五　……

忙里偷闲，稳扎稳打。亦可车三进三，红优。

12. ……　　　象 7 进 9

13. 车三平五　士 6 进 5

倘若士 4 进 5，车五进二，将 5 平4，炮五平六，车 2 平 4，车五退一，马 3 进 4，马六退八，士 6 进 5，车五平八，红胜。

14. 车五平二　士 5 退 6　　　　**15.** 车二进三　马 3 进 2

倘若车 6 进 4，车二退二，黑方也难招架。

16. 马七进五　士 4 进 5　　　　**17.** 马六退八（红胜）

点评：棋坛总司令胡荣华以精湛的棋艺驾驭全局。首先冲中兵突破两道防线，再弃车蓄势，继而架中炮控制全局，三个漂亮的战术组合天衣无缝，神勇精兵恰似从天而降。

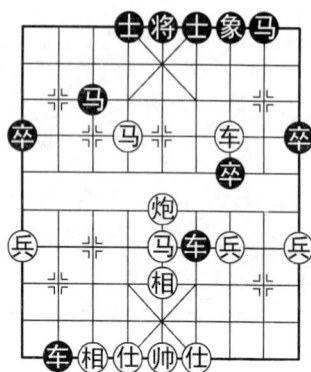

图 162

第 129 局　用兵如神

图 163，红方以中炮盘头马为后盾向黑方前沿阵地展开突破，但遭到顽强阻击。当前如何瓦解黑方前沿阵地防御火力网是重中之重。攻击的"棋眼"在哪里？请看特级大师杨官璘的杰作。

1. 兵七进一　……

强渡七兵乃经典突破手段。

1. ……　　　炮 8 平 3

打马是想通过交换子力达到削弱

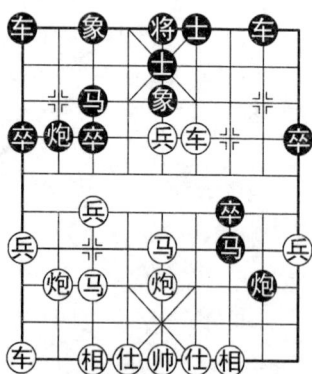

图 163

红方中路攻势的目的。

2. 兵七进一 ……

挥兵勇往直前，绝不言停是唯一正确决策！倘若稍微手软而马五退七，炮 2 平 5，仕六进五，马 7 退 5，其效果与实战天壤之别。

2. …… 车 8 进 6

进车兵林似佳实劣。似应马 7 退 5，炮五进二，炮 2 平 5，黑方尚可抗衡。

3. 炮八进一 ……

道高一尺，魔高一丈。针对先踢炮后吃马的暗着而设计出高炮牵马链车的精华绝着！

3. …… 马 7 进 5　　4. 炮八平二　马 5 进 3

5. 帅五进一　炮 2 进 5

见将就将稍嫌失误！似可前马进 1，炮二进六，象 5 退 7，兵七平八，车 1 进 2，马五退七，马 3 进 4，车四退一，马 4 进 6，红方也有所顾忌。

6. 马五退六　车 1 平 2

倘若卒 7 平 8，车九平八，车 1 平 2，炮二退二，后马进 5，车四平五，红优。

7. 兵五进一　卒 7 平 8　　8. 炮二平七　炮 2 退 5

9. 兵五进一　士 6 进 5

倘若后马退 5，车九平八，红方胜势。

10. 炮七平五　象 3 进 5　　11. 兵七进一　……

弃车吃马老练，红方胜势。

11. …… 马 3 进 1　　12. 帅五平四　将 5 平 4

倘若炮 2 平 5 献炮，车四平一，炮 3 平 7，炮五进四，士 5 退 4，车一平五，红方胜势。

13. 车四平六　将 4 平 5　　14. 车六平一　炮 2 平 5

15. 车一进三（红胜）

点评：这是 20 世纪 60 年代的一个著名战局。读者应认真学习、研究其分毫不差的入局杀着。

第 130 局　中兵羁绊

图 164，红方欲以中兵向中路突破，可是前沿阵地黑方有巡河车防守，强硬突破是否可行？黑卒过河虽然没有很大威胁，却是后患，如何拔掉也是当务之急。这些复杂的疑点难点怎样处理？请看著名大师汤卓光的临场抉择。

1. 兵五进一　……

借助中炮威力羁绊黑车，为续攻赢得时机。

1. ……　　　　车 4 平 5

2. 马七进五　车 5 平 7

3. 马五进三　……

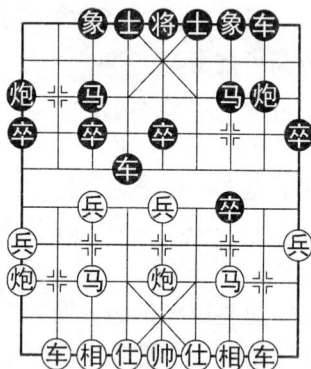

图 164

飞马抽卒拔去眼中钉，并抢占了十分重要的战略要点。

3. ……　　士 6 进 5　　　　**4. 后马进五**　马 7 进 8

5. 炮五平二　车 8 平 9

为了保持僵持局面委屈撤退。倘若象 7 进 5，车八进七，炮 8 进 5，车二进二，车 8 平 6，炮九平三，马 8 进 7，车八平七，红方优势。

6. 车八进三　……

在此僵持状态下，谁先出手谁吃亏。现在高车兵线似乎平平淡淡，实是大手笔。

6. ……　　卒 5 进 1　　　　**7. 马五进六**　……

精巧！打破僵局步入佳局。

7. ……　　炮 8 进 5

倘若炮 8 平 5，炮二平五，炮 5 进 5，相三进五，马 3 进 5，炮九进四，卒 3 进 1，车八进三，马 5 退 7，炮九退一，红方优势。

8. 马三退二　……

佳着。

8.……　　　车 9 进 2（图 165）

似佳实软！似应车 7 退 2，虽然仍然是红优，但尚可坚守。

9. 马二进一　……

飞马切入，神来之笔。

9.……　　　车 7 平 6

10. 马一进二　车 6 平 7

11. 车二进五　……

在红马上下腾挪精巧配合下巧妙劫吃一子。

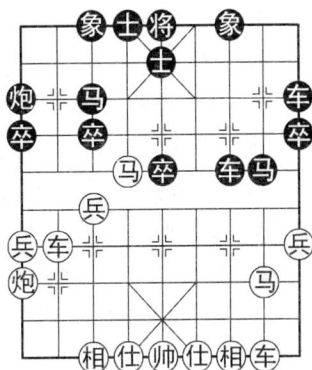

图 165

11.……　　　车 7 平 8　　**12. 马二进三　将 5 平 6**

13. 炮九平四　……

黑方丢子，败局已定。

13.……　　　马 3 进 5　　**14. 车八平四　马 5 退 6**

15. 马三退一（红胜）

点评：羁绊的突破战术技巧是常用手段，读者应努力学会羁绊的方法。

第 131 局　中路夺势

图 166，红方向中路突破，黑方肋炮打马。红马面临弃与逃的抉择。倘若弃马，仅剩马炮兵，能与黑方三子战斗吗？请看天津著名棋手荆聪的正确决策。

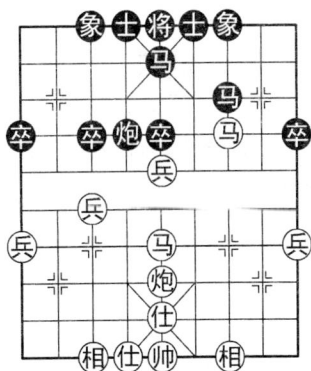

图 166

1. 兵五进一　……

弃马冲兵志在高远。倘若马三退四，卒 5 进 1，炮五进三，马 5 进 6，黑可抗衡。

1.……　　　炮 4 平 7

2. 马五进六　炮 7 进 1

倘若马 7 进 5，马六进四，卧槽绝杀。

3. 马六进四　炮 7 平 6

因有兵五进一杀棋，只好占肋防杀。

4. 兵五进一　马 7 进 5　　　　　　**5. 马四进三　炮 6 退 3**

6. 兵五平四　象 3 进 5　　　　　　**7. 兵四进一　后马退 3**

8. 炮五平二　……

主攻方向正确。如炮五进五，马 5 退 7，没有后续兵力支援，攻势难以扩大。

8. ……　　　士 4 进 5　　　　　　**9. 兵四平五　……**

佳着，巧妙突破第二道防线。

9. ……　　　将 5 平 4　　　　　　**10. 兵五平四　马 5 退 7**

倘若象 5 进 7，兵四进一，将 4 进 1，炮二进六，马 3 进 5，兵四平三，红方优势。

11. 炮二进六　……

准备突破最后一道防线，是取胜的关键。

11. ……　　　将 4 进 1　　　　　　**12. 仕五进六　士 6 进 5**

似应马 3 进 2 坚守为宜。

13. 兵四平五　……

小兵撞士好棋。

13. ……　　　马 7 退 5

倘若马 3 进 5，炮二退七，黑方要丢子。

14. 马三退五　将 4 退 1　　　　　　**15. 马五退七（红胜）**

点评：针对窝心马的弱点采取弃子突破，构思精巧，颇有参考价值。

第 132 局　声东击西

前沿防线是交战的结合部，较难选择突破方向，尤其在平淡局势下寻觅突破的机会就不更容易，所以不能仅仅限于中路强攻直取，而需兼顾左右两翼，才能及时把握稍纵即逝的战机。

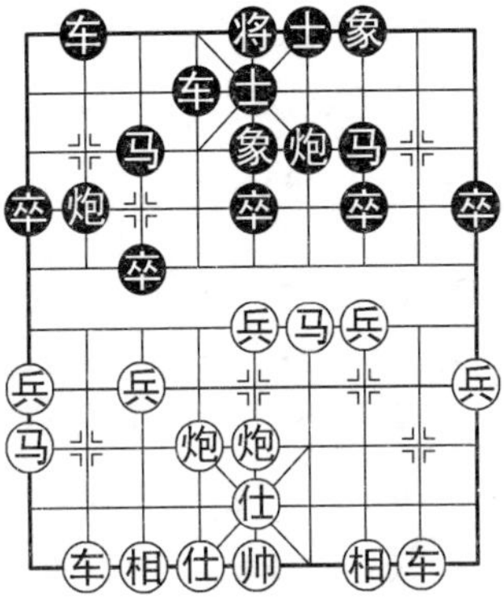

图 167，黑方形成比较完整的防御链条，似乎无懈可击，因红方如冲中兵或马踏中卒都难从中路切入。又如伸车暗伏捉死马，黑车可倒骑河弃马多卒，这两路变化均不令人满意。如何抉择？请看著名象棋大师钱洪发的奇思妙想。

图 167

1. 炮五平三 ……

独具慧眼。另有三种选择：①兵五进一，卒 5 进 1，马四进三，卒 5 进 1，红方无趣。②马四进五，马 3 进 5，炮五进四，炮 6 进 4，兵五进一，炮 2 进 5，黑方可战。③车二进八，车 4 进 4，车二平三，车 4 平 5，马四退三，卒 3 进 1，车三退一，卒 3 平 2，炮六平八，卒 2 进 1，炮八进四，车 2 进 3，车三退一，卒 2 进 1，炮五平六，卒 2 进 1，车八平九，炮 6 进 6，黑有攻势。

1. …… 　　　　车 4 进 5 　　　　**2. 兵五进一** 　车 4 平 7

3. 马四退五 ……

先冲兵突破再回马一枪，凶悍。

3. …… 　　　　车 7 平 6 　　　　**4. 兵三进一** 　卒 5 进 1

如象 5 进 7，车八进六，车 2 进 3，炮三进四，红棋得子。

5. 兵三进一 　马 7 退 9 　　　　**6. 车二进四** 　卒 1 进 1

7. 炮六进六 　炮 2 退 2 　　　　**8. 炮六平七（红优）**

点评："声东击西"是常用战术，本局是典型战例。在棋战中灵活运用声东击西也会收到奇效。

第 133 局　双车击卒

图 168 是吕钦与于幼华两位全国象棋冠军于 1985 年全国象棋团体赛的一盘棋战。乍看两军兵力相等，黑方中卒在马炮双路保护

之下似乎很安全。红方如何向前沿阵地突破？请看吕钦的杰作。

1. 车八进六 ……

双车从两翼插入卒林是突破前沿防线的关键。

1. ……　　　　车9平8

倘若卒3进1，车八平七，红方优势。

2. 马六进七　　炮6平3

3. 车三平五 ……

突破前沿防线，双车畅通无阻，优势立现。

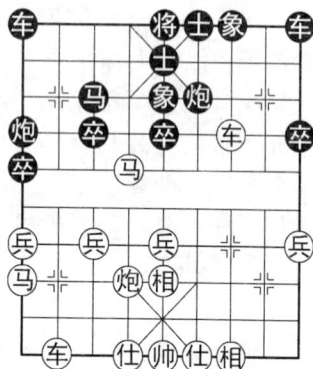

图 168

3. ……　　炮1进3	**4. 仕六进五　车8进6**
5. 兵七进一　车1平4	**6. 马九退七　炮3退2**
7. 车八退三　炮3平1	**8. 马七进六　车4平3**
9. 马六进五　前炮平5	**10. 车五平七** ……

乘黑右翼空虚杀卒袭击，佳着。

10. ……　　车3平4	**11. 炮六进四　炮1平3**

倘若炮5平3，车七平九，车8平5，马五退三，车5退3，车八进三，炮1平3，炮六平一，车5平2，车九平八，红优。

12. 兵七进一 ……

冲兵渡河精巧，实行全线封锁，黑难应矣。

12. ……　　　　炮3进4

打兵丢子无奈，否则也将被困杀。

13. 炮六平五　炮5退3

黑方必丢一子。

14. 车八平二　车4进4	**15. 马五退三　炮5进1**
16. 马三进四　车4进1	**17. 车二平八　炮5平6**
18. 车八进六　士5退4	**19. 车七进二（红胜）**

点评：这是两翼掩护施压，在风平浪静之下突破前沿防线的经典战例，读者应深入体会做棋的思路。

第134局　中突侧袭

图169，红方马炮兵已开赴前沿阵地作战，已取得一定的空间与物质优势，但要扩大优势还有难度。通过审度分析不难找到黑方有中路空虚的弱点。请看特级大师胡荣华精彩的无车棋突破。

1. 兵五进一　……
强行突破，机不可失。

1. ……　　后炮进4

2. 相一进三　卒5进1

忍痛丢象吃兵，倘若士4进5，炮五进四，红棋多兵大优。

3. 炮七进三　将5进1
倘若士4进5，炮七平九，红亦优势。

4. 炮七平四　马8进9

5. 炮四退二　马3进4

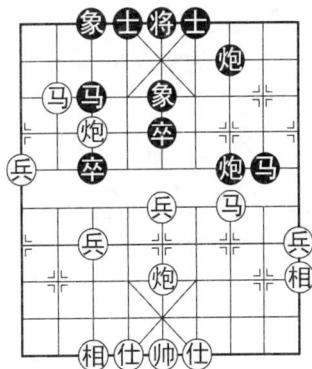
图169

6. 马八退六　将5退1

7. 炮四退六　马4进3

8. 马六进七　将5进1

9. 炮五平八　将5平4

倘若将5平6，马七退六，将6退1，马六进四，炮7平6，炮八平四，可劫炮而胜。

10. 炮八进六　将4进1

11. 兵九进一　卒5进1

12. 兵九平八　……
边兵长驱直入，逼近九宫，胜定。

12. ……　　炮7平5

13. 仕四进五　卒5平6

14. 帅五平四　马9进8

15. 炮四平三　炮5平7

16. 兵八平七（红胜）

点评：马炮兵杀棋的精巧组合妙似连珠，是不可多得的实战佳构。

第 135 局   猛虎出山

图 170，红中兵虎视眈眈，对黑有极大的潜在威胁。但黑车巡河大有一夫当关万夫莫开之势，从而形成对峙局面。如何打破僵局寻找突破点是当前夺取优势的关键。请读者认真思考，看看是否与特级大师许银川的实战相同。

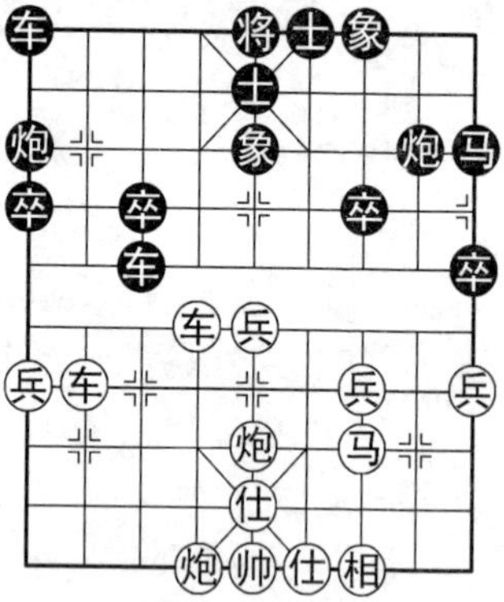

1. 兵五进一   ……

特级大师的大手笔。可能大多数棋手会车八平五保兵再冲，炮 8 进 4，兵三进一，炮 8 平 1，炮五平九，车 1 平 2，黑方反击强烈，其结果与实战相比有天壤之别。

图 170

1. …… 车 3 平 5	
2. 马三进五 车 5 平 3	3. 马五进六 炮 8 平 6
4. 仕五进六 ……	

撑仕为红马升根，使红车增加横向活动空间，且封锁肋道，看似普通的着法其实含有深意。

| 4. ……   炮 1 平 4 | 5. 车六平八   炮 4 平 2 |
| 6. 前车平五 马 9 进 8 | |

红方数子虎视中象。似应马 9 退 7 加强防御，因红有车五进二，黑方仍难应。

7. 车五平二 马 8 退 9	8. 车二平五 马 9 进 8
9. 车五平二 马 8 退 9	10. 车二平五 马 9 进 8
11. 马六进五 ……	

弃马换象突破第一道防线，打响攻城擒王第一枪。

| 11. ……   象 7 进 5 | 12. 车五进三   马 8 进 6 |
| 13. 炮五进六   …… | |

再弃一炮换士，敲开九宫城堡第二道防线，雄壮锋锐算度

深远。

13. …… 士6进5   14. 车五进一 将5平6

15. 车八进四 车3平6   16. 兵三进一 ……

不思进取反而悠闲挺兵颇令人生疑,此时枰外观战有人低低耳语,似乎在问:"为什么不分车杀棋?"细细推敲之后,方觉小许悠然挺兵之妙。倘若车五平三,车1平5!仕四进五,炮6平5,相三进五,马6进5,红方将要反胜为败。

16. …… 车6退1

17. 车八平五 车1平2

18. 仕四进五 马6退4(图171)

弃马作最后的拼杀。高水平棋手具有十分顽强的素质,在逆势下如有百分之一的希望也要做百分之百的努力。

19. 炮六进五 ……

有惊无险,算度深远。倘若后车退二,炮6平5,相三进五,车6退2,前车平四,将6进1,车五平六,红方虽然优势,却难与实战媲美。

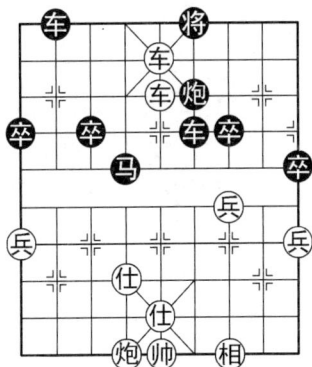

图171

19. …… 炮6平8   20. 仕五进四 车6进4

21. 炮六平八 ……

精妙。封锁黑方右车通道,使"双车炮"难以组成有效的战术组合,至此红方胜定。

21. …… 车6进2   22. 帅五进一 炮8进7

23. 相三进一(红胜)

点评:精妙的二度弃子取势是精妙杰作,显示出许银川高深的造诣。

第136局 先予后取

图172,黑方的窝心炮邀兑,红方面临兑与不兑的选择,倘若

兑子则局势趋于平淡无味，那么有没有什么好棋呢？请看全国象棋冠军李义庭如何解决这道难题：

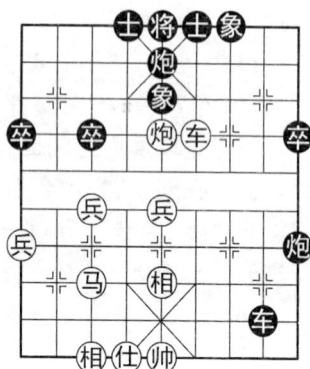

1. 帅五平四　……

构思精巧！倘若炮五进二，士 4 进 5，车四平七，车 8 进 1，帅五进一，车 8 退 3，红方有后顾之忧尽管多兵赢棋也难。

1. ……　　　炮 5 进 2

2. 车四进三　将 5 进 1

3. 车四退三　车 8 退 2

最顽强的决策，为以后牵拉车马！

5. 车四平六　车 8 平 6

略有多此一举之嫌！似可直接车 8 平 7 为宜。

6. 帅四平五　车 6 平 4

7. 兵五进一　炮 9 平 1

图 172

4. 马七进六　炮 5 平 4

8. 兵五进一　炮 1 平 3

倘若将 5 退 1，马六进七，车 4 退 3，兵五平六，炮 1 平 3，马七进八，卒 1 进 1，红方亦优，但也尚有一线和棋之望。

9. 车六进三　炮 3 进 2

佳妙！是解除牵制的绝着。

10. 帅五平四　……

10. ……　　　象 5 进 7

无奈！倘若炮 3 平 4，车六平四，车 4 退 1，车四退一，将 5 退 1，兵五进一，红胜。

11. 车六平三　车 4 退 1

12. 车三退四　……

应车三退一，打一顿挫再吃象，对以后进攻有利。

12. ……　　　车 4 进 4

13. 帅四进一　车 4 退 1

14. 帅四退一　车 4 退 6

15. 帅四平五　炮 3 平 8

16. 车三平二　炮 8 平 6

17. 车二平五　炮 6 退 8

倘若第 12 回合红车退一打顿挫使黑炮不能回防，红可快速借"帅力"获胜。

18. 兵五平六　车 4 平 5　　　　**19.** 车五平四　炮 6 平 2

20. 兵六平七（红方胜势）

点评："先弃后取"是突破防线常用手段，本局精巧构思值得学习和借鉴。

第 137 局　单骑救主

突破与反击是棋战永恒的矛盾。有突破就会有反击，往往突破愈烈反击愈强。在象棋发展的历史长河里，古今棋人在"反击突破"这一主题的演绎中曾创出许许多多脍炙人口的名篇佳构，现摘录几则精品战局供读者朋友参考。

图 173，红方向黑方中路展开强大攻势，使屏风马的防御体系大有瓦解之势。现在黑棋面临 3 路马弃与逃的选择。如何决策？请看特级大师杨官璘的杰作。

1. ……　　　　马 3 退 4

退马避捉是放弃中路强顶而诱敌深入的战略构思。

2. 兵五进一　马 7 进 8

飞马踏车打相，为右炮左移埋下伏笔。

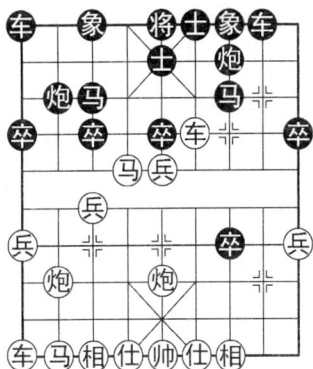

图 173

3. 车四平三　……

平车拦挡造成黑棋双炮轰击的后果。可兵五平六，炮 2 平 5，仕四进五，车 1 平 2，兵六进一，车 2 进 4，车四退一，车 2 进 3，车四进三，炮 7 进 8，兵六进一，红优。

3. ……　　　　炮 2 平 7

重炮轰车气势雄壮，使诱敌深入的战略获得成功。

4. 马六进八　……

暂解逃车丢相之急。如车三平一，前炮进 7，仕四进五，前炮平 9，红亦败势。

4. ……   马 4 进 3   **5. 炮五平二** ……

如兵五平六，象 3 进 5，炮五平二，车 1 平 3，炮二进七，后炮进 2，黑亦大优。

5. ……   后炮进 2

算度深远的佳着！

6. 前马进七 将 5 平 4

7. 炮二平六（图 174） ……

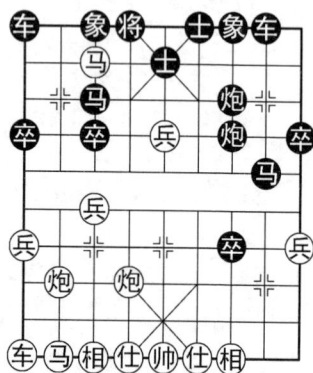

图 174

黑棋面临被绝杀的危险境地。读者试想最佳解杀之策。

7. ……   马 8 退 6

绝妙的构思，超凡的想象。

8. 炮六进二 ……

高炮是自铸败局的软着，使这首激动人心的交响曲出现一个不和谐音符。现在似可炮八退一，前炮进 6，帅五进一，车 8 进 8，炮八平二，车 1 进 1，兵五平六，马 6 进 4，兵六平七，后炮平 4，车九进二，车 1 平 3，后兵进一，马 3 退 1，车九平七，车 3 平 2，马八进九，车 2 进 4，后兵平六，相互乱战，鹿死谁手尚难预料。

9. ……   车 8 进 7

跟踪追击！

10. 相三进五 前炮平 5   **11. 仕六进五** 马 6 进 5

12. 炮六退三 ……

如炮八平二打车，车 1 进 1 黑多子胜势。

12. ……   炮 5 进 4

乘机轰相，打开第一道防线，胜券在握。

13. 帅五平六 马 5 进 3   **14. 炮六进二** 前马进 2

15. 帅六进一 炮 5 退 2   **16. 车九进二** 车 1 平 2

17. 炮八进二 ……

无可奈何。

17. ……   车 2 进 5

亦可车 8 平 1，炮八平五，车 2 进 6，黑方亦胜。

18. 车九平二　车 2 平 3（黑胜）

点评：这是一则"反击突破"的经典成功的战例，读者反复研习必大有收获。

第 138 局　马炮反击

红以冲中兵盘头马向前沿防线突破，黑棋以还架中炮反击。在对峙状态下红炮打象压马令黑颇难受。如何阻击红棋的攻势？请看特级大师李来群的反击杰作。

1. ……　　　马 7 进 6

跳马出击看似平凡，实是不露声色的反击。

2. 车一进一　……

高一步短车似乎无可非议，却是滑向深渊的开始。

2. ……　　　马 6 进 5

切断盘头马攻击链条，为反击打开缺口。

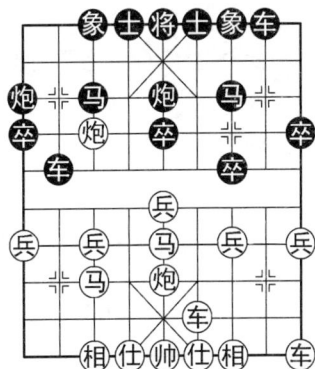

图 175

3. 马七进五　炮 1 进 4

边炮突发使红棋中路突破构想落空。

4. 马五进七　……

执先不肯轻易言退而要决一死战。如委屈一点可马五退七，炮 1 退 1，平稳之势。

4. ……　　　炮 5 进 3　　　　**5. 炮五平七　……**

弃空头向左翼集结兵力，力求一搏。如仕四进五，炮 1 进 2 打双车。

5. ……　　　炮 1 平 7　　　　**6. 车四进三　卒 5 进 1**

7. 车四退一　车 2 平 4

弃炮抢占肋线要道是大手笔。

8. 车四平三　　士 4 进 5　　　　**9.** 车一平四　　车 8 进 3

10. 车四进三　　象 3 进 5

精细。这是李特大独特的风格。如车 8 平 3，马七进五，车 3 平 4，马五进四，士 5 进 6，车四平五，攻势荡然无存。

11. 前炮平八　　马 3 进 2　　　　**12.** 车四退一　　车 4 进 3

13. 炮七退一　　车 4 进 1　　　　**14.** 车三平二　　车 8 进 3

15. 车四平二　　将 5 平 4　　　　**16.** 马七进五　　……

如炮八平六送吃，马 2 退 4，马七进六，车 4 退 5，黑亦胜势。

16. ……　　　　车 4 进 1　　　　**17.** 帅五进一　　车 4 退 1

18. 帅五退一　　马 2 进 4　　　　**19.** 炮八退六　　马 4 进 5

（黑胜）

点评：在对攻之下寻找反击的机会是提高中局水平的必修课之一。本局先马踢盘头，后边炮急发，再炮打中兵的反击三步曲精巧构思应反复研习。

第 139 局　　边炮逞威

图 176，红方中兵已挺进待发，似乎黑棋只有飞象补士方为上策。可是特级大师李来群却以将计就计的神奇妙着，不但成功地阻击了红方中路突破，而且以此为契机，完成了一部经典之作。

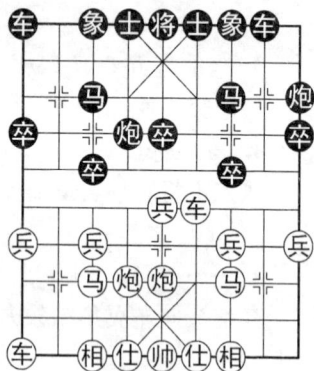

图 176

1. ……　　　　马 3 进 4

马借炮势的交换是算度高深的佳着。

2. 兵五进一　　炮 4 进 4

3. 兵五平六　　士 6 进 5

4. 马三进五　　……

红马被逼出槽正中圈套，似马三退五暂避锋芒为宜。

4. ……　　　　炮 9 进 4

乘机轰兵，准备攻击底线。

5. 马五进四　马 7 进 6　　　　**6.** 车四进一　炮 9 进 3

7. 仕六进五　车 8 进 9

精彩！弃炮攻相是打开缺口的好棋。

8. 仕五进六　车 8 平 7　　　　**9.** 车九平八　车 7 退 3

10. 仕四进五　车 7 进 3　　　　**11.** 仕五退四　车 1 进 2

左翼车炮难以组成有效的杀王组合，右车横出增援势在必行。

12. 车八进六　车 1 平 8　　　　**13.** 车八平五　车 7 退 1

14. 仕四进五　车 8 进 7　　　　**15.** 车四退五　……

无可奈何，如仕五退四，车 8 退 6 抽车亦胜。

15. ……　　　象 3 进 5　　　　**16.** 车五平三　象 7 进 9

17. 车三平四　炮 9 平 6　　　　**18.** 仕五退四　车 7 平 3

19. 车四平一　车 8 退 2　　　　**20.** 车一平五　车 3 进 1

21. 马七退六　象 9 退 7（黑棋胜势）

点评：本局是上局的姊妹篇，其边线切入做杀手段具有很高的实战参考价值。

第 140 局　河口反击

图 177，红中兵已向黑前沿防线冲击，二路车正在捉炮，看上去红棋有一定的优势。可是独具慧眼的张晓平大师在这场河口争夺战中采取牵制与侧袭相结合的战略战术进行阻击，打了一场漂亮的反击战。

1. ……　　　炮 8 进 2

巡河打兵是阻击的佳着。

2. 兵五平六　……

中兵拐弯保存力量。如兵五进一，马 3 进 5，红方没便宜。

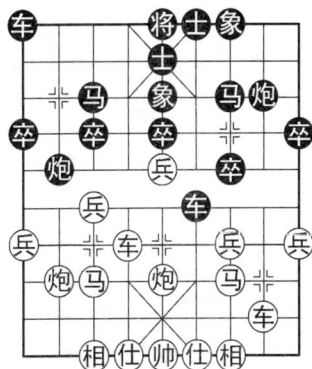

图 177

2. ……　　　　车 6 平 3　　　　**3.** 马七进五　车 3 进 4

乘机吃相侧袭，红棋底线有漏风之虑。

4. 马三退五　车 3 退 1

5. 炮五平七　车 1 进 2　　　　**6.** 车二进三　卒 3 进 1

7. 兵三进一　……

在这场河口争夺战中放弃六路兵而冲三路兵乃是煞费苦心设计的攻击战术。如兵六进一，马 3 进 4，车六进一，马 7 进 6，前马进四，炮 8 平 6，黑优。

7. ……　　　　马 3 进 4　　　　**8.** 兵三进一　马 4 进 5

9. 兵三平二　车 1 平 4

绝妙的先弃后取战术，使红方设计的攻击方案付诸东流。红企望黑马 5 退 6，兵二平三，象 5 进 7，车二平八，黑要丢子。倘若马 5 进 7，车二平八，前马进 5，仕四进五，车 3 退 1，车八进一，士 5 退 4，其结果不如实战精彩。

10. 车六平五　车 3 平 4　　　　**11.** 车五平六　后车进 4

12. 马五进六　车 4 退 2　　　　**13.** 兵二进一　马 7 进 6

14. 车二平八　……

兑炮机警。虽然已呈败势，还是应努力争取。

14. ……　　　　炮 2 进 3　　　　**15.** 车八退二　马 6 退 8

15. 兵九进一　车 4 平 9（黑棋胜势）

点评：这是河口争夺战的典型战例。黑方肋道兑车先弃后取的战术很值得学习与借鉴。

第 141 局　小卒突破

由于兵卒行动缓慢，攻击范围狭小，喜欢大杀大砍的棋手对兵卒的运用往往不屑一顾，这是弈战误区。成功的关键是掌握基本技巧。要想全面提高中局水平，兵卒的运用是必修课之一。

图 178，两军各劫得一相（象），黑车在底线牵制而红车在卒林骚扰，形成各有所忌之势。当前黑棋如何运用先行之利向红棋发

起反击颇费神思。且看特级大师胡荣华的精妙构思。

　1.……　　　卒5进1

　志在高远！平凡中寓深奥的大
手笔。

　2.车三平七　……

　误中诱敌深入之计，不吃白不吃
带来无穷后患。如马三退四为宜，可
伺机炮四平二。

　2.……　　　卒5进1

　弃马冲卒，充满激情。

　3.前车进一　卒5平4

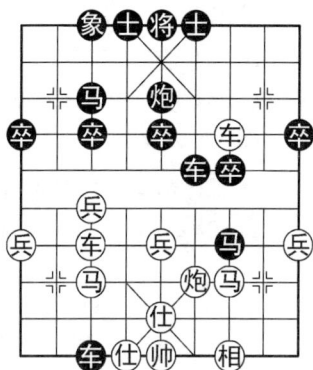
图178

　中卒连冲中路其势甚雄，为什么峰回路转拐弯？似乎与其强攻
的战略不协调。倘若卒5进1，前车平五，象3进5，车七平五，车
3退2，车五平三，黑棋缺象也有所顾忌，其结果难与实战相比。

　4.炮四平六　……

　平炮避险无奈。如帅五平四，炮5进6，红也难抵抗。

　4.……　　　士6进5　　　5.前车退二　……

　如前车进二，车6进3！炮六平五，车6平7，炮五进五，将5
平6，仕五退四，车7进2，炮五平四，马7进5，黑胜之势。

　5.……　　　车6进3

　6.马三退四　车6平4

　7.前车平三　卒4进1

　冲卒欺车，胜势已定。

　8.车七平八　车3退2

　9.车三退二（图179）　……

　两军各缺一相（象），子力价值相
差不多，虽然黑方有远程中炮的遥控，
似乎红方还是有点和棋之望。倘若说现
在红棋大祸临头，也许读者会感到疑惑。

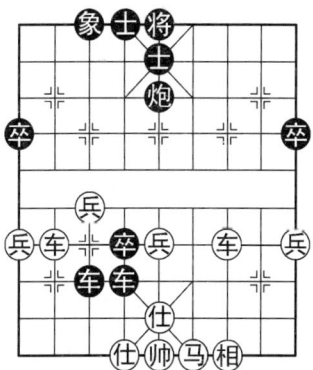
图179

　黑棋双车炮卒已构成有效的战术组合，请读者试想六步杀王。

9. ……　　　　车 4 进 2

弃车砍仕，石破天惊！

10. 帅五平六　　车 3 进 2　　　　**11.** 帅六进一　　炮 5 平 4

12. 仕五进六　　车 3 退 1　　　　**13.** 帅六退一　　卒 4 进 1

14. 帅六平五　　卒 4 进 1（黑胜）

点评：精妙的连珠妙杀，深远的意境。多年前作者曾撰文对该局进行讲析，至今仍印象深刻。

第 142 局　　小兵开路

图 180，红方双车灵活但双马呆滞，双炮虽然可随时击发但目标模糊，是炮打中卒积蓄物质力量还是兵七进一开通马路？总之主攻方向是一个难题。请看特级大师赵国荣的中局之战。

1. 兵五进一　　……

暗蕴锋芒，非有高深造诣难有如此大手笔。一般冲中兵突破大多有中炮为后盾，而现在中炮已在马蹄之下随时可交换，冲中兵能行吗？

1. ……　　　　马 7 进 5

飞马蹬炮拔掉眼中钉。如炮 9 平 5，兵五进一，红先。

2. 相七进五　　炮 2 退 1

3. 兵五进一　　……

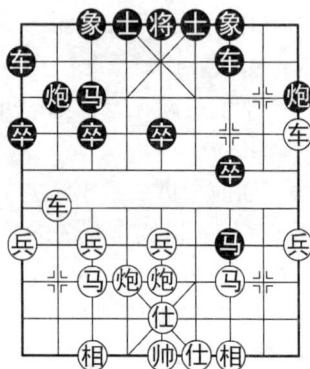

图 180

坚持既定的战略主攻方向——撞开中路大门！

3. ……　　　　卒 5 进 1　　　　**4.** 马三进四　　车 7 平 4

倘若卒 3 进 1，车一平七，象 7 进 5，马四进三，炮 2 平 3，车七平六，炮 9 平 7，炮六进七，红有攻势。

5. 车一平三　　……

红车轻轻一吊，黑棋防线立呈尴尬之态。

5. ……　　　　炮 9 平 5　　　　**6.** 车三进三　　车 4 进 1

7. 马四进二　卒 5 进 1

以其人之道还治其人之身，反弃黑卒力争对杀。

8. 车八平五　炮 2 平 7　　　　**9. 炮六退二　……**

细腻。如马二进一，炮 7 进 8，相五退三，车 4 进 5，马一进三，车 1 平 7，车三退一，车 4 平 3，相三进五，士 4 进 5，黑棋尚可一战。

9. ……　　车 4 进 3　　　　**10. 车五退一　车 4 退 2**

11. 马二进一　……

将计就计，扬鞭催马！

11. ……　　炮 7 进 8

弃炮轰相，背水一战。倘若炮 7 平 6，车三退三，车 4 平 7，马一退三，红优。

12. 相五退三　马 3 进 5

13. 车三退三（图 181）　……

弃车链马是计算精确的妙着。如车五平四逃车，马 5 进 4，车四平五，

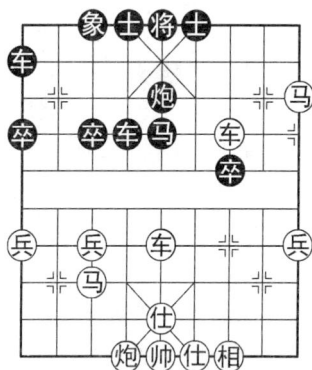

图 181

马 4 进 3，炮六进二，车 4 进 4，车五进四，象 3 进 5，仕五进六，车 1 平 4，其结果难与实战相比。

13. ……　　炮 5 进 4　　　　**14. 马七进五　车 1 平 6**

倘若卒 3 进 1，仕五进六，车 4 平 3，马五进四，车 1 平 6，马四进六，红亦得子胜势。

15. 仕五进六　车 4 进 4　　　　**16. 车三平五　士 6 进 5**

17. 马五进七　卒 3 进 1　　　　**18. 车五平二　……**

车双马炮构成极强大的攻势组合，胜局已定。

18. ……　　象 3 进 5　　　　**19. 马七进五　士 5 退 6**

20. 车二平五　士 6 进 5　　　　**21. 马五进三　车 6 进 7**

22. 马一进三　将 5 平 6　　　　**23. 前马退五　车 4 退 6**

24. 仕四进五　卒 7 进 1　　　　**25. 炮六进二（红胜）**

点评：棋战中小有优势不难，难的是把优势转变为胜势。本局

"先弃兵后弃车"的战术把优势扩大为胜势的完美组合有很高的实战价值。

第143局　一气呵成

图182，红棋准备以窝心炮盘头马双车插肋的攻势向黑棋桥头堡展开攻击。而黑棋有当头炮盘河马和双车构筑长城，似乎稳若泰山。就在这一触即发之际，著名象棋大师邹立武找到了突破的机会，并一鼓作气攻破城池。

1. 兵五进一　……

冲中兵向桥头堡强行突破，不失时机的佳着。

1. ……　　　马6进5

2. 马七进五　炮1进4

边炮出击背水一战。如士6进5，马五进六，黑亦难应。

3. 马五进六　车7平4

4. 马六进五　……

飞马弃车！

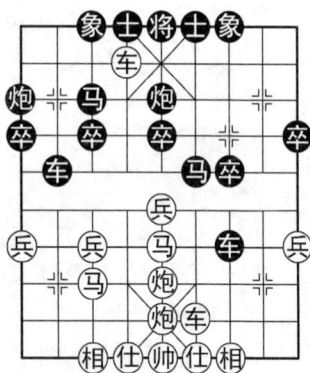

图182

4. ……　　　车4退5

倘若象7进5，兵五进一！车4退5，兵五进一，士4进5，兵五进一，将5平4，兵五进一，杀。

5. 车四进八　将5进1　　　**6. 兵五进一　车4进7**

7. 兵五平六　将5平4　　　**8. 车四平六（红胜）**

如马3退4，马五进四或马五退七杀。黑方认负。

点评：强行突破的连珠妙杀耐人寻味。

第144局　开路先锋

兵从中路向敌方桥头堡进攻一般有两种形式：一是通路兵可长

驱直达交战结合部，二是借助其他兵力掩护强行突破。熟练运用以上两种战术技巧是棋战的基本功。

赏析名手实战佳作会使读者对象棋的理解实现飞跃。

图183，红车点穴使黑方大有半身不遂之感，红优之势明显。但红车单刀赴会略有后续兵力不足之嫌。如何选择突破点扩大优势？请看特级大师胡荣华的杰作。

1. 兵五进一 ……

瞄准黑象冲兵是扩大优势的正确决策。倘若车六退二，其效果难与实战媲美。

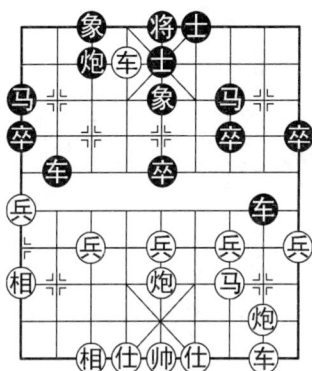

图 183

1. ……   炮 3 平 2

力争摆脱牵制，寻求反击。倘若卒 5 进 1，炮二平五，车 8 进 4，后炮进三，马 7 进 5，马三退二，炮 3 进 1，仕六进五，红方优势。

2. 炮二平五   车 8 平 6   3. 兵三进一 ……

把局势更加复杂化是胡荣华的拿手好戏，在乱战中浑水摸鱼是其强项。倘若兵五进一，马 1 进 3，兵三进一，马 3 退 4，马三进四，马 4 进 3，马四进三，车 2 进 4，车二进一，车 2 平 4，后炮平四，红方优势。

3. ……   车 6 进 2

4. 兵五进一（图 184）   ……

弃马冲兵，气势如虹！

4. ……   马 1 进 3

如车 6 平 7，前炮进五，士 5 退 4，兵五平六，马 7 进 5，前炮平六，马 5 退 4，相七进五，士 4 进 5，炮六

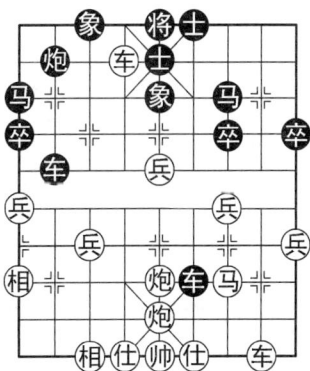

图 184

平一，绝杀红胜。

5. 车六退二　马 3 进 2　　　**6.** 车六进二　……

再次点穴，击中要害。

6. ……　　　车 6 平 5

忍痛弃车砍炮。倘若车 6 平 7，前炮进五，士 5 进 4，兵五平六，马 7 进 5，前炮平一，红胜。

7. 相七进五　马 2 进 1　　　**8.** 相五退七　马 1 进 3

9. 车六退七（红胜）

点评：入局杀棋相当精彩，充分显示出胡荣华高超的棋艺水平。瞄准弱点突破，其成功率必然会大大提升。

第 145 局　献马亮车

图 185，看上去是两分之势，至多也是红方稍好。倘若说黑方面临失败的深渊，一定会被认为是痴人说梦。请看著名象棋大师孙树成与全国象棋冠军于幼华之战。

1. 兵五进一　……

冲兵主攻中路，使中炮的动态威力大大加强，呆板的局面立即生动起来。

1. ……　　　车 1 平 4

急于出车无可非议，似可马 7 进 8追求反击。

2. 兵五进一　车 4 进 6

3. 车九进一　马 7 进 8

如车 2 平 3，前马退六，黑车无功而返。

4. 仕四进五　车 4 退 1

倘若车 4 退 5，前马退六，卒 7 进 1，车四平三，炮 2 退 1，各有顾忌。

5. 炮五进一　车 4 进 2

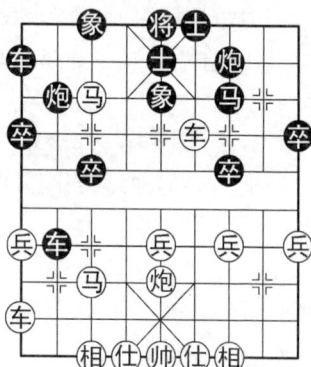

图 185

小不忍则带来无穷后患！还是应车4退4，前马退六，炮2退1，尚可坚守。

6. 兵五平六 ……

分兵切断黑方肋车退路，扩大优势的好棋。

6. …… 马8进7	**7. 炮五进二** 炮2退1

8. 后马进八 ……

献马闪出车道，红方步入杀棋的快车道。

8. …… 车2退1	**9. 车九平四** 炮7平6
10. 前车平六 炮2平3	**11. 车四进六** 车2平4

12. 炮五进一 ……

在激烈的攻杀中突然挺炮令人疑惑，为什么不车六进二，后车退1，车六平七，后车平5，马七进五，车5平6，车四平二，马7进8，车二退七，士6进5，黑方抗衡。

12. …… 马7退5	**13. 车六进二** 后车退1

14. 帅五平四（红胜）

点评：急冲通路兵是精妙杀局的前奏曲，细细品味做棋的思路大有益处。

第146局　叠兵妙控

图186，红方以全面封锁的战略向黑方阵地合围推进，8路黑炮正准备打车反封锁。红方如何突破？请看特级大师吕钦的实战佳作。

1. 兵五进一 ……

中兵渡河施加压力，是扩大先手的紧凑之着。

1. …… 炮8平7

2. 车三平四 炮2退1

3. 兵五平四 ……

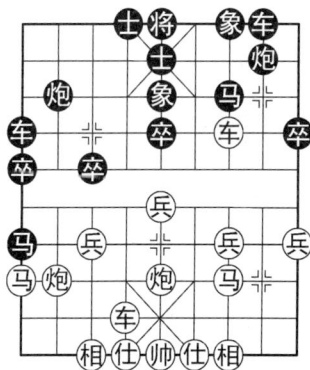

图186

借机中兵拐弯，继续贯彻封锁的战略目的，暗伏偷袭之着。

3. ……　　　车1退3

为什么不车8进4捉兵? 车四进二，马7进6，车四平三，红方多子胜势。

4. 兵三进一　卒3进1

倘若炮7进4，马三进五，炮7平6，车四平三，马7退9，车六进三，红优。

5. 兵四平三　……

叠兵妙控封锁，意味深长。

5. ……　　　卒3平4

弃3卒，背水一战。

6. 车六进三　……

红方欣然接受挑战。

6. ……　　　炮2平3

如马1退2，车六退一，炮2进6，马三进四，车1进2，车四进二，炮2退1，车六进二，马7进6，车四平三，马6进4，马四进五，马4进5，相七进五，红方优势。

7. 车六平八　……

机警。控制要道，孤炮打相难成大事。

7. ……　　　卒1进1　　　**8.** 车八退一　车8进6

9. 马三进四　车1进4

似可马7进8，马四进三，马8退7，炮八平七，车8平5，尚可坚守。

10. 炮八退一　炮3进8

还是应稍安勿躁而马7进8为宜。现在炮轰底相，担子炮的防线反而变成攻击的靶点。

11. 仕六进五　马7进6

强行突破电网式的封锁线，但付出的代价也是昂贵的。

12. 车四进二　炮7进1（图187）

13. 车八平九　……

吃马闪击精彩！暗伏炮五进五打象的杀棋。

13. ……　　　车 1 平 2

14. 车九进一　车 2 进 4

15. 车九平八　车 2 平 1

16. 车四退三　车 1 退 1

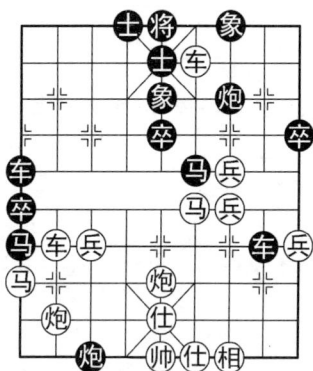

图 187

倘若车 8 平 7，车八退二，炮 7 进 3，相三进一，炮 7 平 8，炮五平二，炮 3 平 1，马四退五，车 7 进 1，炮二退一，炮 1 退 2，炮二平九，炮 8 进 4，相一退三，车 7 进 2，仕五退六，车 7 退 5，帅五进一，车 7 平 6，车八平九，红方优势。

17. 车八退四　炮 3 退 1　　　**18.** 车四进三　炮 7 进 3

背水一战！倘若车 1 退 5，马四进五，炮 7 进 3，马五退四，炮 3 平 4，马四进六，炮 7 平 5，车四退四，红棋优势。

19. 炮五进五　士 5 退 6　　　**20.** 相三进五　……

倘若车八进八，车 1 进 2，仕五退六，炮 3 进 1，仕六进五，炮 3 平 6，仕五退六，炮 6 退 8，车八平四，车 8 进 3，黑方反败为胜。

20. ……　　　车 8 退 4　　　**21.** 马四进六　炮 7 平 8

22. 马六进四（红胜）

点评：这是一篇封锁与反封锁的精彩中局佳构。很值得借鉴与学习。

第 147 局　三步冲兵

图 188，黑方兵力散乱虚浮，红方优势明显，但红方怎样才能快速突破，把优势转化为胜势呢？请看著名象棋大师陈孝堃的杰作。

1. 兵五进一　……

急冲中兵，展开中路攻势。

1. ……　　　　　马 6 进 7

势在必行。倘若马 6 退 7，车九平八，车 2 进 6，车四平八，炮 1 进 4，车八进六，炮 1 平 3，车八平七，炮 8 平 5，仕六进五，车 9 平 6，马三进五，炮 3 退 3，炮七进四，红方优势。

2. 车四进二　　卒 7 进 1

3. 兵五进一　　炮 8 进 2

如马 3 进 5，马七退五，车 2 进 1，马五退三，炮 8 平 7，炮七进七，士 4 进 5，炮五进五，士 5 进 6，车九平六，红方优势。

4. 兵五进一　　马 3 进 5　　　　5. 车四进三　　……

似应兵五平六，士 4 进 5，车四进三，马 7 进 5，车四平五，马 5 退 7，兵六进一，红方胜势。

5. ……　　　　马 7 进 5　　　　6. 车四平五　　马 5 退 7

7. 马七进九　　……

倘若兵五平六，车 9 平 5，车五进二，士 4 进 5，兵六进一，炮 8 退 4，马三进五，卒 7 平 6，车九平六，马 7 退 5，各有顾忌。

7. ……　　　　象 3 进 5　　　　8. 车五平三　　车 9 平 4

9. 车三退二　　车 4 进 6　　　　10. 车三退一　　车 4 平 3

11. 车九平二　　……

佳着，逼兑之后红多子胜势。

11. ……　　　　炮 8 平 1　　　　12. 车三平九　　车 3 平 7

13. 车九进二　　车 7 平 2　　　　14. 车二进四（红棋胜势）

点评：锋锐的"三步连冲"是本局的精华。

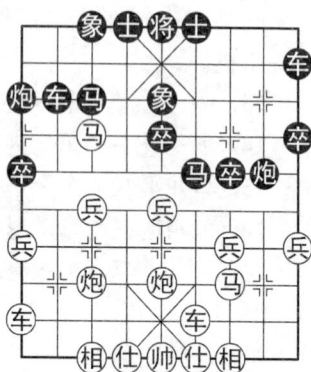

第 148 局　拆链逼兑

图 189，黑方以巡河炮与两卒组成一道防御链条，在前沿阵地阻碍红方前进，拆链断链与保链护链是双方争夺的焦点。拆链断链

的突破点在哪里？请看特级大师于幼华快刀断链的凶着。

1. 兵七进一 ……

河口兑兵看似平凡实是破坏黑方防御链条的佳着。倘若兵三进一，炮2平7，车八平三，象3进5，炮六五，炮7进3，车三退二，马7进6，炮六平一，象7进9，局势平稳。

1. …… 卒3进1

倘若象3进5，兵七进一，象5进3，马九进七，红优。

2. 车八平七 卒7进1

3. 车七平三 马7退5

图 189

4. 马三进四 车2进3

5. 马九进七 炮2平5

6. 马四进三 ……

一箭双雕。明踏中炮，暗伏挂角攻王，顿使黑棋陷于左右难以兼顾的困难境地。

6. …… 马5进6

无奈。倘若炮5进3，马三进二，马5进6，车三进五，炮5平6，车三退二，先弃后取，红优。

7. 车三平四 炮5进3

8. 车四进二 车2平4

倘若炮5平8，车四进一，象3进5，马三进二，吃士吃炮，红方优势。

9. 炮六平七 车4进3

10. 炮七进五 ……

佳着！交换后再左炮右移，黑方难应。

10. …… 车4平3

11. 炮七平二 炮5平8

12. 炮二进二 车3平5

13. 相三进五 ……

匆忙飞相稍有不妥，似应相七进五为宜，免生后患。

13. …… 士4进5

倘若炮8进2，仕四进五，炮9平6，车四进一，士4进5，车四平三，车5平7，帅五平四，象3进5，车三进一，士5进6，炮二平一，炮8退6，炮一退一，炮8进1，马三进二，红方亦优势。

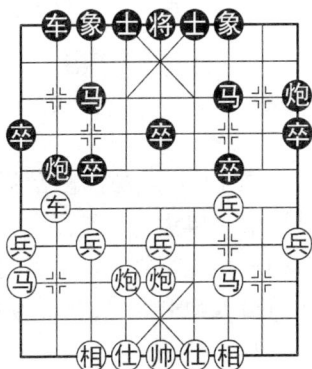

14. 马三进一（红胜）

点评：体会"断链"的思路与技巧必有所获。

第 149 局　诱敌出击

图 190，红马深陷敌后一隅，其他子力难有快速增援解救之策，似乎黑优。但是黑方在兵力分布结构上存在拥塞分散的弱点，如何利用先行之利针对其弱点实施攻击是当前重要的战略选择。请看特级大师柳大华的攻击妙着。

1. 兵七进一　……

冲兵巧渡，佳着。

1. ……　　　卒 1 进 1

2. 兵七进一　……

借捉马之机七兵从容渡河，因七路炮有"闷宫"的战略威慑而间接保护了红右边马的安全。

2. ……　　　车 2 平 6

3. 仕四进五　……

表面上补仕加强防御，实质是算度深远的诱敌出击之策。

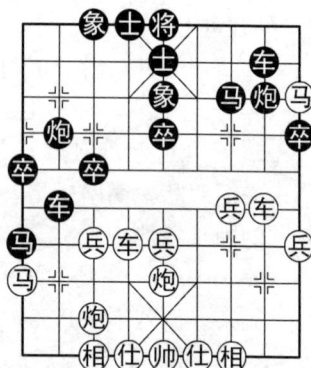

图 190

3. ……　　　马 7 进 6

飞马踢车反击是最有诱惑力的第一感觉，令人难以拒绝。倘若车 6 退 1，车六进二，车 6 平 4，兵七平六，炮 2 平 3，兵六平七，红仍优势。

4. 车二进一　马 6 退 8

似乎退马打车之后，红边马处于绝境，但是这正误落红方设下的陷阱。

5. 炮五进四　将 5 平 6

速败。顽强些似可马 1 进 3，车二平六，炮 2 退 3，红棋也有所顾忌。

6. 炮五进二（图 191）　……

冷箭疾发！一记重拳把黑方打得晕头转向。

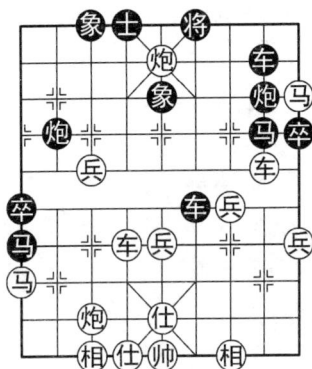

图 191

6. ……　　炮 8 进 2

倘若士 4 进 5，车二进一，炮 2 平 7，相三进一，炮 7 退 1，兵五进一，炮 7 平 9，炮七平八，象 3 进 1，炮八进八，士 5 进 4，车六平八，象 5 进 3，相七进五，车 6 平 5，炮八平九，红方有攻势，但要比实战好点。

7. 车六进六　将 6 进 1　　　　**8.** 炮五平二　车 6 平 7

无可奈何。倘若炮 8 退 3，马一退三抽车胜定。

9. 相三进五　车 7 退 1　　　　**10.** 炮二退三　车 7 平 8

丢车速败。倘若炮 2 退 1，马一进二，将 6 平 5，炮二退一，红方优势。

11. 马一进二（红胜）

点评："明修栈道，暗度陈仓"是本局的真实写照。

第 150 局　天马行空

图 192，红方没有任何兵马过河参战而且还少一兵，黑方防御阵型坚固，似乎难有攻击之点。就在这平平淡淡的局势之下，特级大师胡荣华以超人的想象力创作出天马行空的佳作。

1. 兵七进一　……

冲兵盖帽是打破平稳局势的导火索。

1. ……　　象 5 进 3

2. 炮七进一　……

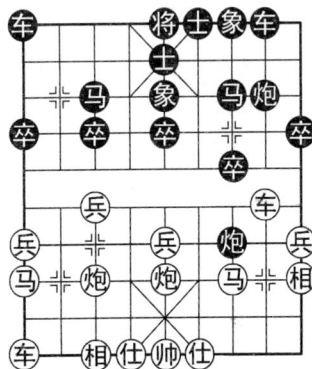

图 192

兑炮解右马压制又使左马腾空，一箭双雕。

2. ……　　　　炮 7 平 3　　　　**3. 马九进七**　……

先弃兵后兑炮再天马行空的三步曲井然有序，犹如跳动的音符正在演绎华美乐章的前奏曲。

3. ……　　　　炮 8 平 9　　　　**4. 车二进五　马 7 退 8**

5. 车九进一　炮 9 平 6

倘若车 1 平 4，车九平二，马 8 进 7，马三进四，车 4 进 5，马四进六，红方有攻势。

6. 马三进四　象 3 退 5　　　7. 炮五平三 ……

中路攻势已难有突破，及时卸中炮向黑方左翼施压是机动灵活的战略战术，非有高深造诣难有如此看似平凡实则高深的大手笔。

7. ……　　　　车 1 平 4　　　　**8. 车九平二　卒 7 进 1**

弃卒是主动清除障碍。倘若车 4 进 5，马四进三，马 8 进 7，马七退五，卒 7 进 1，马三进五，象 7 进 5，炮三进五，红方优势。

9. 相一进三　车 4 进 5　　　10. 兵五进一　车 4 进 1

稍有急躁之嫌，似应马 8 进 9 为宜。

11. 马七进八　马 8 进 9　　　12. 兵五进一 ……

吹响冲锋的号角，向黑方发起攻击。

12. ……　　　　车 4 平 5　　　　**13. 仕四进五　车 5 退 1**

14. 马八进六（图 193） ……

弃马奔槽是高瞻远瞩的精妙构思。

14. ……　　　　车 5 平 6

倘若车 5 平 4，马四进六，士 5 进 4，炮三平五，卒 3 进 1，兵五进一，将 5 平 4，兵五进一，马 3 进 4，马六进四，红方优势。

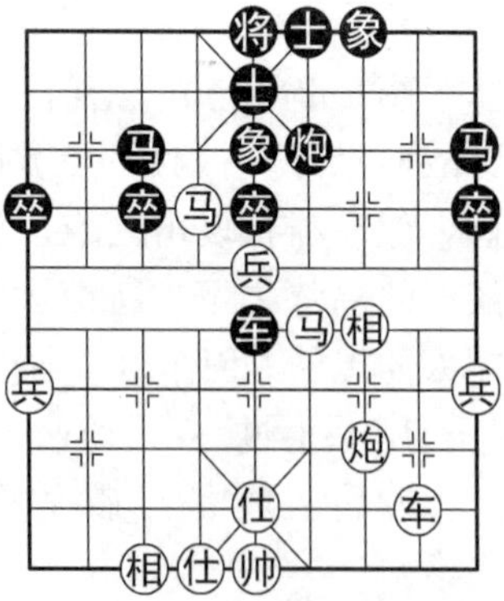

15. 马六进七　将 5 平 4

16. 车二进二　车 6 平 4

倘若将 4 进 1，车二平六，士 5 进 4，兵五进一，另有一番搏杀。

图 193

17. 炮三平六 士 5 进 4   **18.** 兵五进一 象 5 退 3

似应炮 6 进 2，车二进二，炮 6 平 3，兵五进一，象 7 进 5，马七退五，相互搏杀各有顾忌。

19. 车二进四 士 6 进 5   **20.** 车二平三 卒 9 进 1

倘若卒 3 进 1，车三进二，炮 6 退 2，车三退二，马 9 退 8，车三进一，马 3 进 4，车三平二，红方优势。

21. 车三进二 炮 6 退 2   **22.** 相三退五 ……

看似悠闲，实是深藏玄机的佳着。

22. …… 马 9 进 8   **23.** 车三退五 ……

胡荣华似乎早已料定黑方跳马，所以在上个回合退相。现在捉车，阻断黑马的前进之路。

23. …… 车 4 进 1   **24.** 车三进一 马 8 退 9

黑马无功而返。如马 8 进 9，车三退二，捉双得子，这就是第 22 回合退相的奥妙。

25. 兵五平四 将 4 进 1

26. 车三进四 炮 6 平 4（图 194）

倘若马 9 进 8，兵四进一，马 8 退 6，兵四进一，马 6 进 5，兵四平五，将 4 平 5，车三平四，马 5 进 4，仕五进六，车 4 平 2，车四平七，红方优势。

27. 兵四平五 卒 3 进 1

28. 兵五进一 马 3 进 4

29. 马七退六 ……

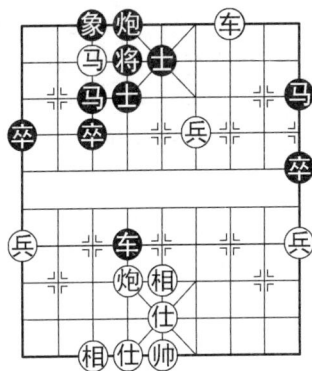

图 194

佳着！黑方形势危急。

29. …… 炮 4 平 6   **30.** 兵五平六 将 4 退 1

31. 马六进四（红胜）

点评：弃子后的长抽短吊表现出深厚的功力。

第151局　小兵疾冲

图 195，黑方处于全线防守态势，现在为了阻止红马踏卒压马而挺卒兑兵似乎无可非议。倘若说这步兑卒是黑方从此步入失败深渊的错着，一定会使人感到惊疑。请看特级大师吕钦如何以非凡的洞察力把握战机。

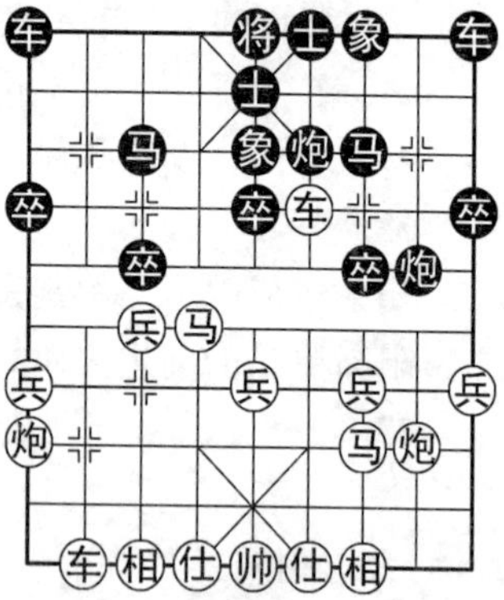

1. 兵七进一　车1平4

出车捉马是既定战策。倘若炮8平3，马六进五，马3进5，车四平五，红方优势。

2. 马六退四　……

回马金枪似笨实佳。

2. ……　　炮6进4

倘若炮8平3，马四进三，炮6进7，车四退六，象5进7，车八进七，车4进2，炮九进四，车9平8，炮二进四，象7退5，兵三进一，红方优势。

3. 兵七进一　……

车吃炮，兵拱马，巧妙运用先弃后取的战术技巧，使红兵安然渡河作战。

3. ……　　炮6平1

倘若马7进6，车四平二，炮8进2，兵七进一，卒7进1，车二退一，马6退7，车二进二，卒7进1，车二平三，卒7进1，车三退四，炮6退4，车三平二，卒7平8，兵七进一，炮6退1，车八进八，车9进1，车二退一，红方优势。

4. 兵七进一　炮1平3

颇有空着之嫌。似可炮1平7，相三进五，车4进4，尚可坚守。

5. 兵七进一　卒7进1

图 195

红方七兵长驱直入已抵达九宫，使黑方感到压力沉重，因而弃卒打开左炮右移的通道向右翼增援，但损失较大，似可车 9 进 1。

6. 兵三进一　炮 3 退 3　　　　**7.** 车四退二　炮 8 平 3

8. 炮二进六　……

一箭双雕的佳着！即可保小兵，又有平兵捉车的好棋。

8. ……　车 4 进 8

倘若车 9 进 1，兵七平六，车 4 平 3，车四进四，后炮进 6，仕六进五，后炮平 5，炮九平七，炮 3 退 1，炮七进六，红方胜势。

9. 仕六进五　……

倘若兵七平六，士 5 退 4，车四进四，士 6 进 5，炮二平五，车 4 退 7，炮五退二，士 4 进 5，炮五平九红方亦优。

9. ……　士 5 退 4

10. 炮九平六　车 9 平 8

红炮盖车十分精妙，借机七兵可逼近九宫，现在出车捉炮无奈。倘若前炮退 3，炮二退七可打死黑车。

11. 兵七平六（图 196）　……

弃炮平兵，绝妙！

11. ……　车 8 进 1

12. 车四平六　士 6 进 5

13. 车八进九　……

"三车闹士"，黑方难以招架。

13. ……　将 5 平 6　　　　**14.** 兵六平五　车 8 平 5

15. 车六进五　将 6 进 1　　　　**16.** 车六平三（红胜）

图 196

点评：兵卒在两军交战的结合部"吻兑"是常见之势。但发动邀兑的时机却很有讲究，有时稍有不慎就会招致无穷后患。

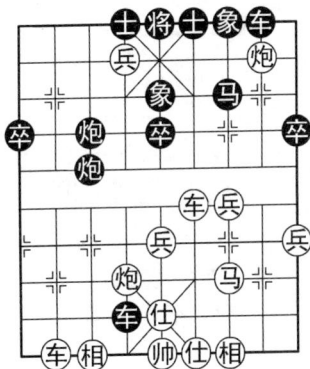

第 152 局　巧打双车

图 197，双方各攻一翼，似乎红棋尚无进取机会，而且黑炮准

备打相换马向红右翼突破。难道现在
红棋只能肋炮保马护相的消极防守?
且看王晓华大师的奇思妙想。

1. 兵七进一　……

挺兵不露声色，引诱黑方掉入
陷阱。

1. ……　　炮7进3

贪一相而造成丢车速败的严重后果。
似应忍耐一点，车4平2坚守为宜。

2. 相五退三　车8平7

3. 仕五进六（图198）　……

双炮巧打双车，精妙!

3. ……　　车7平4

为什么不车4平2? 马七进九，车
2进2，兵七平八，车2平1，炮八平
三，马7进6，车七进二，红方胜势。

4. 炮六进八　士5退4

5. 马七进九（红胜）

点评:悠闲挺兵渡河，暗伏杀机，
经典之作。

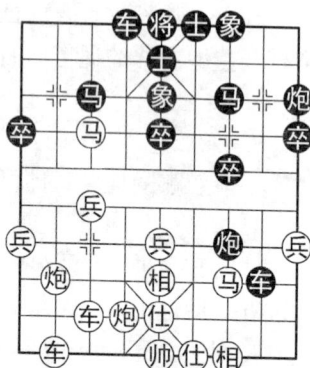

图 197

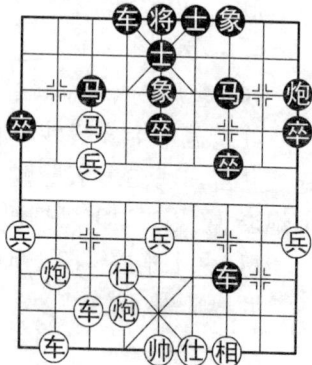

图 198

第153局　冲兵盖头

图199，双方各守阵地，似乎平平安安无战事。但是蒋全胜大
师却在平淡局势下找到黑方阵地的防御弱点，并一举攻城擒王。

1. 兵七进一　……

冲兵逼黑飞象，使马头又加上一层压力，为后来边马腾跃开辟
通道。

1. ……　　象5进3

2. 马八进九　马7进8

3. 车九平八　车1平4

4. 仕六进五　炮8平7

5. 炮五平六　……

卸中炮颇出人意料，一般棋手会车四平二链马。

5. ……　　　**炮2进4**

别出心裁，似可马8进7。

6. 马九进七　……

天马行空，阻断黑方双炮联合攻击。

6. ……　　　**车4平2**

倘若炮7进4，相七进五，炮7平3，车八进三，炮3平9，兵五进一，红优。

7. 相七进五　**马8进7**

马踢前营，试探黑方动向。

8. ……　　　**象7进5**

9. 马六进七（图200）　……

蒋全胜大师运子不温不火，步步为营，红马千里迢迢赶来交换，目的是阻断黑车之根，为后来谋子埋下伏笔。充分体现出蒋大师高超的棋艺水平。

9. ……　　　**炮7平3**

10. 车八进二　**车8进2**

11. 炮七进一　……

夺子大战的枪声打响。

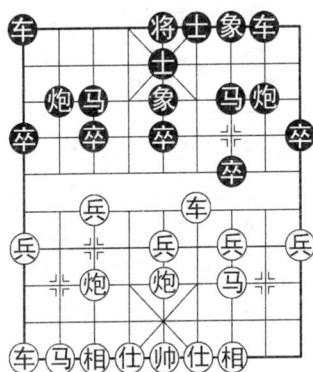

图 199

8. 马七进六　……

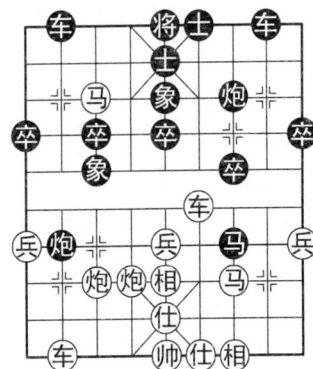

图 200

11. ……　　　**马7退8**　　　**12. 炮七退二**　……

先赶马后退炮，井然有序，先手之势向优势转化。

12. ……　　　**卒7进1**　　　**13. 车四平三**　**车2进4**

14. 炮七平八　**炮3平2**　　　**15. 车八平九**　**前炮平9**

倘若马8进9，炮八进四，马9退7，相五进三，红方多子优势。

16. 炮六平八　**炮2进5**　　　**17. 炮八进四**　**炮2平7**

18. 车三退二　**马8进6**　　　**19. 车三进二**　**马6进4**

20. 车九平六　　象 5 退 7　　　　　**21.** 车三退一　　车 8 平 2

22. 车三平一　　……

吃炮后可简捷安全获胜。

22. ……　　　　马 4 退 2　　　　　**23.** 车一进一　　车 2 进 2

24. 车六平八　　车 2 平 1　　　　　**25.** 车一平八　　车 1 进 2

26. 前车平五（红胜）

点评：借炮之威冲兵压马是抢先夺势的关键，宜细细体会在平淡之势下"做棋"的构思与技巧。

第 154 局　　明枪暗箭

图 201，黑方右炮过河压马，红方后院的防御出现左右失调的弱点。红方如何向黑方阵地发起攻击？且看象棋大师宇兵的精彩力作。

1. 兵七进一　　卒 3 进 1

2. 兵三进一　　炮 8 平 9

现在可以看到先弃七兵后再兑三兵的妙用。黑忍痛开炮兑车以减缓压力。倘若卒 7 进 1，车二平三，马 7 退 5，车三平二，红优。

3. 兵三进一　　车 8 进 5

4. 马三进二　　车 2 进 5

5. 兵五进一　　……

冲兵挡车颇有力度，是"羁绊"技巧，为冲兵欺马赢得时机。

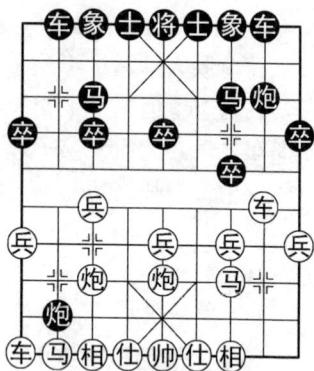

图 201

5. ……　　　　卒 3 进 1

上段的"兵卒斗"十分精彩。

7. 车九进二　　车 2 平 4

退炮弃马，企图背水一战。如马 7 退 9，马二进四，黑方也很艰难。

9. 兵三进一　　……

6. 炮七退一　　卒 3 进 1

8. 炮七平三　　炮 2 退 3

机警！如炮三进六，炮 2 平 5，仕四进五，车 4 平 2，黑棋尚可一战。

9. …… 炮 2 平 5

11. 马二进四（图 202）车 4 平 2

略有随手之嫌，后患无穷。似可卒 5 进 1，后炮进三，车 4 平 5，马四退三，车 5 进 1，马三进二，炮 9 平 6，优于实战。

12. 后炮进三 车 2 平 5

13. 马四进六 车 5 进 1

红马借势蹩车，黑车不能离线，只好躲避。

14. 马六进七 将 5 进 1

15. 车九平六 象 7 进 5

17. 车六平四 ……

横扫双士，红势大优。

17. …… 车 5 平 4

19. 车四平二 将 5 平 4

倘若炮 9 平 5，帅五平四，车 4 平 6，炮五平四，炮 5 平 6，车二退一，将 4 退 1，帅四平五，红方优势。

21. 炮五平六 车 4 平 7

22. 车二退一 将 4 退 1

23. 车二退三 将 4 进 1

24. 兵三平四 车 7 平 6

25. 马八进九（图 203）……

佳着！看似你吃我兵我吃你卒的等价交换，实则边马腾空，其杀伤力不容小觑。

25. …… 卒 3 进 1

10. 炮三平五 马 7 退 9

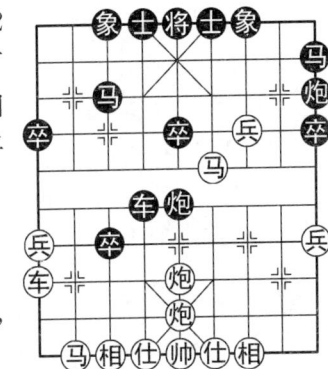

图 202

16. 车六进七 炮 9 进 4

18. 相三进一 炮 9 退 2

20. 仕四进五 马 9 退 7

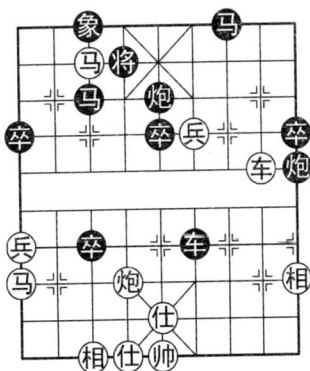

图 203

26. 炮六退一 车 6 退 3

速败。倘若马7进8，车二进二，炮9平5，仕五进六，炮5平4，炮六进四，马3进4，兵四进一，卒3平4，车二进一，将4退1，兵四进一，马4退3，马九进七，红方胜势。

27. 马九进七　将4平5　　　28. 炮六进五　……

绝妙！一炮制胜。

28. ……　　　车6进3　　　29. 车二进三　车6退5

30. 炮六平八（红胜）

点评：左翼牵制，右翼攻击，其各兵种的战术组合与运用技巧颇值得学习与借鉴。

第155局　四度弃车

在布局过渡到中局时往往会形成对峙与僵持局面，所以如何打开僵局寻求突破口是提高中局水平的必修课。通过学习以下战例，读者可进一步提高中局水平。

中局里灵活巧妙运用小兵实施突破往往会收到画龙点睛、豁然开朗的效果，创造神奇与精彩！从以下名家经典之作可以看到名手做棋、杀棋思路的脉搏，仔细研阅会对提高中局水平大有益处。

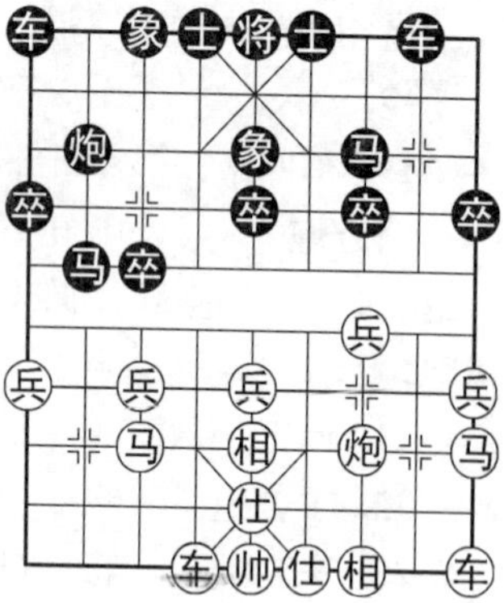

图204，盘面波澜不惊，双方均没有一兵一卒过河，倘若说局势将要展开厮杀，很难令人相信。请看柳大华妙演四度弃车。

图204

1. 兵三进一　……

兵借炮威，渡河欺马，由此拉开激战序幕。

1. ……　　　车8进7　　　2. 炮三进一　卒3进1

以其人之道还治其人之身。倘若卒7进1，车六进七，炮2平3，炮三进四，士6进5，车六平七，马2退3，炮三平七，红方一车换仕，多子优势。

3. 兵三进一　……

为什么不兵七进一？卒7进1，兵七进一，马7进8，炮三平四，象5进3，车六进七，车1平2，红方没便宜。

3. ……　　卒3进1　　4. 马七退九　马7退5

马跳窝心，不死也发昏，还是委曲一点马7退8为宜。

5. 车六进八　车1平2　　6. 车一进一　炮2进1

应马5退7防范风险为宜。

7. 车一平四　炮2平7

8. 车四进五　……

捉炮骚扰，佳着。如车四进七，车2进3，兵一进一，车8退7，黑方可伺机兑车。

8. ……　　车8退4

9. 车四进二　……

双车压肋，窝心马难逃。

9. ……　　车8进2（图205）

似应象5进7，炮三平四，车8退3，坚守为宜。

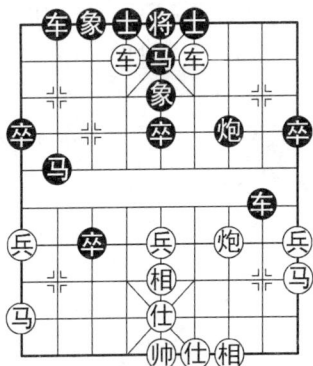

图 205

10. 兵一进一　……

似可炮三平四，车8平4，马一进三，以下黑方有两种选择：①车4退4，马三进四，炮7平6，马四进二，车4进8，帅五平六，马5进3，马二进三，马2进4，炮四平二，红胜。②炮7进2，炮四进四，象5进7，炮四平二，马5进4，相五进三，红优。

10. ……　　车8平4（图206）

挺边兵逐车，将计就计，引离黑方去肋道兑车，从而完成连环计，以下只欠东风来火烧战船了。

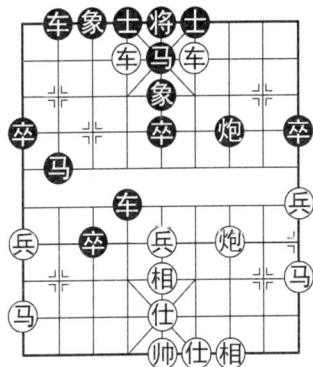

图 206

11. 炮三平二　……

一度弃车。

11. ……　　　炮7平8　　12. 马一进三　……

二度弃车。

12. ……　　　象5进7

苦无良策解围。倘若车4退4，马三进四，车4进4，马四进二，以下黑棋有两种选择：①马5进3，马二进三，红胜。②车4平8，马二进四，车8退3，车四进一，将5平6，炮二平四，绝杀红胜。

13. 马三进四　……

三度弃车。

13. ……　　　车4平6

不敢吃，无功而返。

14. 炮二平一　炮8退2

顽强防御。倘若炮8退1，炮一进三，炮8平9，炮一平三，炮9平7，车四进一，将5平6，车六进一，将6进1，马四进三，将6进1，车六平四，将6平5，车四退五，马5进7，兵一进一，红方胜势。

15. 炮一进三　象7退9

为什么不炮8平9拦挡？炮一平二，车6平8，马四进三，炮9平7，炮二平三，车2进2，炮三进二，车8退5，马三退五，红优。

16. 马四进二（图 207）　……

四度弃车，精妙之至！

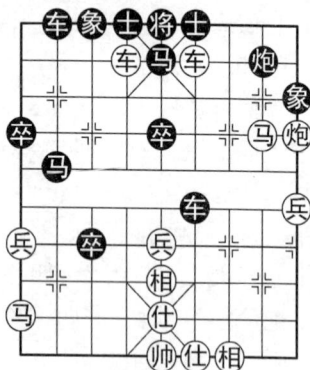

图 207

16. ……　　　车6退4

17. 炮一平五　马5进4

倘若马5进6，车六平四，马2进4，马二进四，车2进2，马四进二，车2平8，车四退二，马4退5，车四平五，士4进5，车五平七，红方胜势。

18. 车六平四　马2进4

倘若炮 8 进 1，车四退一，黑也难挽败局。

19. 车四平二　前马退 5

倘若车 2 进 2，马二进三，将 5 进 1，马三退四，将 5 退 1，车二平五，绝杀红胜。

20. 马二进四　马 5 退 6　　　21. 马四退六（红胜）

点评：这是柳大华的经典战局，其四度弃车精妙构思给人留下艺术与美的享受。

第 156 局　关键一步

图 208，盘面已呈剑拔弩张之势，大战一触即发。红方车马炮在前沿集结待攻，黑方双车炮却有沉底炮先发制人手段。在这形势复杂盘面下，如何抉择下一步的作战方案？请看特级大师于幼华与特级大师郑一泓的精彩棋战。

1. 兵三进一　……

冲兵撞车，早有谋略在胸。

倘若稳健点似可车三平四，炮 9 进 3，车四退一，马 7 进 6，车六平四，马 6 进 7，车四进二，红棋优势。

1. ……　　　象 5 进 7

扬象飞兵弃马，把困难的选择推给红方。倘若车 6 平 7，马六进五，黑势立即崩溃。

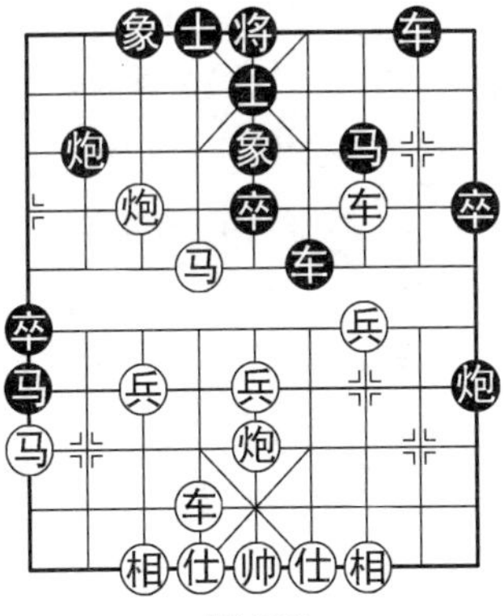

2. 炮七退一　……

图 208

于幼华是制造混乱博杀的专家，现在退炮打车是把对方逼上梁山。倘若车三进一，炮 9 进 3，仕六进五，车 8 进 9，黑方胜势。

2. ……　　　车 6 进 5

弃车砍仕！这是最强硬的反击。倘若车 6 进 2 避让，炮七平三，红方优势。

3. 帅五平四　炮 9 进 3　　　4. 相三进一　车 8 进 9

5. 帅四进一　车 8 退 1　　　　**6.** 帅四退一　车 8 进 1

7. 帅四进一　车 8 退 1　　　　**8.** 帅四退一　车 8 平 4

9. 马六进七　车 4 进 1

通过先弃后取的高明手段使红方的后院防线支离破碎。

10. 帅四进一　车 4 退 1　　　**11.** 帅四退一　车 4 进 1

12. 帅四进一　车 4 退 1　　　**13.** 帅四退一　象 3 进 5

倘若象 3 进 1，炮五进四，红方一炮定乾坤。

14. 车三进一　车 4 进 1　　　**15.** 帅四进一　车 4 退 4

16. 炮五进四　车 4 平 6　　　**17.** 帅四平五　将 5 平 6

18. 炮五平九　　……

胜负就在一步之间，复杂形势下寻找杀棋的突破口很是难题，中炮左移袭击是掌握杀棋主动权的佳着。

18. ……　　　　　炮 2 平 1

为什么不用肋车叫将再用象吃炮还杀？倘若车 6 进 3，帅五进一，象 5 进 3，炮九进三，将 6 进 1，炮九退一，士 5 退 6，马七进六，将 6 平 5，车三平八，红方胜势。

19. 炮七进一　车 6 进 3　　　**20.** 帅五进一　　……

倘若帅五退一，车 6 进 1，帅五进一，炮 9 平 3，黑棋大优。

20. ……　　　　　车 6 进 1　　　**21.** 车三退一　车 6 平 5

22. 帅五平六　炮 9 平 3　　　**23.** 车三平四　将 6 平 5

24. 马七进八　　……

飞马蹬炮绝妙！倘若炮七退六，车 5 平 3，双方对杀，胜负难料。

24. ……　　　　　车 5 平 4　　　**25.** 帅六平五　象 5 退 3

26. 马九退七　马 1 进 2

27. 帅五退一　马 2 退 3　　　**28.** 马八退七　　……

似可炮七平五，士 5 进 4，炮五退一，车 4 退 1，帅五退一，车 4 退 4，车四平五，士 4 进 5，马八退七，车 4 平 3，兵五进一，马 3 退 5，后马进六，马 5 进 6，马六退四，炮 3 退 7，马四进五，红方胜势。

28. ……　　象 3 进 5（图 209）

29. 车四平一 ……

顺手牵羊白杀一卒似乎无可非议，但是这步小小的不明显软着差一点把大好河山毁于一旦。这盘棋一直是全赛场焦点，观战者特众，此时许银川也来看棋。当他看到于幼华走完这步棋后说："多走了一步，是否能赢就难说了。"后来的实战验证了许特大的高瞻远瞩。

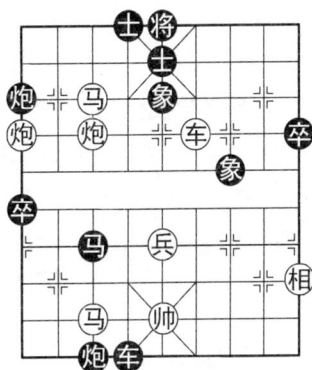

图 209

29. ……　　车 4 退 1

精妙！由此反客为主。

30. 帅五退一 马 3 进 5

31. 炮七退六 ……

倘若车一进三，士 5 退 6，炮七平五，士 4 进 5，炮五退四，炮 3 退 7，马七进九，车 4 退 5，炮九退一，车 4 平 3，红马的处境不妙。

31. …… 马 5 进 7	**32. 帅五平四** 马 7 退 5
33. 帅四平五 车 4 平 3	**34. 炮九平五** 马 5 进 7
35. 帅五平四 车 3 进 1	**36. 帅四进一** 车 3 退 1
37. 帅四退一 马 7 退 5	

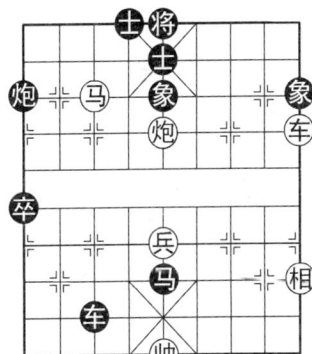

38. 帅四平五 象 7 退 9（图 210）

唯一解着。倘若将 5 平 6，车一平四，将 6 平 5，马七退六胜定。至此可以看到第 41 回合车杀边卒之错，当初如车四平二，现在就不能退象拦车了，其结果是天壤之别。

39. 车一平二 马 5 进 7	
40. 帅五平四 马 7 退 5	
41. 帅四平五 象 9 退 7	**图 210**
42. 车二平三 象 7 进 9	**43. 马七退六** 车 3 退 4
44. 炮五退四 ……	

倘若马六进五，马5进7，硬卧吃车。

44.……   车3平4   45.车三平九   象5退3

46.车九退二（余略，终局和棋）

点评：一场凶杀恶战皆由妙献三路兵而演绎，虽然后来由于一步小小软着而未能攻城擒王，但瑕不掩瑜，仍是佳构。

第157局 双炮齐发

图211，黑方士角炮因保护7路卒而使防御体系的链条出现脱节，双马受到红双炮远程潜在威胁。巡河车具有防御威慑力，是红方发动攻势的障碍。请看于幼华的杰作。

1.兵三进一 ……

弃兵拴车，为左翼攻击创造条件。

1.……   车4平7

2.兵九进一 ……

把巡河车吊住之后再挺进边兵发难，运子次序井然。

2.……   车9平8

3.兵九进一   炮4退1

不敢贸然车8进5吃马，因有炮九进五，炮4退1，炮九进二，红方大优。

4.车八退四 ……

进退有序，不为小利而动。倘若兵九进一，车8进5，炮九进五，难与实战媲美。

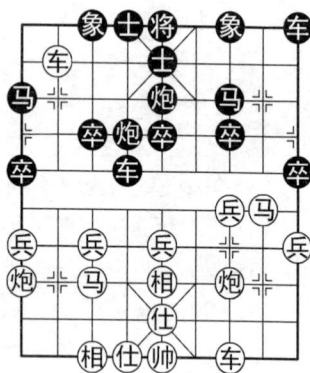

图 211

4.…… 车7平1		**5.炮三平二 车8平9**
6.车三进六 卒9进1		**7.炮二平一 车1平8**
8.炮九进二 车9进2		**9.兵一进一 ……**

黑边车保马准备肋炮攻车，红不失时机地弃边兵引车离开，虽然损失了物质优势，却保持空间优势。倘若炮九进二，炮4进1，车三退三，炮5平6，红双边炮处于无用武之地的尴尬。

9. …… 车 9 进 3	10. 炮一平二 车 8 平 9
11. 炮二平三 后车退 2	12. 车八平四 马 1 进 2
13. 兵七进一 马 2 进 3	14. 炮九平八 炮 4 进 1
15. 车三退二 炮 4 进 5	

在红方较大空间优势重压之下，黑方有点喘不过气来。与其受煎熬不如反击，所以弃子搏杀。

16. 相五退三　……

稳健。如炮三进五，马 3 进 5，炮八退三，红方虽然前景光明，但后院也有不安定的风险。

16. ……　　炮 4 退 6

对杀不成无功而返。

17. 炮三进一 马 3 退 1	18. 车三进二 马 1 进 2
19. 马二进四 前车退 2	20. 车四平三 马 7 退 9
21 相三进五 前车平 7	22. 车三进二 车 9 平 6
23. 马七进六 马 2 进 1	24. 炮八退四 马 1 退 2
25. 车三平五（余略，终局红胜）	

点评：牵制与攻击往往是一对孪生战术，如能做到两手硬，必会收到较佳效果。

第 158 局　强渡楚河

图 212，红方多兵多相，有一定的物质优势，但黑方中炮吊兵，肋炮点眼，也有很强的牵制力。那么红方如何攻城擒王？请看杨官璘的杰作。

1. 兵三进一　……

兵渡楚河，一着三妙：一妙是红马巧踏中士，二妙是炮轰边卒，三妙是可防黑方双车夺马。

1. ……　　炮 5 进 4

倘若车 4 平 5，炮五进二，车 5 退 1，马四退三，红方胜势。

2. 炮五平一　……

炮轰边卒，从中路攻势转为侧翼攻势，正确。

2. ……　　　　车 4 进 2

倘若士 5 进 6，兵一进一，炮 5 退 4，马四退六，车 4 平 7，兵三进一，将 4 平 5，马六进五，象 3 进 5，红方优势。

3. 马四退六　……

回马金枪，奠定胜局。

3. ……　　　　车 2 退 4

4. 车三平七　士 5 进 4

倘若象 3 进 5，马六进五，车 2 平 5，车七进三，将 4 进 1，车七退一，将 4 进 1，车七退一，将 4 退 1，车七平五，红胜。

5. 车七进三　将 4 进 1　　**6. 车七退一　将 4 退 1**

7. 马六进五　将 4 平 5　　**8. 马五进三　……**

倘若炮一进四，士 6 进 5，车七进一，士 5 退 4，马五进三，将 5 平 6，车七平六，将 6 进 1，炮一退一，将 6 进 1，前车平四，连杀。

8. ……　　　　将 5 平 4　　**9. 炮一进三（红胜）**

点评：精妙的构思源于深厚的功力。

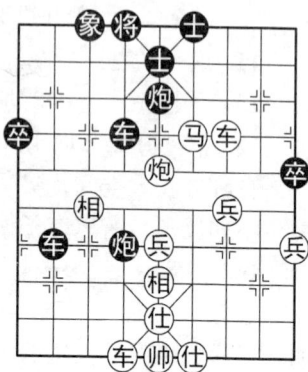

第 159 局　两翼突破

图 213，红方以中炮盘头马展开中路攻势，但是黑方倒骑河车使红炮不敢轻易轰击中卒，看来强攻中路难有突破。怎么办？请看杨官璘两翼突破的佳作。

1. 兵三进一　……

冲兵逐车是展开两翼攻势的前奏曲。

1. ……　　　　车 8 退 1　　**2. 炮八退一　……**

退炮拴链构思新颖。倘若炮五进三，卒 7 进 1，马五进三，红方亦优，但决没有实战精彩。

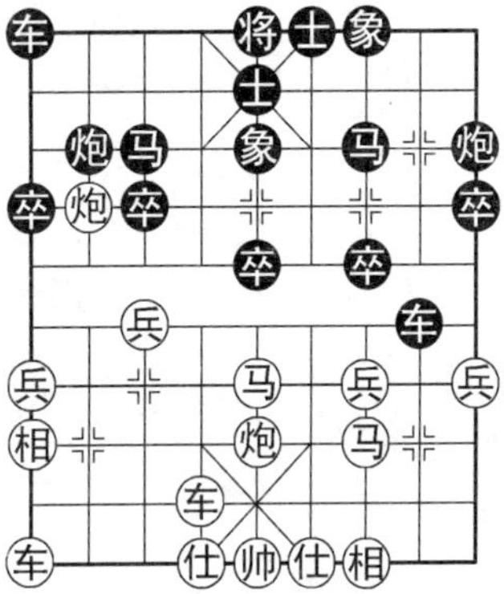

2. ……　　　　车 8 退 1

3. 兵三进一　卒 5 进 1

4. 炮五进二　车 8 平 5

似佳实劣！似可卒 3 进 1，兵七进一，马 3 进 2，兵七平八，车 8 平 5，炮五平三，象 5 进 7，仕六进五，炮 2 平 5，尚可抗衡。

5. 炮五平三　……

倘若炮八退三，车 5 平 6，炮八平五，红方亦优。

图 213

5. ……　　　　象 5 进 7　　　　**6.** 炮八退三　……

退炮好棋，立体攻势构成。

6. ……　　　　车 5 平 8　　　　**7.** 炮八平五　马 7 退 9

倘若马 3 进 5，车六进五，黑方有丢子之虑。

8. 马五进四　炮 9 平 5　　　　**9.** 炮三平五　车 1 平 4

倘若马 3 进 5 兑炮，前炮进三，象 7 进 5，车九平八，炮 2 平 4，车八进五，红方优势。

10. 车六进八　马 3 退 4　　　　**11.** 车九平八　车 8 平 6

12. 马四退五　……

以退为进，保持优良兵力组合。

12. ……　　　　炮 2 平 4　　　　**13.** 车八进六　……

似可车八进五为宜。

13. ……　　　　炮 4 进 5　　　　**14.** 后炮退一　……

连环马的组合不容断链。倘若兵七进一，炮 4 平 7，马五退三，车 6 进 4，红没便宜。

14. ……　　　　马 9 进 8　　　　**15.** 兵七进一　车 6 进 3

16. 马五进七　马 8 进 7（图 214）

17. 后炮进六　……

机警！倘若马七退六，马 7 进 6，马六退四，车 6 平 5，车八退四，车 5 退 1，车八平四，车 5 平 6，车四平五，车 6 进 3，兵七进一，车6退5，和棋之势。

17. ……　　　　象7退5

18. 仕六进五　炮4退2

19. 兵七进一　马7进6

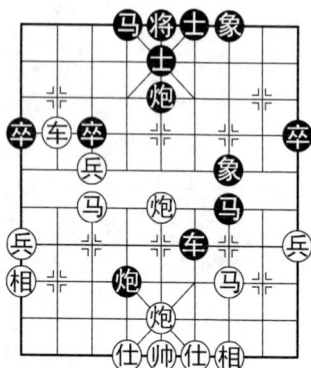

图214

似佳实劣。似应马7退6，炮五进二，马6进5，车八退一，马5进6，仕五进四，车6平5，仕四退五，车5退3，马七进六，士5进4，黑方尚可抗衡。

20. 仕五进四　车6平5

21. 仕四退五　车5退1　　　　**22. 马七进六　车5退1**

细腻之处欠功夫，导致最后的丢子。似应车五退一为佳。

23. 车八退二　炮4进3

如炮4进1，马三进四，炮4进2，帅五平六，车5平3，帅六进一，车3退1，车八进二，红方胜势。

24. 车八退三　炮4退2　　　　**25. 车八平六　……**

跟踪追击，黑方难应矣。

25. ……　　　　车5平4　　　　**26. 马三进五　车4进1**

27. 马六退四　车4退4　　　　**28. 马四进六　……**

红车连捉与双马腾挪中生擒一炮，精彩。

28. ……　　　　车4进2　　　　**29. 兵七平六（红方胜势）**

点评：精细、深谋远虑是杨官璘用兵的风格。

第160局　捷足先登

图215，这是1964年全国象棋个人赛两位棋坛最高水平的棋手胡荣华与杨官璘之战。乍看之下黑方虽然少象、晚车、子力分散，但因净多一子似乎也无大碍。请看胡荣华超凡思维的佳作。

1. 兵三进一　……

小兵渡河向黑方阵地发起冲锋，像一把利剑威胁对方车马。

1.…… 车 1 平 3

出车是背水一战。倘若车 8 进 5，兵三进一，车 8 平 4，兵三进一，炮 1 进 3，仕四进五，车 1 平 3，炮五平七，炮 9 进 4，另有一番厮杀。

2. 兵三进一 车 8 进 5

3. 马六进四 ……

19 岁的胡荣华血气方刚，激情横溢，拍马疾进直取黑方，但有过急之嫌。倘若今时胡司令也许会选择相七进九飞边相拦挡，可免除后院风波。

3.…… 车 3 进 9

逼上梁山，只能吃相对杀。如马 7 退 9，炮五进四，红方胜势。

4. 马四进三 炮 1 进 3

相互搏杀，进入高潮。

5. 车三平四 ……

借机虚晃一枪，试黑方应手。

5.…… 士 6 进 5（图 216）

看似必然，实则不明显的错误。应炮 9 退 2，炮五进四，车 8 平 2，也许黑方尚有一线和棋之望。

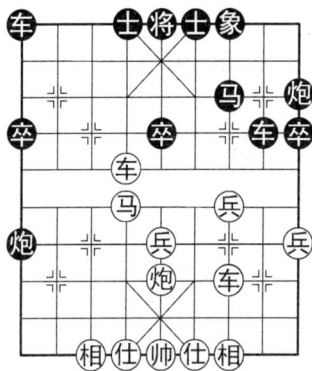

图 215

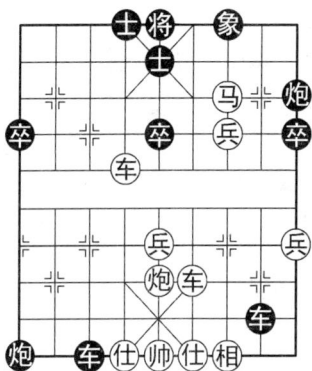

图 216

6. 炮五进四 士 5 进 6　　　**7. 车四平六** ……

现在可以看出当初撑士造成的无穷后患：红方先炮打中卒，又有双车一线反杀的一系列的过门手段。

7.…… 车 3 退 9

只好收兵回营。倘若车 3 退 5，仕六进五，车 3 平 4，车六进三，车 8 平 7，炮五退二，车 7 退 5，车六平五，象 7 进 5，车五进二，士 4 进 5，车五退二，将 5 平 4，车五平六，士 5 进 4，车六进二，将 4 平 5，帅五平六，将 5 进 1，车六退二，红方胜势。

8. 仕六进五　　车8退6

8路车被红仕拦挡而难组成有效的攻势组合，只好退车防御。

9. 帅五平六　　炮9平7　　　**10. 前车进四　　车3平4**

11. 车六进七　　将5进1　　　**12. 车六退一　　将5退1**

13. 相三进五　　……

死子不急吃。似可兵三平四，炮7进6，炮五退一，炮1退1，车六进一，将5进1，车六退二，将5退1，兵四进一，红方速胜。

13. ……　　　　炮1平2　　　**14. 车六进一　　将5进1**

15. 车六平三　　炮2退7　　　**16. 车三退一　　将5退1**

17. 兵三平四　　炮2进2　　　**18. 兵五进一　　炮2平7**

19. 车三平四　　前炮平6　　　**20. 炮五退一　　炮7进2**

21. 炮五平三　　车8进1　　　**22. 兵五进一　　车8平6**

倘若炮6进2，兵五进一，炮6退2，车四平六，红方亦胜势。

23. 兵五平四　　车6进1

24. 炮三退三（余略，终局红胜）

点评：这是一则现代弈战经典战局，其经验与教训值得深思。

第161局　乘虚而入

图217，盘面平淡无奇。黑方虽然多一卒，但红方子力位置较好，具有微小优势。如何把小小优势转化为胜势？请看胡荣华的杰作。

1. 兵三进一　　……

冲兵渡河，向左翼黑马施压。

1. ……　　　　象3进5

2. 兵三平二　　前炮退2

3. 炮九进四　　……

炮轰边卒看似平常，却具有诱敌

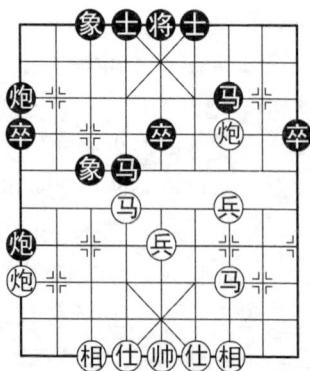

图 217

交换的小圈套。

3. …… 后炮平 4

倘若急于求和兑子而马 4 退 3，兵二进一，马 3 进 1，炮三平九，马 7 进 8，马六进五，卒 9 进 1，相七进五，红方多兵大优。

4. 马六进八 象 5 退 3 **5.** 马八退九 马 7 退 5

左马在过河兵的威慑之下窝心撤退。倘若马 4 退 3，炮九平七，炮 1 平 8，炮七进三，士 4 进 5，炮七退四，炮轰双象优势。

6. 马九进七 ……

红马上下腾挪，显示出胡荣华独特的思维方式。

6. …… 炮 1 平 2 **7.** 相三进五 象 3 退 5

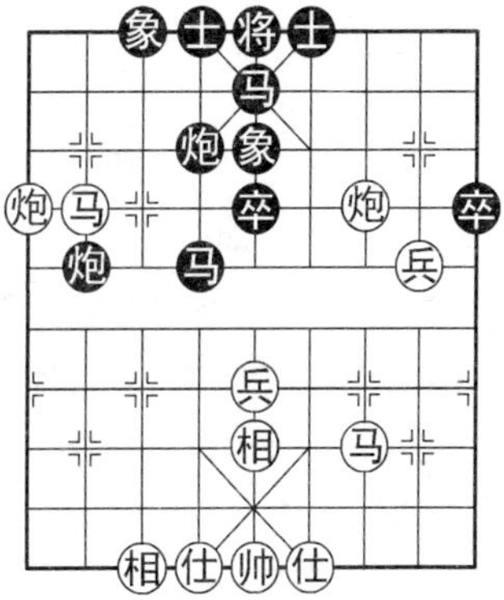

败着！黑方对过河红兵耿耿于怀，准备把它打低再边卒长驱，这是致命的错棋。

8. 马七进八（图 218） ……

绝妙佳着。

8. …… 马 5 进 3

只好忍痛丢炮。倘若马 4 退 2，炮九平五，绝杀。

9. 马八进六 将 5 进 1

10. 炮九退五 炮 2 平 8

图 218

如将 5 平 4，炮九平六，士 4 进 5，马六退七，马 4 进 3，炮六进五，炮 2 平 8，马三进四，炮 8 平 6，炮六退三，红马安全逃出。

11. 兵五进一 炮 8 退 2 **12.** 兵五进一 炮 8 平 4

倘若马 4 进 3，炮三进一，卒 5 进 1，马六退五，红棋多子优势。

13. 兵五平六 马 3 进 4 **14.** 炮九平五（终局红胜）

点评：窝心马往往伴有风险，切不可等闲视之。在平淡局势下斗志与耐力是争取胜利的关键。

第 162 局　冷箭突发

图 219，红方虽然有一马在前沿阵地，但后续兵力不足，难以立即发动有效的战术攻势。黑方不但有霸王车在前沿护城，而边炮又在轰击红车，似乎黑方铜墙铁壁。胡荣华未被假象迷惑，反以独特的思维找到了突破口。

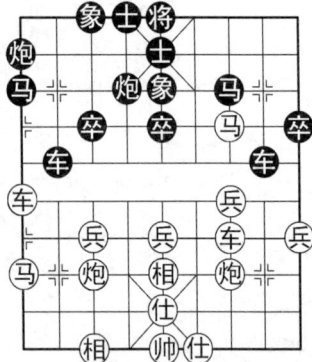

1. 兵三进一 ……

置左车被炮轰而不顾，竟冲兵渡河白白送吃，其战术目的是什么？

图 219

1. ……　　　　　**象 5 进 7**

倘若炮 1 进 4，兵三平二，车 2 平 8，马三进五，象 3 进 5，炮三进五，红方得象优势。

2. 车九平六　象 3 进 5　　　　**3. 马九进八** ……

不能马三进五贪象，马 7 进 6 一脚踩仕。

3. ……　　　　　**车 2 平 6**　　　　**4. 车六进一　车 6 进 1**

倘若车 6 平 4，马八进六，兑车后红棋亦优。

5. 兵七进一　卒 3 进 1

企图炮 1 平 4 打死红车，但反受其害。似可马 7 退 6 坚守为宜。

6. 炮七进三（图 220）……

冷箭突发。

6. ……　　　　　**象 5 进 3**

7. 炮三进三　马 1 退 3

正确决策。倘若象 3 退 5，炮三平

图 220

五，车 6 退 1，炮五进二，士 5 退 6，车六进二，红方胜势。

8. 炮三进二　炮 1 进 8　　　　**9. 相七进九　车 8 平 4**

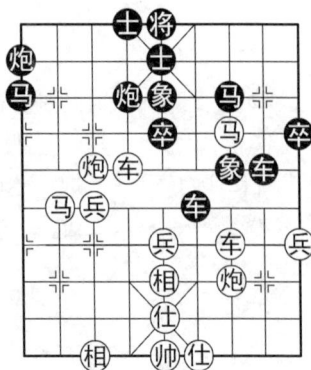

10. 马三退四　　车 4 平 6

倘若车 4 进 4 寻求对攻，车三平二，象 3 退 5，车二进六，士 5 退 6，炮三平六，车 4 退 6，车二退三，车 4 进 3，马四进五，车 4 进 1，马八进七，车 4 平 5，马五退四，车 5 平 9，马四进六，红棋优势。

11. 马四退六　　象 3 退 1　　　　12. 炮三平二　　将 5 平 6

13. 炮二退五　　马 3 进 4

倘若车 6 平 4，兵七进一，红方优势。

14. 兵七进一　　象 1 进 3　　　　15. 车三进六　　将 6 进 1

16. 炮二平四　　车 6 平 8

倘若车 6 平 9，兵五进一，马 4 进 5，炮四退一，红亦胜势。

17. 兵五进一（红胜）

黑方认输。倘若马 4 进 5，炮四退一，车 8 进 4，马六进四，车 8 平 6，马四进三，红胜。

点评：红棋成功源于"弃兵吊象"的高着。

第 163 局　　以退为进

图 221，黑方 7 路线明显有防御链条脱节的弱点，但肋车有捉马捉炮袭扰，使红方产生顾虑。是在进攻中防御，还是先防御然后再进攻？请看胡荣华的抉择。

1. 兵三进一　……

冲兵逐车，机不可失。倘若车九进一，车 6 进 2，马三退一，象 3 进 5，黑方安然无恙，红方反而散乱无序。

1. ……　　　　车 6 进 2

2. 马三退一　……

以退为进，计算精确。倘若马三进二，卒 7 进 1，马二进一，马 7 退 9，黑方可抗衡。

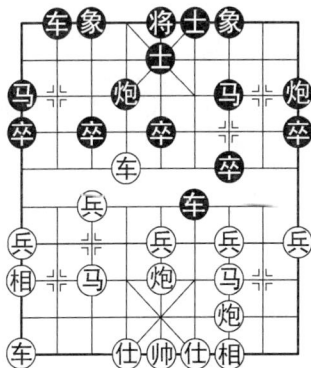

图 221

2. ……　　　　炮 9 平 8　　　　**3.** 仕六进五　……

黑方准备沉底杀仕吃炮，一箭双雕，但被红方抢先撑仕，黑方的企图化为泡影。

3. ……　　　　车 6 进 1　　　　**4.** 马一进二　……

至此可见当初退马之精妙。

4. ……　　　　象 7 进 5

倘若车 6 退 2，兵三进一，车 6 平 7，兵三进一，马 7 退 8，兵三进一，马 8 进 7，炮三进六，车 7 退 4，炮五进四，将 5 平 4，车六平三，车 7 进 2，马二进三，炮 8 进 7，马三退五，车 2 进 7，车九平七，炮 4 退 1，炮五平三，红方优势。

5. 兵三进一　车 2 进 6　　　　**6.** 兵三进一　马 7 退 8

7. 炮五平四　……

平炮盖车是机动灵活、利于攻守的好棋，使各兵种形成彼此呼应的优良结构。

7. ……　　　　卒 3 进 1　　　　**8.** 车九平八　……

巧妙兑车，黑方陷于进退两难境地。

8. ……　　　　车 2 平 3

倘若车 2 进 3，马七退八，卒 3 进 1，相九进七，红方优势。

9. 车八进二　卒 3 进 1

决意牺牲"兵林车"来打开被围困的境地。倘若车 3 平 1，兵七进一，车 1 平 3，炮三进三，马 8 进 6，兵三平四，炮 8 平 7，相三进一，马 6 进 8，兵四平五，红方优势。

10. 炮三进二　车 6 平 8

11. 炮四进一（图 222）　……

双炮打车使黑方一车换二的构想落空。

11. ……　　　　车 8 进 1

12. 炮四平七　卒 3 进 1

13. 炮三平七　车 8 平 7

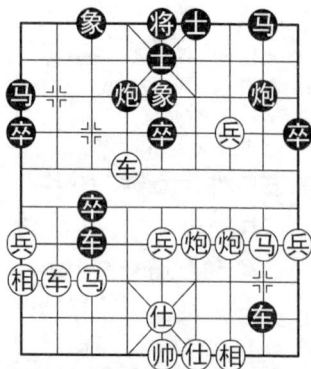

图 222

14. 兵三平二　炮 8 平 7　　**15.** 马二退四 ……

经过一番激战，红方赢得多子的较大优势。

15. ……　　车 7 退 1　　**16.** 车八进二　马 1 进 3

17. 车八平二　炮 7 进 5　　**18.** 车二平三　马 3 进 2

献马兑子无奈，否则有炮七平八打死黑车得子的好棋。

19. 车三平八　炮 7 平 9　　**20.** 车八平二　炮 9 平 3

21. 相九退七　卒 9 进 1　　**22.** 车二平八　炮 4 平 3

23. 炮七平八　前炮退 3　　**24.** 车八平三 ……

借兑车之机袭击黑方底线。

24. ……　　车 7 平 9　　**25.** 炮八进六　象 3 进 1

26. 车三平八　后炮平 4　　**27.** 炮八平九　将 5 平 4

28. 车八进五　将 4 进 1　　**29.** 炮九平四（红胜）

点评：进攻不等于一往无前永不回头，以退为进的战术往往会收到极佳的效果。

第 164 局　机不可失

图 223，看上去盘面波澜不兴，但红方却有千载难逢的战机。请看胡荣华的佳作。

1. 兵三进一 ……

冲兵渡河机不可失，为巡河车打开横向通道。

1. ……　　车 6 平 7

无可奈何，只好吃兵。

2. 炮一平三 ……

关键。倘若车二平七，车 7 平 3，车七进一，象 5 进 3，炮七进三，红方仅得象稍优。

2. ……　　车 7 平 1　　**3.** 车二平七　车 1 进 2

倘若马 3 退 1，车七平八，黑方也要丢子。

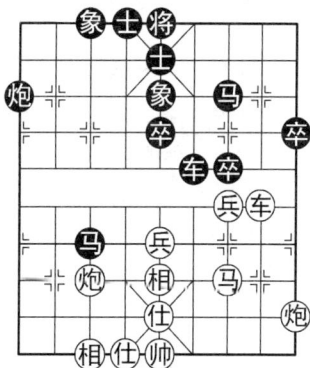

图 223

4. 炮三平四 ……

看似朴实无华，实则内蕴奥妙。

4. ……　　　马 3 退 1　　　　**5. 炮四进二** ……

细腻，把车逼向低位。

5. ……　　　车 1 进 2　　　　**6. 车七平八** ……

以上几个回合红棋车炮腾挪颇为老练，黑方边马被逼至边隅，成必丢之势。

6. ……　　　炮 1 退 2

最顽强的保马之策。

7. 炮七进二　象 3 进 1　　　　8. 马三进四　卒 9 进 1

9. 马四进三 ……

催马取势，尽显名家风范。倘若马四进六，象 5 进 3，马六退七得子，虽然亦是胜势，但韵味尽失。

9. ……　　　象 5 进 3　　　　**10. 马三进一（红胜）**

点评：非有深厚的功力不能捕捉稍纵即逝的战机。

第 165 局　鬼斧神工

图 224，这是由仙人指路对卒底炮转顺炮演变成的中局。红方以过河车与盘河马的战术组合构成强盛的立体攻势。但其左翼车炮被牵链是拖累攻势扩大的心病，有"脱根丢子"之忧。怎样解决这一难题？请看特级大师李来群与象棋大师蒋志梁之战。

1. 兵三进一 ……

弃兵吊象，为后续战斗作准备。倘若马六进五，马 7 进 5，炮五进四，士 6 进 5，红左翼车炮脱身颇有难度。

1. ……　　　象 9 进 7

倘若炮 3 平 2，马六进七，车 2 退

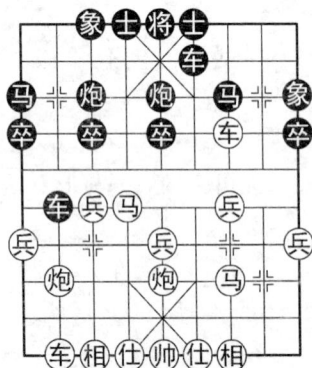

图 224

2，马七进五，象 3 进 5，炮八进五，车 2 进 6，炮八平三，红方优势。

2. 马六进五　马 7 进 5　　　　**3.** 炮五进四　士 4 进 5

4. 马三进四　……

绝妙。先弃兵吊象，后飞马踩卒镇中炮，再献马开路，完备的作战方案。

4. ……　　　　车 2 进 2

红方左有盘河马踩车踏炮，右有挥炮闷宫攻击，强大的攻势使黑方被迫一车换二。倘若象 7 退 9 委曲求全，马四进六，车 2 退 3，炮八平二，车 2 进 7，炮二进七，象 9 退 7，车三进三，车 6 平 8，炮二平四，将 5 平 4，炮四退五，士 5 退 6，炮四平六，车 8 平 4，马六进五，车 4 平 5，车三平四，将 4 进 1，炮五平六，红胜。

5. 车八进二　车 6 进 4

6. 车八平六　……

平车占肋，黑方陷入绝境。

6. ……　　　　车 6 退 1

7. 仕六进五　车 6 平 5

8. 车六进六（图 225）　……

点穴叫杀细腻。倘若帅五平六，炮 3 平 4，车六进五，车 5 退 1，车三平五，士 5 进 4，车五平一，炮 5 退 1，也许黑方尚存一线和棋之望。

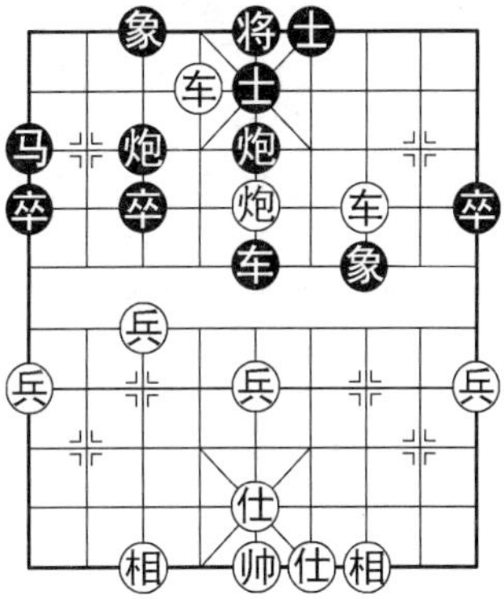

图 225

8. ……　　　　象 7 退 9　　　　**9.** 帅五平六　炮 3 平 4

10. 车六退一　车 5 退 1　　　　**11.** 车三平五　士 5 进 4

12. 车五平一　……

现在可以看到在这之前伸车点穴的奥妙。

12. ……　　　　象 9 退 7　　　　**13.** 车一平六　……

平淡之处见功夫。逼士退回，意在防黑方退中炮。

13. ……　　　　士 4 退 5　　　　**14.** 车六平三　卒 1 进 1

15. 车三进三　马 1 进 2　　　　**16.** 车三退三　马 2 进 1

17. 相三进五　……

细腻，死卒不急吃。

17. ……　　　马 1 进 3　　　**18. 帅六平五　　马 3 退 5**

19. 车三平七　　士 5 退 4

倘若象 3 进 1，车七平五，马 5 退 6，车五退一，得子红胜。

20. 车七进三　　士 6 进 5　　**21. 车七退四　　马 5 退 7**

22. 车七平九　　……

杀卒免除后患，至此形成车兵必胜炮马双士的残局。

22. ……　　　马 7 进 9　　　**23. 车九平三　　……**

把边马封锁在边线，小兵将长驱直入而胜。

23. ……　　　将 5 平 6　　　**24. 兵七进一（红胜）**

点评：鬼斧神工，罕有的佳局。

第 166 局　冲兵奇功

图 226，这是李来群与胡荣华两位特级大师之战。双方各有兵卒过河，现在黑方巡河炮送吃，但这是有毒的诱饵，不能吃。怎么办呢？请看李来群的杰作。

1. 兵三进一　　……

冲兵欺马是扩大优势的好棋。倘若错走兵三平二，马 7 进 6 踩双车，黑方反先。

1. ……　　　车 1 平 2

2. 兵三进一　　……

冲兵交换，断黑方肋车之根，为后来夺子打下基础。

2. ……　　　车 2 进 7

3. 马三进四　　……

总攻开始，黑方巡河炮难逃。

3. ……　　　车 2 退 3

弃车打炮，最后一搏。

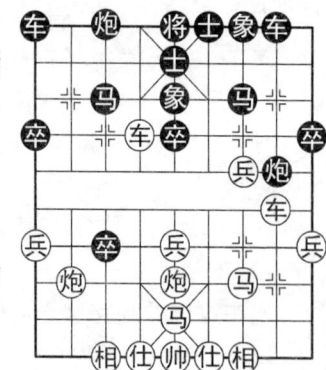

图 226

4. 炮五平二　　炮 8 进 3

5. 车二进五　　炮 8 平 2　　6. 兵三进一 ……

黑方集中全部兵马在侧翼背水一战，如何防御令人头痛。如飞相则有拥塞，跳出窝心马则显虚弱，而现在冲兵逼近九宫反攻是大手笔，既然补不好就不补。

6. ……　　炮 2 进 2　　7. 兵三进一　车 2 进 4

对攻之下速度往往是决定胜负的主要因素，驱车点穴势在必行。倘若象 5 退 7，车六进二，象 7 进 5，车六平七，车 2 平 3，车二退二，炮 2 退 7，马四进三，黑方也难招架。

8. 兵三平四 ……

冲破第一道防线，接着又冲破第二道防线，使黑方在后院不安定的情况下难以组成有效攻势。

8. ……　　士 5 退 6　　9. 车二退二　马 3 退 5

争取战机。倘若马 3 退 4，车六进二，红棋胜势。

10. 车六平七　车 2 平 4　　11. 马五进三（红胜）

点评：最佳的防御是进攻，本局弈战是真实写照。

第 167 局　攻象拴车

图 227，红方虽有中炮镇顶又多一兵，但这点小优势似乎离取胜目标还十分遥远。黑方最大的心病是单炮在前沿阵地孤立无援，很容易被捉。虽然如此，红方若明火执仗去捉炮必然很难达到目的。如何利用黑方这一弱点来争取胜利颇费神思。请看李来群的太极神功。

1. 兵三进一 ……

冲兵兑卒，走上通往胜利之路。

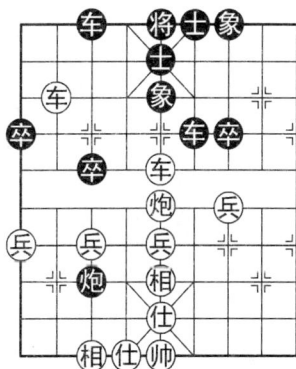

图 227

1. ……　　卒 7 进 1　　2. 车五平三　车 6 平 5

红车捉象是佯攻，其目的是逼黑车在中路被拴，然后再实施打击。

现在黑方倘若将5平4，车三平六，将4平5，车六退三，捉死炮。

3. 车三平四　　车3平4

无可奈何！倘若车3进3，帅五平四，将5平4，车四平六，将4平5，车六退三，捉死炮胜定。

4. 帅五平四　　……

精巧的"定身法"锁住红车不能离开中路。

4. ……　　　　卒3进1

弃卒活炮损失较大，但别无良策。倘若炮3进1，车八退一，捉死车胜定。

5. 兵七进一　　……

名家风范。倘若车八退一，车5进2，兵五进一，卒3进1，车八平九，红亦胜势。

5. ……　　　　车4平3	**6. 兵七进一　　将5平4**
7. 车八退五　　炮3进1	**8. 车八平六　　将4平5**

9. 车六进四（红胜）

点评：经典架构。其佯攻锁车曲折迂回的战术技巧很值得学习领悟。

第168局　　小兵突击

图228，双方势均力敌，僵持的平淡局面。请看李来群如何突破。

1. 兵三进一　　……

兑兵既可左炮右移，又可开通马头，一举两得，好棋。

1. ……　　　　卒7进1

2. 炮八平三　　车2进8

3. 车一平八　　炮3平7

4. 炮三平二　　……

佳着！兑炮造成黑方左马脱根，

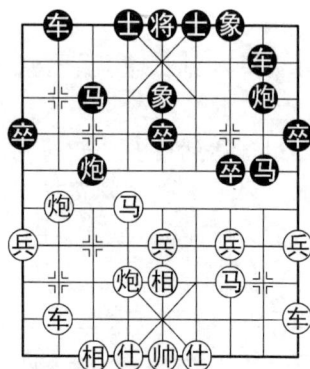

图228

又可预防右翼因空虚遭到攻击。

4. ……　　　炮 8 进 3　　　　5. 马三进二　炮 7 平 4

6. 马六进四　卒 5 进 1

黑方频频兑子以减缓红方攻势，这往往是与强大敌手交战的明智战略。

7. 车八进五　炮 4 平 6　　　　8. 马二进四　车 8 平 6

9. 马四进二　……

如马四进五，车 6 平 4，红方要丢子。

9. ……　　　车 6 进 2　　　　10. 马二进三　车 6 退 2

11. 车八平三　马 3 进 4

跳里马不如马 3 进 2 跳外马。另如：马 8 退 9，马三退一，象 7 进 9，车三平一，黑方将陷于被动。

12. 炮六进二　卒 1 进 1

似可马 4 进 2，马三退二，马 2 进 4，仕六进五，车 6 进 2，黑方和棋有望。

13. 仕六进五　卒 9 进 1　　　　14. 马三进一　马 8 退 9

倘若错走马 8 进 6，车七进三吃象，红优。

15. 车三平六　马 4 进 2　　　　16. 马一退二　车 6 平 3

倘若车 6 平 8，马二退四，士 6 进 5，马四退三，红方优势。

17. 炮六进五　……

机不可失！炮轰底士打开宫城一角，从而增加黑方的防御难度。

17. ……　　　车 3 退 1

18. 炮六退二　车 3 平 4

19. 马二退四　士 6 进 5

20. 车六平八　……

借捉马之机摆脱牵链，佳着。

20. ……　　　　马 2 退 4（图 229）

退马踩车似佳实劣，造成严重后果。似应马 2 进 4，炮六退一，马 4 进

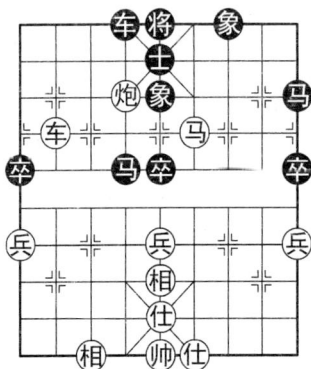

图 229

3，帅五平六，马 3 退 2，坚守为宜。

21. 炮六平一　……

弃车打马是绝妙的兑子技巧，为夺取胜利奠定基础。

21. ……　　马 4 退 2　　22. 炮一进二　象 7 进 9

只好飞象。倘若士 5 退 6，马四进三，将 5 进 1，炮一退一，杀。

23. 马四进三　将 5 平 6　　24. 炮一平六　士 5 退 4

25. 马三退五　士 4 进 5　　26. 马五退三　……

似乎应马五退七较佳。

26. ……　　卒 1 进 1

错失良机！李来群一脚踩仨使黑方意志崩溃，造成误判。似应马 2 进 4，马三进一，马 4 进 5，马一退三，马 5 进 7，马三退五，马 7 退 9，和棋不难。

27. 兵九进一　马 2 进 1　　28. 相五进七（红胜）

点评：飞相盖马断其归路，从而形成必胜之势。李来群把平凡的局面化作非凡佳构，尽显非凡功力。

第 169 局　　出其不意

图 230，河口兵卒几乎是必兑之势，可是李来群却独辟蹊径。

1. 马三进四　……

进马蹬车是超常思维。如兵三进一，车 4 平 7，马三进四，马 8 进 7，相互对攻各有所忌。

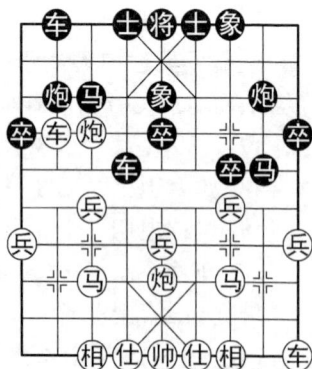

图 230

1. ……　　　车 4 平 6

2. 兵三进一　车 6 进 1

3. 兵三平二　车 6 平 3

4. 车一进二　炮 2 平 1

似可士 4 进 5，炮五退一，再平炮打车，其效果优于实战。

5. 车八进三　马3退2　　　　**6.** 炮七平一　士4进5

7. 炮五进四　马2进3

倘若炮1平3，兵二进一，炮8平9，马七退五，红多兵稍优。

8. 炮五退一　车3平8　　　　**9.** 兵二平一　马3进5

10. 相七进五　……

似可车一平三，车8平3，炮一进三，马5退7，相七进九，红优。

10. ……　　　　车8平6　　　　**11.** 车一平三　车6退1

12. 车三进四　……

及时抢占卒林要道是扩大优势的好棋。

12. ……　　　　马5进3　　　　**13.** 炮五退一　马3进2

14. 车三平八　……

借叫杀之机逼马定位。倘若车三平六，车6平3，黑方有攻势。

14. ……　　　　马2进4

倘若马2进3，帅五进一，炮1平2，炮五平七，红方优势。

15. 帅五进一　炮1平4　　　　**16.** 车八平六　车6平9

17. 炮一平五　车9退1　　　　**18.** 车六退四　车9平5

19. 车六进二（余略，终局红胜）

点评：出其不意是胜者的强大武器。

第170局　将计就计

图231，红方冲兵兑卒，黑方以象位车诱兵过河，采取"放进来打"的战略。那么红方敢不敢冲兵登陆？请看李来群的决策。

1. 兵三进一　……

将计就计，冲兵抢滩登陆。

1. ……　　　　马7进6　　　　**2.** 炮八平九　……

粉碎黑方弃卒抢先的计谋，佳着。

2. ……　　　　炮2进2

倘若车7进4，车三进四，象5进7，炮九进四，车1平4，马二进三，马6进7，仕四进五，红方优势。

3. 炮九进四　　炮8进7

倘若车1平4，炮九平五，士4进5，炮五退一，红方优势。

4. 车一平二　　车1平8

5. 炮二平三　……

巧妙兑子后红兵安然渡河，黑方始料不及。

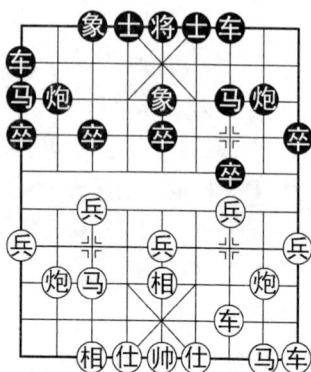

图 231

5. ……	车8进8	6. 炮三进七	象5退7
7. 兵三平四	象7进5	8. 车三平八	炮2平4
9. 炮九平五	士4进5		

倘若士6进5，兵七进一，炮4进2，兵七平六，红棋优势。

10. 兵五进一　　车8退6

11. 兵四平五（余略，红方胜势）

点评："将计就计"表现出把握全局的能力。

第 171 局　中路争锋

图232，这是1992年全国象棋个人赛中赵国荣与胡荣华之战。黑方为抢占卒林要道驱逐中炮，不惜以较大代价冲弃7卒，激战由此展开。现在红兵渡河势在必行，但关键是黑车驱炮时红方如何反击。这是一道难解的高难命题。请看特级大师赵国荣的决策。

1. 兵三进一　　车8进3

2. 马三进四　……

看似笨拙实则超凡脱俗，是反击

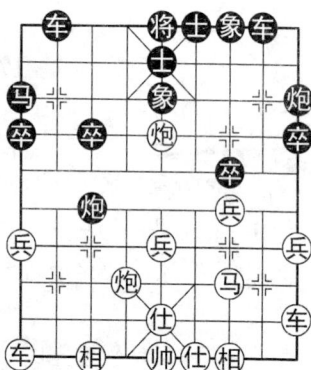

图 232

的绝妙佳着。如炮六平五，炮9平7，黑方反先。

2. ……　　车8平6　　　　**3.** 炮六平三　将5平4

4. 车一平四　炮3平4

为什么不走炮9平6打马得子？相七进九，炮3平4，炮三平四，炮4进3，炮四进四，炮4平6，车九平六，将4平5，马四进六，红方大优。

5. 炮三平六　将4平5　　**6.** 炮六平三　将5平4

7. 炮三平六　将4平5　　**8.** 炮六平三　将5平4

9. 炮三平六　将4平5　　**10.** 相三进一　车2进6

临场，小赵陷于长考后走出飞边相这步好棋后，并未引起胡特大的警惕。似应炮9平8防打为宜，虽然仍被动但尚可坚守。

11. 炮六平四　车6平8

只好逃车。如车6进2，炮四平三，红得车胜。

12. 炮四平三　将5平4　　**13.** 炮三平六　将4平5

14. 炮六平三　将5平4　　**15.** 兵三进一　车8进2

16. 炮三平六　将4平5　　**17.** 炮六平三　将5平4

18. 炮三平六　将4平5　　**19.** 车四进二　……

升车护兵攻守俱佳。也可马四退三，车8进1，车四进三，车8平7，车四平三，车7退1，相一进三，红棋亦优。

19. ……　　炮4退3　　　**20.** 炮六平三　……

似可兵三进一，炮4平7，炮六平三，将5平4，车九进一，红方优势。

20. ……　　将5平4　　　**21.** 炮五退二　炮9平6

22. 炮三平六　将4平5　　**23.** 炮六平三　将5平4

24. 炮五平六　将4平5　　**25.** 炮六平五　将5平4

26. 炮五平六　……

红棋双炮轮番叫杀凑着以渡过限着限时的难关，这是比赛常用手段。

26. ……　　将4平5　　　**27.** 炮六平五　将5平4

28. 炮五平二　炮6进4　　**29.** 马四进六　炮6平7

30. 相七进五（红方多兵优势）

点评：红方在这场驱逐与反驱逐的战斗中获胜，归功于车马炮的完美组合。

第172局　冲兵断道

图233，双方各屯集四子在左翼，是各攻一翼的典型战例。红方明显占有空间与物质两大优势，但如何把优势转化为胜势却是难题。请看赵国荣的杰作。

1. 兵三进一　……

冲兵断道，主攻方向正确。倘若车八进四或前炮进四，均难与实战效果媲美。

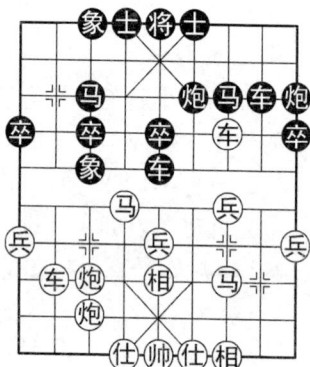

图233

1. ……　　　炮6退1

另有两种选择：①象3进5，兵三平四，车5平4，车八进二，红优。②车5平4，前炮平六，车4进1，炮七平六，车4进2，车八平六，一车换二红优。

2. 马六进七　车5平4

飞马蹬车，彻底击溃黑方河口防线，为胜利打开通道。

3. ……　　　车4进1

倘若车4退1，后炮进四，马7退5，仕六进五，红方优势。

3. 马三进四　……

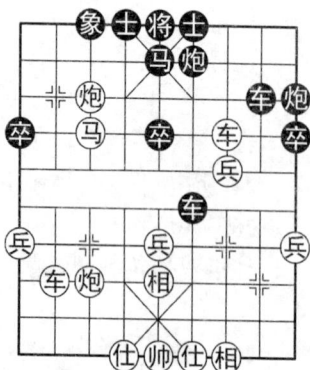

图234

4. 后炮进四　车4平6

5. 前炮进二　马7退5（图234）

6. 前炮平一　马5进6

倘若车8平9，车三平五，红方胜定。

7. 炮七进七　　士 4 进 5　　　　　**8.** 炮一进二　　车 8 退 2

9. 仕六进五　　……

稳健。倘若车八进七，车 6 进 4，帅五进一，车 8 平 9，炮七退一，士 5 退 4，车三进一，红亦绝杀。

9. ……　　　　　车 8 平 9　　　　**10.** 车八进七（红胜）

点评：红方以凌厉快攻告捷，妙运小兵是关键。

第 173 局　冲兵通路

图 235，黑方挺进河口卒求兑，红方面临兑与不兑、早兑与晚兑的选择，请看吕钦的杰作。

1. 兵三进一　　……

冲兵兑卒放马是抢先的佳着。倘若车二平三，卒 7 进 1，车三退二，车 6 进 5，黑方可抗衡。

1. ……　　　　　马 5 进 7

2. 车二平七　　……

卒林通道被打开，顺手牵羊。

2. ……　　　　　象 3 进 1

红车杀卒暗藏杀机。倘若错走后马进 5，帅五平六，黑方立即崩溃。

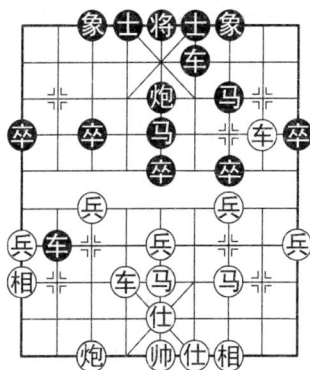
图 235

3. 车七平三　　后马进 5　　　　**4.** 车六进五　　车 6 进 1

5. 车六平九　　车 6 平 7

稍软。应车 6 进 7，红棋亦有所顾忌。

6. 车三进一　　马 5 退 7　　　　**7.** 马三进四　　卒 5 进 1

如前马进 6，马四进六，马 7 进 6，车九退一，红棋亦优。

8. 马四进三　　炮 5 平 2　　　　**9.** 兵五进一　　前马进 5

10. 车九退一　　士 6 进 5　　　　**11.** 车九退一　　马 7 进 5

12. 车九平五　　后马进 7　　　　**13.** 兵七进一　　……

冲兵渡河将使七路炮发挥威慑作用。

13. ……	炮 2 平 7	14. 兵七平八	车 2 进 3
15. 相三进一	炮 7 平 1	16. 兵八平九	炮 1 进 4
17. 车五平八	……		

精妙，逼车于边隅。

17. ……	车 2 平 1	18. 车八退二	炮 1 退 1
19. 相一退三	士 5 进 6	20. 帅五平六	车 1 退 2
21. 炮七进九	士 4 进 5	22. 炮七平三	……

艺高胆大! 惊险搏杀扣人心弦。

22. ……　　　　车 1 进 2

23. 帅六进一　　车 1 退 1

24. 帅六退一　　车 1 进 1

25. 帅六进一（图 236）　……

25. ……　　　　车 1 平 3

为什么不士 5 退 4? 炮三退四，马
5 退 7，车八平三，红方胜势。

26. 车八进六　　士 5 退 4

27. 车八平六　　将 5 进 1

28. 炮三退四　　马 5 退 7

30. 马五进四　　……

精妙，黑方崩溃。

30. ……　　　　炮 1 平 4

32. 马四进五　　将 4 退 1

34. 马五退六（红胜）

点评：细细体会吕钦的缜密构思必有所获。

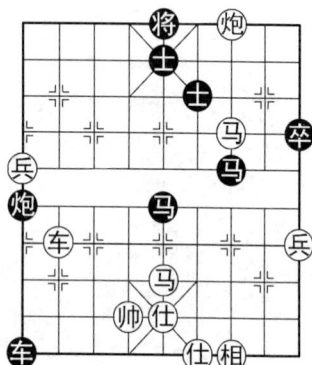

图 236

29. 车六退四　　马 7 进 6

31. 车六平五　　将 5 平 4

33. 车五平六　　将 4 平 5

第174局　解捉还捉

图 237，盘面波澜不兴，黑方不甘寂寞而伸车欺马，想不到普普通通这步棋却惹起争端。许银川捕捉到这一战机，立即发动攻势。

1. 兵三进一　　……

驱车退回，赢得先机。

1. ……　　　　车8退1

2. 车八进七　　车1进1

3. 马三进四　　……

进马使黑方河口兑兵的构想落空，变成进退两难。

3. ……　　　　卒3进1

倘若卒7进1，马四进六，马7进6，后马进四，车8平6，马六进七，车1退1，兵七进一，卒3进1，车一平八，红方优势。

4. 车一平八　　马7退8

倘若卒7进1，马四进三，车8退1，前车平七，车8平7，车七进一，炮9退1，炮八退二，车1平3，炮八平三，红优。

5. 马四进三　　炮9平6　　　　**6.** 马六进四　　炮3平4

7. 炮六进五　　士5进4

倘若炮6平4，前车平七，卒7进1，车七进二，士5退4，炮八进一，将5进1，车八平四，车8平7，炮八平六，车7退1，炮六退二，车7平6，兵七进一，红方优势。

8. 前车平七　　卒7进1

9. 车七进二　　炮4退1（图238）

10. 马四进五　　……

飞马踏象其势英雄，撕开黑方第一道防线。

10. ……　　　　象7进5

11. 马三进五　　士6进5

12. 炮八进一　　车1退1

无奈而跟炮，别无良策。

13. 车七退四　　车1平2

14. 车八进八　　车8进2

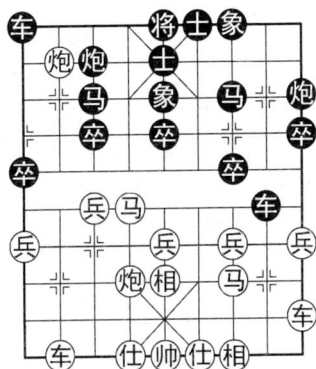

图 237

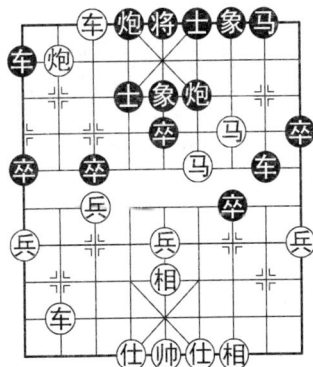

图 238

不能兑车，否则成安乐死状态。

15. 车七平三　炮 6 退 2

17. 车三退五　车 8 平 6

为什么不车 8 平 5 吃中兵？车三进三，马 9 退 8，车三进二，马 8 进 9，车三平一，黑方要丢子。

18. 车三进三　马 9 退 8

19. 车三进二（图 239）　车 6 退 4

只好交换。倘若马 8 进 9，车三平一，红方胜势。

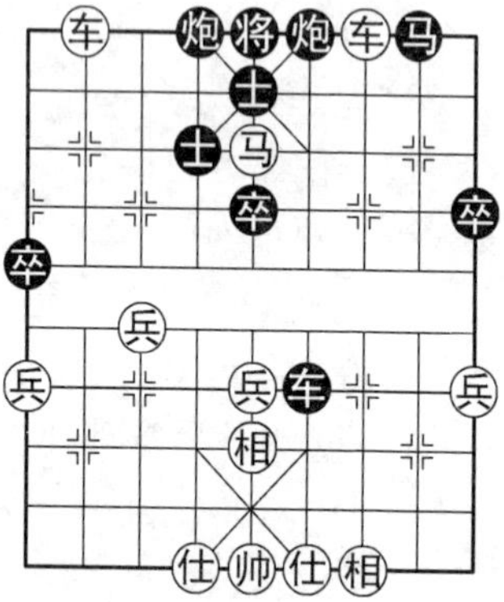

20. 车三平二　车 6 平 5

21. 车二退三　卒 5 进 1

22. 车八退三　车 5 平 6

24. 车五退一　炮 6 进 9

倘若炮 6 平 9，车八平一，炮 9 进 6，仕四进五，炮 9 平 5，车一退一，红方胜势。

16. 车三进四　马 8 进 9

图 239

23. 车二平五　车 6 进 4

25. 车八平一　炮 6 退 1

26. 车一平二　炮 6 平 9

27. 仕六进五　车 6 平 9

28. 车二退一　车 9 平 6

29. 车二平四　炮 9 进 1

30. 相三进一　车 6 平 8

31. 仕五进四（红胜）

点评：攻势如潮，分毫不差的精确计算表现出极高的棋艺水平，是读者学棋的上佳教材。

第 175 局　横兵两断

图 240，红方肋车拴链黑方车炮，黑方为防备红冲兵渡河捉炮而驱车倒骑河增援。此时足智多谋的许银川已料到黑方援兵必于肋道会合，从而设计一条拦腰两断的拖刀之计。

1. 兵三进一　……

将计就计，静等黑车入套。

1. ……　　　车 2 平 6

误落陷阱。

2. 兵三平四　……

横兵两断，使黑方肋道防线首尾
分开，阵脚已乱。

2. ……　　　马 3 进 4

倘若炮 6 平 8，车四进三，炮 8 退
3，车四平六，卒 9 进 1，兵九进一，
黑方虽然劣势，但不至于速败。

3. 车四进二　　前车进 1

4. 马二退四　　车 6 进 3

6. 炮三平一（红方胜势）

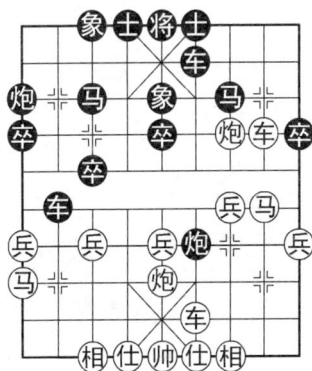

图 240

5. 马四进二　　车 6 平 7

点评：小兵两步连冲，使黑方全线崩溃，真是"用兵如神"。

第 176 局　力擒孤马

图 241，这盘棋是许银川与胡荣华两位特级大师之战，是红方
稍好的平静盘面。通过直觉判断红方有多种选择，但分析出最佳选
择却并非易事。请看许银川如何抉择。

1. 兵三进一　……

看似平淡无奇，实是大手笔的名
家之作。一般人必被另外两种选择所
诱惑：①炮五进四，车 4 进 2，炮五退
一，马 8 进 7，黑可抗衡。②车八进
二，卒 1 进 1，炮五进四，车 1 平 2，
黑棋可战。

1. ……　　　炮 8 平 7

平炮吊马虽具有牵制力，但由于

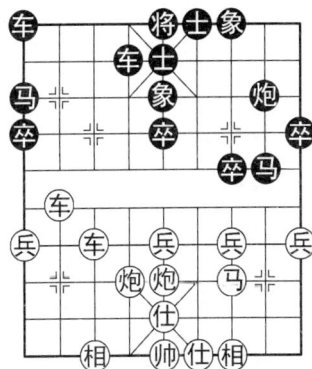

图 241

缺少其他兵力配合，这步棋的威力大减。倘若卒 7 进 1，车八平
三，车 1 平 2，车三进二，车 2 进 4，炮五进四，红棋优势。

2. 兵三进一　　马8进9

倘若委曲一点象5进7，炮五进四，象7退5，马三进二，红方亦优。

3. 马三退一　……

以退为进，胸有成竹，不知不觉之中一步步把黑马引向危险境地。

3. ……　　　　车1平2

倘若象5进7，炮五进四，象7进5，兵五进一，马9进8，相三进五，马8退7，兵五进一，红优。

4. 车八进五　　马1退2　　　**5. 兵五进一　……**

超凡思维。如兵三进一驱炮，其结果难与实战相比。

5. ……　　　马9进8　　　**6. 兵三平四　马2进3**

不能象5进7，因红可炮五进四，象7进5，相三进五，黑方计谋落空，红优。

7. 炮五平二　……

平炮压马断其归路，决心捉死黑马。

7. ……　　　　车4进4　　　**8. 相七进五　车4平5**

9. 车七平三　　炮7平8

倘若炮7平9，马一进二，车5平6，车三退二，车6退1，车三平二，红方优势。

10. 车三平二　炮8平9

11. 炮二平一　炮9进5

12. 炮六平一　车5平9

紧跟红炮，不能让红方轻松吃马。

13. 车二退一　卒9进1（图242）

14. 相五进三　……

弃相吃马是唯一正确的选择。

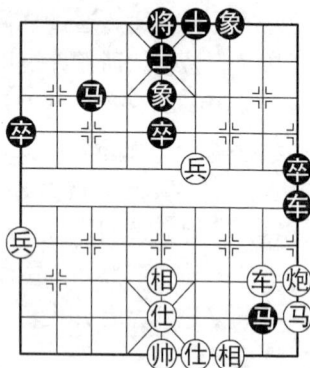

图 242

14. ……　　　车9平7　　　**15. 车二退一　……**

终于劫吃一子，可谓用心良苦。

15. ······ 卒 9 进 1 　　**16.** 炮一平六 卒 9 进 1

17. 相三进五 车 7 平 5 　　**18.** 车二平四 车 5 进 2

19. 车四进二 卒 9 进 1 　　**20.** 马一退三 马 3 进 4

21. 马三进四 马 4 进 5 　　**22.** 马四进二 ······

多子优势显现。

22. ······ 马 5 退 3 　　**23.** 车四平七 马 3 退 4

24. 马二进四 车 5 退 2 　　**25.** 马四进二 车 5 平 2

26. 马二进四 士 5 进 6 　　**27.** 兵四平五 ······

佳着，第一次向黑方发动攻势。

27. ······ 马 4 进 5

倘若卒 5 进 1，车七进三，红方胜势。

28. 车七平五 卒 5 进 1 　　**29.** 马四进六 将 5 进 1

30. 马六退五 马 5 退 7 　　**31.** 车五平一 ······

黑方防线破碎，红方的攻势难以抵挡。

31. ······ 车 2 平 4 　　**32.** 炮六平五 车 4 平 5

33. 马五进六 将 5 平 4

倘若象 7 进 9，车一平八，将 5 平 4，炮五平六，车 5 平 4，炮六退二，车 4 退 2，车八进五，将 4 退 1，马六退八，将 4 平 5，马八进七，车 4 退 2，仕五进六，红胜。

34. 炮五平六 车 5 平 4 　　**35.** 马六退八 车 4 平 8

36. 马八进七 车 8 平 3 　　**37.** 车一平六（红胜）

点评：选择正确的攻击方向才能获得胜利，许银川独到的构思很值得学习。

第 177 局　抢滩救援

图 243，这是两位全国冠军之战。红方孤马深陷敌阵，似乎已插翅难逃。请看许银川的救援方案。

1. 兵三进一 ······

强行登陆抢滩，是解救红马的绝着。

1. ……　　　　车 5 退 1

倘若象 5 进 7，马五进四，车 5 进 2，车六平五，车 7 平 5，车四进六，红方优势。

2. 兵三平二　炮 4 退 1

3. 车六进一　车 7 平 5

4. 炮三进六　马 3 进 4

5. 车六平三　……

先打马，后调车，次序井然，是扩大攻势的佳着。

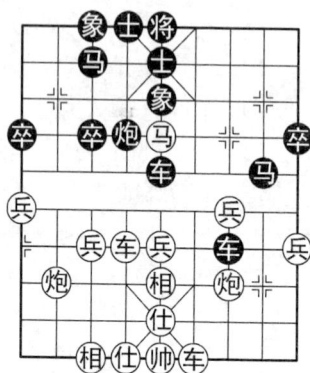

图 243

5. ……　　　　马 4 进 5

倘若前车平 8，炮八进四，车 8 退 2，炮三退二，红方得子大优。

6. 车四进八　……

凶悍巧妙的顿挫战术。

6. ……　　　　象 5 进 7

为什么不炮 4 退 1 打双？炮三平五，炮 4 平 6，炮五退二，红胜。

7. 车四退三　前车平 9

倘若象 7 退 5，炮三进一，后车平 6，车四平五，象 5 退 7，车三进五，车 6 退 3，车三退五，红方优势。

8. 兵二平三　……

老练。倘若炮三平一，车 9 平 8，兵二平三，炮 4 平 5，炮一平三，马 5 进 3，炮八平七，车 8 进 3，车三退四，车 8 平 7，炮三退八，象 3 进 1，黑方尚可抗衡。

8. ……　　　　炮 4 平 5　　　　9. 车三退四　车 9 平 8

10. 兵三进一　马 5 进 4

败着。误以为可以抽车。似可车 5 平 4，兵三进一，车 4 平 6，车四进一，马 5 退 6，炮三平四，马 6 进 5，炮四退六，尚可一战。

11. 仕五进六　车 5 平 7　　　　12. 帅五平四　炮 5 平 6

13. 帅四平五　炮6平5	**14.** 帅五平四　车7进6
15. 相五退三　车8平7	**16.** 炮三平二　车7进3
17. 帅四进一　车7退9	**18.** 车四进一（红胜）

点评："救援"是中局常见难题，只有多学名局才能不断提高棋艺水平。

第178局　绝地反击

图244，审图的第一感觉是红方已呈"黑云压城城欲摧"之势，似乎已在劫难逃。但是许银川却以惊人的大手笔发动了收复失地、攻城擒王的绝地大反攻。突破口在哪里？

1. 兵三进一　……

吹响绝地反攻的冲锋号角！

1. ……　　　　车6退1

2. 兵三平四　炮5平3

倘若炮5进3，车二平五，车6平8，兵七进一，车8平3，炮三进一，车4平3，马七退九，后车退1，兵四进一，前车平1，黑方尚可一战。

3. 炮三进一　……

伸炮打马骚扰，逼黑方表态。

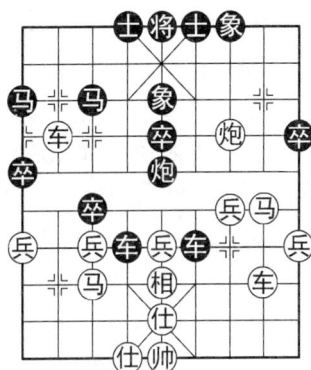

图244

3. ……　　　　卒3进1

倘若炮3进2，炮三平四，车6平4，炮四平七，后车退2，车八平六，车4退3，炮七退四，卒3进1，马七退八，红方多子优势。

4. 马七退八　象5退3	**5.** 车八进二　马1进2

6. 车八平四　……

横车点穴，集中兵力袭击黑方左翼空当。

6. ……　　　　车6平2

争取加快对杀速度。倘若车4退4，车四平三，象7进9，马二进三，车 6 平 2，炮三平二，车 4 平 8，车二进五，车 2 进 4，车三平八，红方优势。

7. 马二进三　……

倘若炮三退六，士 4 进 5，马二进三，象 7 进 9，马三进一，将 5 平 4，炮三进八，将 4 进 1，马一退三，马 3 退 4，车四平二，炮 3 退 1，兵四进一，炮 3 平 6，后车平四，虽然红优却不及实战精彩。

7. ……　　　士 4 进 5

倘若车 2 进 4，炮三平一，士 4 进 5，炮一进二，将 5 平 4，车二进七，炮 3 平 4，马三进二，炮 4 进 5，炮一平三，将 4 进 1，马二进四，将 4 进 1，车二退二，象 3 进 5，炮三退二，象 5 退 3，车四退一，象 3 进 5，车四平五，红胜。

8. 车二进七　炮 3 退 1　　　9. 兵四进一　……

冲兵拦挡，形成各攻一翼的惊险有趣场面。

9. ……　　　车 2 进 4

贪攻求杀铸成最后败局！应车 4 退 4，车二平三，车 4 平 7，车三退二，车 2 进 4，兵四进一，卒 3 平 4，兵四平五，象 3 进 5，马三进五，炮 3 平 4，黑方尚可支撑一时。

10. 车二平三　将 5 平 4

无奈！倘若炮 3 平 4 或车 4 退 4，红则车三平四！士 5 退 6，炮三进二，士 6 进 5，马三进二，红胜。

11. 炮三进一　将 4 进 1

倘若炮 3 平 4，车四平五，马 3 退 5，车三平四，绝杀。

12. 车三平四　马 3 退 4（图 245）

倘若炮 3 平 6，前车平五，红亦胜势。

13. 后车平五　……

弃车砍士，精妙绝伦！

13. ……　　　将 4 平 5

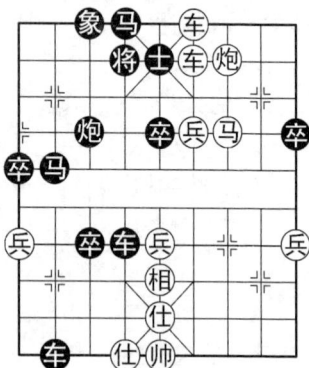

图 245

14. 马三进四　将 5 进 1

15. 兵四进一　将5平6　　　　**16.** 马四进六（绝杀红胜）

点评：此局是 1989 年 10 月 19 日弈于重庆全国象棋个人赛中的实战佳构，其精彩的连珠妙杀不是排局胜似排局。

第179局　兵马冲阵

图 246，双方兵力相等，黑方车马卒已推进前沿阵地，而红方仅有一马过河，似乎黑方足可一战。但通过对局面的综合评估就会发现红有左炮远程瞄象，右马奔槽之势，黑方两翼均有漏风之处。那么如何选择突破点呢？请看许银川的佳作。

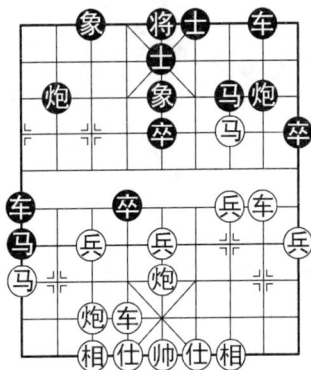

图 246

1. 兵三进一　……

冲兵渡河巧妙。从表面上看是为了吃过河卒而实则"项庄舞剑，意在沛公"。

1. ……　　　　车1退1

倘若象 5 进 7 飞兵，炮七进八打象，底线洞开难以忍受。

2. 马三进一　……

飞马踏车切入，为三路兵冲锋打开通道。

2. ……　　　　车8平9　　　　**3.** 兵三进一　车9进2

4. 兵三进一　炮8进2

倘若炮 2 平 7，炮七平九，炮 7 退 2，炮五进四，车 1 退 1，车二进二，红方优势。

5. 车二平六　炮2平4　　　　**6.** 前车进一　……

妙兑！使黑方不能吃兵。

6. ……　　　　车1平4　　　　**7.** 车六进四　卒5进1

弃卒可解除红方炮镇中路的威胁，但损失也较巨大。似应炮 8 平 5，炮五进三，卒 5 进 1，车六平五，车 9 平 7，相三进五，车 7 进 4，虽然也很难但尚可支撑。

8. 车六平五　炮 8 进 5　　　**9.** 车五平二　炮 8 平 9

10. 车二退五　炮 9 退 1　　　**11.** 炮七平二　象 5 退 7

倘若车 9 平 7，车二平一，车 7 进 6，车一进一，象 5 退 7，炮五平六，炮 4 平 6，仕六进五，炮 6 进 6，兵一进一，士 5 退 4，炮六进一，马 1 退 2，兵一进一，马 2 退 3，兵一进一，红优。

12. 车二平一　炮 4 进 6　　　**13.** 炮二进六　……

借机伸炮护兵拦车是好棋。

13. ……　　　　　炮 9 平 7　　　**14.** 车一进二　炮 7 退 4

15. 车一平四　炮 7 平 3　　　**16.** 车四进三　……

因黑方车被困于边隅，现弃相捉炮，有惊无险。

16. ……　　　　　炮 3 进 5

17. 仕六进五　车 9 退 1（图 247）

18. 炮五平三　……

似可炮二进二，象 3 进 5，炮五进五，士 5 进 6，车四进二，将 5 进 1，炮五平七，红方胜势。

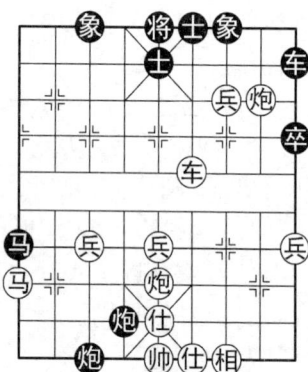

图 247

18. ……　　　　　象 3 进 5

19. 相三进五　……

倘若错走车四进三，将 5 平 4 反杀！红丢车。

19. ……　　　　　炮 3 退 2　　　**20.** 炮三进二　炮 4 退 6

21. 车四进三　车 9 退 1　　　**22.** 炮二平五　……

炮轰中象，打开第一道防线，胜定。

22. ……　　　　　将 5 平 4　　　**23.** 炮五退二　炮 4 平 1

24. 车四退二　马 1 退 2　　　**25.** 车四平八（红胜）

点评：冲兵渡河与飞马边线切入是攻破敌阵的正确决策。

第 180 局　顺势而为

图 248，黑方设计放兵过河先弃后取之计，倘若此计成功红方

必无优可言。许银川在这关键时刻采取将计就计跨江渡河的战斗方案，一举成功。

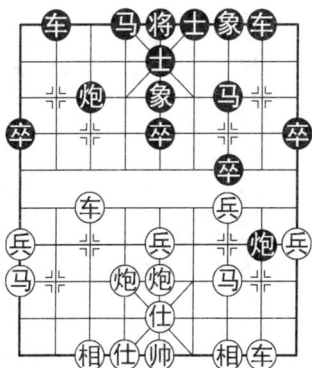

图 248

1. 兵三进一 ……

冲兵渡河，高瞻远瞩。倘若炮五平四，车 2 进 4，相三进五，红方无先。

1. ……　　　车 2 进 4

2. 兵三进一　　车 8 进 4

左车增援势在必行。倘若象 5 进 3，炮六进三反打，黑方难以忍受。

3. 兵三进一 ……

冲兵吃马令人生疑，难道不怕打死车吗？原来许银川自有妙计。

3. ……　　　象 5 进 3　　**4. 马三进四** ……

飞马蹬车是"救车"的妙着！

4. ……　　　车 8 平 6　　**5. 炮六进三** ……

伸炮反打，从而使黑方谋车的计策化为泡影。

5. ……　　　车 6 进 1　　**6. 炮五进四　马 4 进 5**

7. 车七退三 ……

好棋！倘若炮六平八，车 6 平 3，相七进五，车 3 平 2，车二进三，车 2 退 1，其效果难与实战相比。

7. ……　　　车 2 退 1　　**8. 车七进四　炮 3 进 7**

9. 车七退五　车 2 平 5　　**10. 炮六平八** ……

倘若车二进三，车 5 平 7，相三进五，马 5 进 4，虽然红优但取胜有难度。

10. ……　　　车 6 进 1　　**11. 车七进九　士 5 退 4**

12. 炮八进四 ……

似可炮八退二，炮 8 平 5，相三进五，车 6 退 2，炮八进六，车 5 平 2，车二进三，炮 5 平 6，炮八平九，红方优势。

12. ……　　　炮 8 平 5　　**13. 相三进五　车 5 平 2**

14. 炮八平九　士 6 进 5　　**15. 车二进九** ……

伸车捉象试其应手，似也可马九进七。

15. ……　　　　士5退6　　　　**16. 车二退九　士6进5**

17. 车二平三　马5进4　　　　**18. 马九进七　马4进3**

倘若马4进6，兵三平四，象7进9，车三进八，士5进6，车三平六，将5平6，车六进一，将6进1，车六平一，绝杀红胜。

19. 车七退六　车2退3　　　　**20. 炮九退一（余略，红胜）**

点评：将计就计、不失时机的冲兵突破值得反复研习。

第181局　兵借炮威

图249，红方没有任何兵马过河作战，而且后方双炮马离黑方将府遥远，一眼看去是平淡之势。但是许银川却独具慧眼，捕捉到稍纵即逝的战机。

1. 兵三进一　……

运兵渡河，轻松发动攻势。

1. ……　　　　车8退1

2. 兵三进一　马7退6

3. 马五进三　……

跳出窝心马巧保双兵，形势立即生动起来。

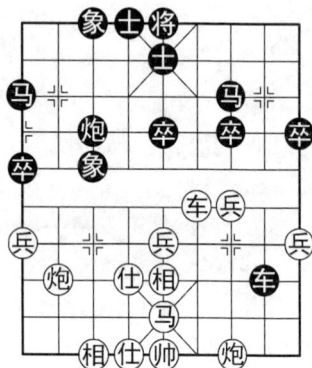

图249

3. ……　　　　马6进5

倘若车8进1，车四平三，马1进2，仕六进五，马2进1，炮八进四，炮3退1，马三进四，红方亦优。

4. 兵三平四　卒5进1

倘若车8退3，炮八进四，车8进4，车四平三，红方优势。

5. 车四平三　车8平6

倘若马5退3，车三进五，士5退6，车三退四，象3退5，车三平五，红优。

6. 兵四平五　马5退3　　　　**7. 车三进五　士5退6**

8. 车三退四　……

先"将军"再退车捉卒，生动有力，红方优势不断扩大。

8.…… 马 3 进 2　　**9. 仕六进五** ……

死卒不急吃。从表面看这步棋似乎没有作为，其实是不给敌方任何可乘之机的好棋。

9.…… 象 3 退 5　　**10. 车三平五** 马 1 退 3

黑方双马炮聚集右翼，出现拥塞之势。因不能开赴前线，只能无奈退守。

11. 车五平八 马 2 退 1　　**12. 车八平九** ……

利用车炮联合攻击而顺手牵羊。

12.…… 马 1 进 2

13. 车九平八 马 2 退 1

14. 炮八平九（图 250）……

平炮打马，黑方彻底崩溃。

14.…… 马 1 进 3

倘若马 1 进 2，前兵平六，炮 3 进 3，兵六平七，红方胜势。

15. 车八进一 炮 3 进 5

16. 车八平七（红胜）

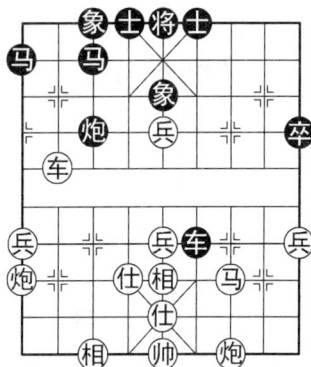

图 250

点评：车兵的联合作战在残局往往能产生无穷的威力，但能在敌方兵力众多的中局大显神威则堪称经典。

第182局　兵发楚河

图 251，前沿争夺战中，迫于压力，黑方放弃河头阵地，采取"放进来再打"的战术。请看许银川的太极神功。

1. 兵三进一 ……

由于黑方采取"放进来再打"的战略，红兵从容渡河。

1.…… 马 7 进 9

边马踩兵，借势反击，是既定方针。

2. 兵三进一 车 4 平 2

平车捉炮骚扰，试探红方应手。

3. 炮四进二　　卒9进1

4. 车一平二　……

稳健。倘若兵一进一，马9进7，车一平二，马7进8，车二进二，马3进4，黑方背水一战，红有顾忌。

4. ……　　　　卒9平8

5. 马三进二　　马3进4

6. 车七平六　……

图 251

似可马八进九，马4进5，车七平五，马5进3，车五平八，马3退5，马二退三，车8进9，马三退二，马9进7，炮四退一，车2进1，炮八平九，红方多兵优势。

6. ……　　　　马4进2　　　　7. 车六平八　　炮9进4

8. 马二退三　　车8进9

上段黑方反抗顽强。

9. 马三退二　　马9进7　　　　10. 炮四退一　　车2进1

11. 炮八退一　……

细腻。把黑车压到低位，保持优势。

11. ……　　　　炮9平3　　　　12. 马二进三　　炮6退2

13. 马三进二　　卒5进1　　　　14. 炮四平二　……

似可兵三进一攻击为宜。

14. ……　　　　炮6进8

为打破封锁煞费苦心。

15. 炮八进一　　炮3进2　　　　16. 炮二进一　　炮3平4

17. 车八平七　　炮6平8　　　　18. 马二进四　　马7进6

飞马奔槽寻求反攻之路，如消极死守，只能坐以待毙。

19. 炮二平四　　马6进8

20. 马四进二（图252）　……

黑方强烈反攻，红方出现危机，历来用兵谨慎的许银川只好运马忍痛跳槽逼兑，否则黑方有炮8进1的攻势。

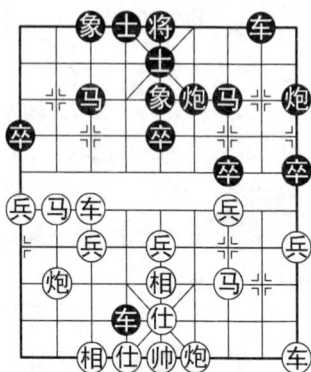

20. ······　　　炮 8 退 5

21. 兵三平二　······

兑子之后局势趋于缓和，从此进入漫长的马拉松攻守之战。

21. ······　　　马 8 进 9

22. 帅五平四　　马 9 退 7

23. 车七平六　　炮 4 平 1

24. 车六平三

（红优，第 93 回合红胜）

点评：围困与反围困、牵制与反

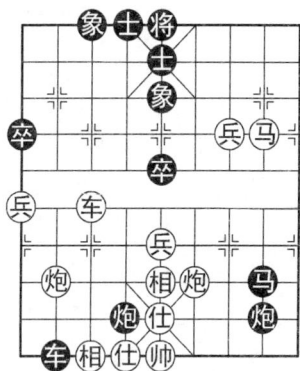

图 252

牵制是本局的主题。虽然没有惊险的厮杀，双方攻守均有可圈可点之处，细细研习对提高中局水平大有益处。

第 183 局　　陷车取势

图 253，这盘棋是两位特级大师许银川与徐天红之战。黑方孤车深入捉马，红方面临逃与弃的选择。请看许银川如何决策。

1. 兵三进一　······

超凡思维。平淡局势之下白白献马，非银川难有如此惊人构想。一般的选择是马三退五。

1. ······　　　车 3 进 1

倘若卒 7 进 1，车二平三，象 7 进

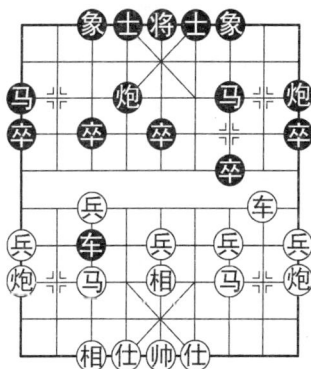

图 253

5，马三进四，红方稍优。

2. 兵三进一　　炮 4 进 5

急于兑子反受其害。似应马 7 退 5。

3. 马三退五　······

回马金枪夺回一子，精妙！

3. ······　　　车 3 退 1

4. 炮一平六　　车 3 平 5

5. 马五进三　······

佳着，小兵引而不发是名家之作。倘若兵三进一，马7退5，马五进三，车5平7，其效果难与实战媲美。

5. ……　　　　　车5平4

如车5平7，炮六退一，黑方无趣。

6. 炮六平七　卒1进1　　　　　7. 兵一进一　……

精雕细琢，平淡之处见功夫。

7. ……　　　　　卒5进1

8. 炮九退一　马1进2

倘若车4进2，炮九进四，红优。

9. 炮九平五　马2进4

跳马弃空头是无奈之举。倘若象3进5，兵三进一，黑棋也很难受。

10. 炮五进四（图254）　……

10. ……　　　　　车4进2

速败！似应马4进6，车二平四，马6进4，帅五进一，车4平3，帅五平四，车3进1，兵三进一，车3退2，车四平七，马4退3，相五进七，马7退9，黑方尚可坚守。

11. 炮七进一（红胜）

点评：弃子取势是中局抢先夺势的重要战术手段。

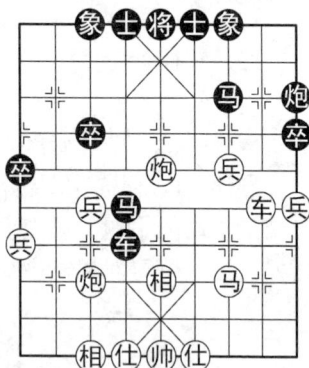

第184局　冲兵擒王

1999年全国象棋个人赛，特级大师于幼华一直领跑，在倒数第二轮遇上最大的拦路虎许银川。战至中局时，观战棋友在作者耳边低语："小许仅多一兵稍优，要赢棋很难。"作为教练，闻言而心中窃喜，因只要小于顶住就有夺冠之望。

图255，看上去盘面并不复杂凶险。红方仅多一兵，似乎和棋不是难事。不料小许竟然以精雕细琢的神功取得胜利，令人惊叹。

1. 兵三进一　……

图254

冲兵渡河，增强后续兵力，从容不迫。

1. ······　　　前马退 5

2. 兵三平四　马 3 进 4

急于求和，操之过急。似应马 3 退 2 防守为宜。

3. 马五退七　······

黑方双马腾挪，寻求兑子之机，因红马机灵退回而落空。

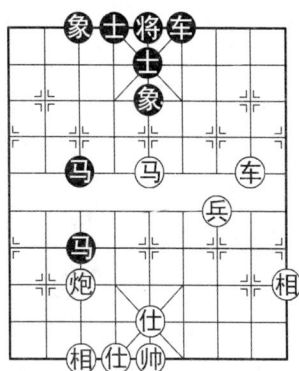

图 255

3. ······　　　马 5 进 7

时间紧张之下出现似佳实劣的假棋。似可象 5 进 3，马七退五，象 3 退 5，炮七平四，车 6 平 7，车二退一，马 4 退 3，尚无大碍。

4. 马七进八　车 6 平 7　　　**5. 车二退二　······**

控盘妙着。

5. ······　　　将 5 平 6　　　**6. 炮七平六　······**

似可炮七进一，马 4 进 3，帅五平四，马 7 退 6，车二平四，车 7 进 4，炮七退一，黑方也很难应。

6. ······　　　车 7 进 3　　　**7. 马八退六　······**

轻灵飘逸是小许的弈棋风格。

7. ······　　　马 4 退 3　　　**8. 炮六平七　马 3 退 4**

似可将 6 平 5，兵四进一，车 7 进 1，马六进七，马 3 进 5，坚守为宜。

9. 炮七进一　将 6 平 5

10. 炮七平五　车 7 退 3（图 256）

速败！应将 5 平 6 坚守。

11. 马六进四　······

绝妙！黑势崩溃。

11. ······　　　将 5 平 6

倘若马 7 退 5，马四进六，士 5 进 4，车二进一，车 7 平 6，车二平五，

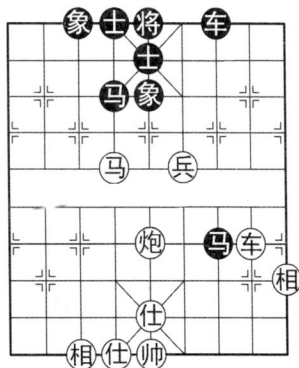

图 256

车6进4，车五进三，红方胜势。

12. 炮五平四（红胜）

黑方为什么放弃续战？倘若将6平5，车二进六，士5进6，马四进六，将5平6，车二平三，象5退7，兵四进一，马7退6，兵四进一，红胜。

点评：许银川的控盘功夫天下第一，细细体会必获益良多。

第185局　冲兵控盘

图257，盘面风平浪静。倘若说几个回合之后黑方缴械投降，一定会有人说这是痴人说梦。请看许银川怎样梦想成真。

1. 兵三进一　……

冲兵渡河，试探黑方的决策。

1. ……　　车4平7

2. 炮四进四　……

伸炮点穴是计算深远的好棋。倘若炮四退一，车7退2，车五退二，车7平1，红棋一无所获。

2. ……　　炮1退2

3. 炮四平三　车7平4

4. 马九进八　车4平3

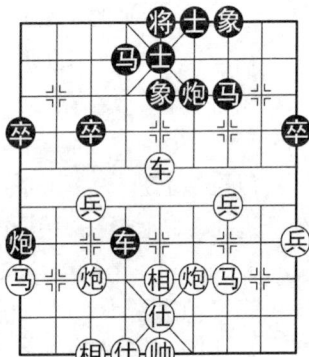

图 257

不明显的软着。似可马7退9，炮三平九，炮1平7，炮九平一，红方稍优。

5. 兵三平四　马7退8

倘若车3平6，车五平六，马4进5，马八进七，车6平7，兵四进一，马5进6，车六平八，马6退7，车八进四，士5退4，兵四进一，红优。

6. 兵四进一　马8进9

倘若卒3进1，车五退二，车3平5，马三进五，炮6平9，兵七进一，象5进3，马五进三，炮1平2，炮三平九，红方稍优。

7. 炮三进一　　车 3 平 2

速败。似应卒 3 进 1，车五退二，车 3 平 5，马三进五，炮 6 退 1，兵七进一，象 5 进 3，黑方尚可坚守。

8. 兵四进一　　……

简明！倘若马八进七，马 4 进 3，炮七进四，车 2 平 7，兵四进一，车 7 进 1，红方无趣。

8. ……　　士 5 进 6

错着丢子！倘若车 2 退 1，兵四进一，马 9 进 7，车五平四，炮 1 平 2，炮七进一，红优。

9. 炮三退三（红胜）

点评：不战自胜的战局堪称奇迹，冲兵控盘的构思很值得学习与体会。

第 186 局　　小兵争势

图 258 是少见的一字长蛇阵，双方呈僵持状态。现在如何寻求突破点是当前重中之重。请看许银川的实战佳作。

1. 兵三进一　　……

冲兵求兑是寻求突破的佳着。

1. ……　　卒 7 进 1

2. 马五进三　　马 5 进 7

3. 炮五平四　　……

平炮为中兵并道是谋取优势的好棋。

图 258

3. ……　　车 1 平 4

4. 兵五进一　　马 4 进 2

似可车 4 进 4，炮四进三，马 4 进 2，黑方尚可一战。

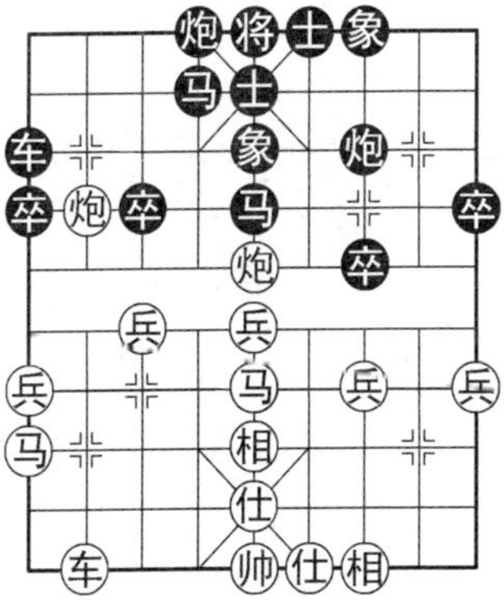

5. 车八进三　　……

高车守护兵林要道，利于攻守。

5. ……	炮 7 进 3	6. 相五进三	车 4 进 3
7. 相三进五	车 4 平 5	8. 兵五平六	车 5 平 4
9. 兵六平五	车 4 平 5	10. 兵五平六	士 5 进 4

在围困之下黑方苦无退敌良策，在巨大精神压力之下不慎出现盲点从而造成速败。似应车 5 平 6，炮八退一，马 7 退 6，坚守为宜。

11. 炮四平五 ……

妙！借叫将之机断车后路，奠定胜利基础。

11. ……　　士 6 进 5　　　　**12. 炮八退二（红胜）**

点评：先兑三兵后冲中兵的战术组合源于对全局的把握。

第187局　防守反击

黑方过河车兵林压马，5、7 双炮瞄兵，似乎红方处于防御境地。如何寻求防守反击？请看许银川的经典之作。

1. 兵三进一 ……

挺兵暗伏诱敌深入之计。

1. ……　　卒 9 进 1

黑如炮 5 进 4，马三进五，车 3 平 5，炮六进五，车 5 平 4，炮六平一，象 3 进 5，炮二进二，红优。

2. 仕六进五　车 3 平 4

3. 车九平八　卒 5 进 1

4. 马七进八　车 4 退 2

5. 马八进七　卒 7 进 1

冲卒弄巧成拙而后患无穷。

6. 炮二平三　炮 7 平 8

8. 炮三进一 ……

取胜妙着！

9. ……　　卒 7 进 1

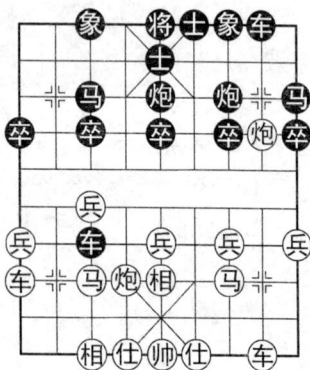

图 259

7. 马七进五　象 3 进 5

10. 相五进三　马 3 进 5

速败。但如士 5 进 6，炮三平一，象 7 进 9，车二进六，黑也难免失败。

11. 炮三平一　　象 7 进 9　　　　　　**12.** 马三进四（红胜）

点评：如何为防守反击蓄势是提高中局水平的重要功课，本局多有可借鉴之处。

第 188 局　　用兵之妙

图 260 是由五七炮演变而成的中局。由于在黑方车炮骚扰下红方出现常规阵型变异，失去了连环互保的稳健。面对黑方平车捉马吃相的威胁，怎样防范攻击似乎是一道难题，如中炮向左翼卸开被黑炮 2 进 1 打马而很难忍受。那么如何来应对呢？请看特级大师陶汉明的高明对策。

1. 兵三进一　……

兑三兵是攻守两利的好棋。既可解黑炮潜在的炮打三兵威胁，又可向黑方施压。

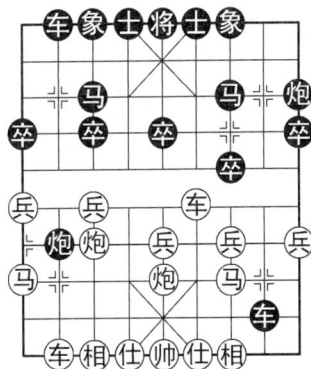

图 260

1. ……　　　　车 8 平 7

2. 炮七退一　车 7 进 1

车吃底相背水一战，倘若卒 7 进 1，车四平三，马 3 退 5，红方优势。

3. 兵五进一　……

高明决策。倘若兵三进一，炮 9 进 4，黑方拼命，红方也深有顾忌。

3. ……　　　　车 7 退 1　　　　**4.** 兵三进一　……

红方有惊无险而从容进兵，是扩大优势的佳着。

4. ……　　　　炮 2 平 8　　　　**5.** 车四平二　车 2 进 9

6. 马九退八　炮 8 平 3　　　　　**7.** 仕六进五　……

黑炮在左翼虚晃一枪又到右翼袭击，似乎很有威力，但被红撑仕后造成车炮左右分家，其战术组合黯然失色。

7. ……　　　　马7退5　　　　**8. 相七进九**　炮9平7

9. 兵三平四　炮3平7　　　**10. 车二退一**　前炮退1

倘若前炮退3，车二退一，红方亦优。

11. 兵四平三　马5进4　　　**12. 马八进六**　士4进5

13. 马六进五　马4进5

上段黑方在劣势下奋力反扑，终因红方防守严密而难有效果。现飞马踩兵，强行突破。

14. 兵三进一　……

简明，稳健。倘若炮五进二，卒5进1，炮五平六，卒5进1，炮六平三，炮7进3，炮七退一，车7进1，马三退一，车7平9，马五进三，红方亦优。

14. ……　　　　马5进3　　　**15. 炮五平六**　前炮平5

无奈，丢子成必然。

16. 兵三进一　车7平6　　　**17. 帅五平六**　车6退4

18. 马五进三　车6平7　　　**19. 车二平七**　车7进1

20. 兵七进一（红胜势，余略）

点评：细细品味用"兵"之妙，必有获益。

第 189 局　　边线切入

图 261，黑方右翼子力拥塞、左翼空虚无守军的形势一目了然。红方如何向黑方阵地发起攻击？请看北京著名前辈棋手朱学增演绎的三路兵突破。

1. 兵三进一　……

兵借炮威向黑方阵地发动攻势。倘若马四进三，炮5平7，炮八退一，红方亦优。

1. ……　　　　象7进9　　　**2. 兵三进一**　马3进1

英勇反击，颇有威力！

3. 炮八退三　士6进5

机警。倘若炮1进4，相五退七，卒1进1，炮八平二，车2

进 5，炮二进四，士 6 进 5，马四进
五，炮 5 进 4，马七进五，车 4 平 8，
前马进三，车 8 退 2，马三进二，车 2
进 4，帅五平四，炮 1 平 3，帅四进
一，炮 3 退 1，仕五进六，上 5 进 6，
炮三平五，士 4 进 5，车四退一，将 5
平 4，炮五进六，红方弃车后攻势
强大。

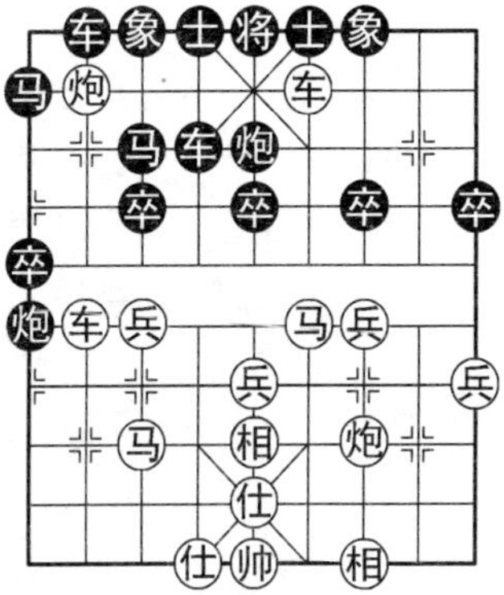

4. 马四进二 ……

略有急躁之嫌。似可车四退三稳
持优势。

图 261

4. ……　　　炮 1 进 4	**5. 相五退七　卒 1 进 1**

6. 车八退二 ……

倘若马二进一，炮 5 平 8，攻势受阻。

6. ……　　　前马进 2	**7. 车四退三　马 2 进 3**

8. 车八平七　炮 5 进 4

9. 帅五平四　炮 5 退 2

10. 炮三平五 ……

弃炮反架是抢先取势的佳着。

10. ……　　　车 2 进 4（图 262）

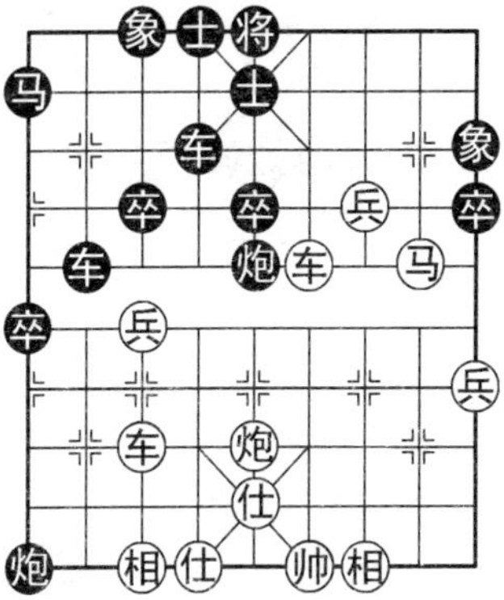

11. 炮五进四 ……

稍急。似可兵三进一，黑方亦
难应。

图 262

11. ……　　　士 5 进 6

12. 马二进一　将 5 进 1

起驾避险势在必行，否则车七平二，黑方也难以抵挡。

13. 马一进三　将 5 平 4	**14. 炮五平一　士 4 进 5**

15. 炮一进二　车 4 进 4

倘若将 4 退 1，车七平二，士 5 退 6，兵三进一，士 6 退 5，车
二进七，红胜。

16. 马三退五　将4进1

倘若将4退1，车七平二，象3进5，车二进七，士5退6，车二平四，将4进1，后车进二，红棋胜定。

17. 兵七进一　车2平3

倘若卒3进1，车四平五，象3进5，车五进二，将4平5，炮一退一，绝杀。

18. 车七平八（红胜）

点评：以三路兵突破为导火索而引发一场激战。因红马边线踏入为马炮侧袭打开一条通道，从而完成一局漂亮的车马炮杀棋组合。

第 190 局　兑马抢先

图 263，形势比较简明：双方兵力相等红方稍优的"后中局"。现在处于子力交换的选择，红方倘若鸣金收兵可立即化干戈为玉帛。但是象棋大师蒋志梁却以敏锐的思维捕捉到稍纵即逝的战机，兵渡楚河，终以深厚的残局功夫攻城杀王。

1. 兵三进一　马5进7

红兵巧妙渡河参战。黑方不敢象5进7，因马三进五，车8进3，车五进二得子。

2. 兵三平四　马7退9

3. 车五退一　炮6平9

4. 炮六平九　卒5进1

弃中卒保边马，也未必能保。似可士6进5，炮九进四，卒5进1，炮九退二，卒5进1，车五进一，车8进3，也许黑方还有一线和棋之望。

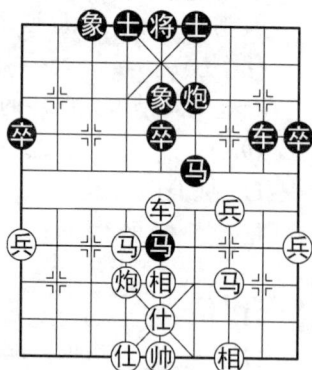

图 263

5. 马六进五　士6进5

6. 马五退七　卒9进1

倘若车8平7掩护边马逃离牵制，车五平二，黑马逃边仍有难度。

7. 兵四平五　车 8 平 7　　　　8. 兵五进一　马 9 进 7

9. 车五进一　……

机警！看似应车五进二可左右策应，但黑有马 7 退 6 捉兵奔槽的凶着。

9. ……　　　　炮 9 平 8　　　　10. 仕五退四　象 5 进 3

11. 仕六进五　车 7 进 3　　　　12. 炮九进四　车 7 平 2

13. 炮九平六　炮 8 平 3

消极防御往往是失败的代名词，苦守不如反击。应炮 8 进 7，乱战之中也许有和棋的机会。

14. 炮六平七　炮 3 平 4　　　　15. 兵九进一　炮 4 进 6

16. 兵五平四　象 3 进 5　　　　17. 马七进五　炮 4 退 2

速败。应车 2 平 7 为宜。倘若车 2 平 5，马五进四，将 5 平 6，马四进二，将 6 平 5，车五平三，红方胜势。

18. 车五平三（红胜）

点评：这是兑子抢先的经典战例，兵渡楚河是后来取胜的基础。

第 191 局　调车渡兵

图 264，红方边炮被困似乎已难逃，仕角炮虽然觊觎底士试图单摘耳，但黑方左翼在 7 路马保护之下的防御网使红双车无能为力。怎样解决当前的难题？请看陈启明大师的杰作。

1. 兵三进一　……

宁丢一子不丢一先。倘若炮九进二，卒 7 进 1，车四平三，卒 1 进 1，炮六平七，炮 3 平 4，红方难以忍受。

1. ……　　　　士 6 进 5

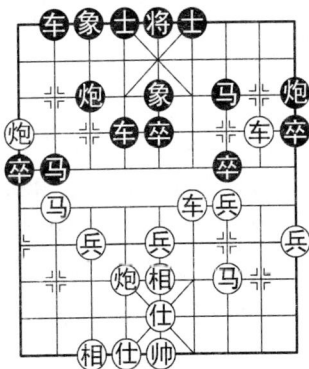

图 264

为什么不吃炮或者吃兵？①象 5 进 7，炮九进二，士 4 进 5，车二平三，卒 1 进 1，车三进一，象 3 进 5，车三退一，卒 1 平 2，车四平八，红方稍优。②车 4 平 1，车二进一，象 5 进 7，车二平三，象 3 进 5，车三退一，车 1 平 4，车四进一，红方优势。

2. 兵三进一　　马 7 退 6　　　　　　**3.** 马三进二　　车 4 平 1

4. 马八进六　　卒 5 进 1　　　　　　**5.** 车二进三　……

红方弃子后的攻势强大，似可马二进四加大力度更好。

5. ……　　　　　　炮 3 平 4

老练，因仕角炮一直有觊觎底士的潜在威胁。

6. 炮六进五　　炮 9 平 4　　　　　　**7.** 兵五进一　　马 2 进 4

明智。倘若卒 5 进 1，马六进四，炮 4 退 1，车四平五，红方有攻势。

8. 兵七进一　……

挺兵拦马留下兵林通道被打开的后患。可兵五进一，马 4 进 2，兵三平四，攻势依然强大。

8. ……　　　　　　车 2 进 6

在围困之下终于把车投入前沿加强骚扰牵制。似可车 1 平 5 为宜。

9. 兵五进一　　马 4 进 3　　　　　　**10.** 兵三平四　　车 2 平 8

11. 兵五进一　　炮 4 平 2　　　　　　**12.** 车四退一　……

兑车为摆脱牵制。倘若兵五进一，车 8 进 3，车四退四，车 8 平 6，帅五平四，象 3 进 5，马二进四，炮 2 平 4，车二平一，各有顾忌。

12. ……　　　　　　车 8 进 3　　　　　　**13.** 车四退三　　车 8 平 6

可车 8 退 1，既保持牵链又暗伏炮 2 进 7 的杀棋，红有顾忌。

14. 帅五平四　　士 5 进 4

在全面封锁的围困之下难以忍受，设想弃马换兵透松困局。

15. 兵四进一　……

乘势进击，打开黑方防线。

15. ……　　　　　　士 4 进 5　　　　　　**16.** 兵四进一　　车 1 平 5

17. 兵四进一　　士 5 退 6

倘若将 5 平 4，兵四平五，将 4 进 1，车二退四，红方有攻势。

18. 车二平四　　将 5 进 1

19. 马二进四　车5平7（图265）

似应将5平4坚守为宜。

20. 马六进四　将5平4

21. 后马进六　炮2平3

22. 车四退一　将4退1

23. 马六退八　炮3退1

24. 马四进六　车7平3

25. 马六进八　车3平2

26. 车四平七　将4平5

27. 车七平四　车2进1

28. 马八退六　将5平4

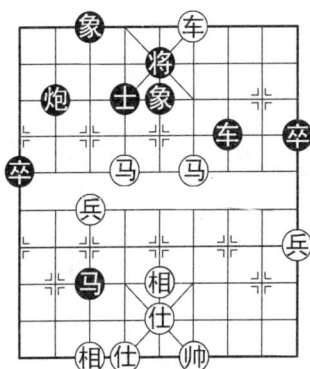

图 265

29. 车四平五　马3退5

30. 兵一进一（红胜）

点评：弃炮争先及末段车双马的杀棋颇为凶悍、精彩，其做棋的构思很值得学习与借鉴。

第 192 局　兵临城下

图266，黑方飞马踩炮踢兵气势甚雄，红炮面临保与逃等选择。如何解决这道难题呢？请看"爱兵专家"特级大师卜凤波安居平五路的佳作！

1. 兵三进一　……

冲兵保炮是安居平五路的佳着。倘若车二进六保炮，马5进7，车二退五，前马退5，红难忍受。

1. ……　　　　马7退5

回马窝心是用心良苦的曲线解困

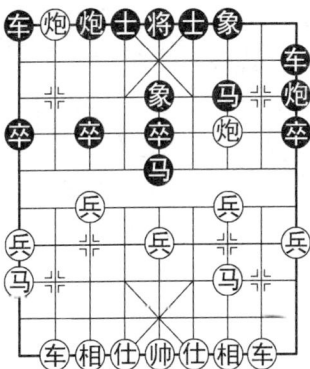

图 266

之策。倘若马5退7，兵三进一，马7退5，车二进七，红优。

2. 兵三平四　前马进3　　　**3.** 仕六进五　……

正确！倘若仕四进五，马3进2，炮八退三，车9平7，车二进六，马 2 进 4，相互对攻各有顾忌。

3. ……　　　马 5 进 3　　　　**4.** 炮八退五　炮 9 平 7

5. 炮三平二　车 9 平 7　　　　**6.** 兵四进一　卒 1 进 1

倘若车 7 平 6，相三进五，马 3 退 5，炮二平五，红棋亦优。

7. 车八进三　……

看似呆板，实是高级控盘技巧。

7. ……　　　炮 7 进 4　　　　**8.** 兵五进一　车 1 平 2

9. 相三进五　前马进 5

10. 车八平五　车 2 进 5　　　　**11.** 兵四进一　……

孤兵独冲九宫，颇为凶悍。

11. ……　　　士 4 进 5

倘若车 2 退 4，炮二进三，黑军也难招架。

12. 兵四进一　……

小兵欺车，妙。

12. ……　　　车 7 进 1　　　　**13.** 炮二进三　车 2 退 1

14. 车二进三　车 2 平 7　　　　**15.** 车五平六　……

黑方竭尽全力压住三路马头防其开出助攻，红车抢占肋线战略要道是扩大优势的佳着。

图 267

15. ……　　　卒 3 进 1

16. 车六进五（图 267）　……

车兵形成二鬼拍门之势，胜局已定。

16. ……　　　士 5 进 6

倘若后车平 6，兵四平五，马 3 退 5，帅五平六，红胜。

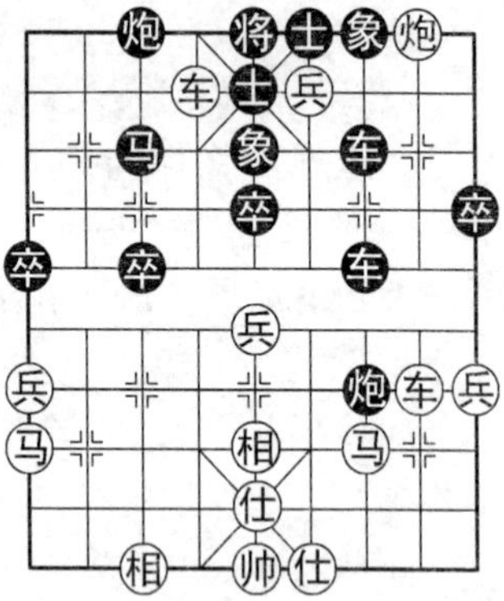

17. 车六平七　马 3 进 4　　　　**18.** 车二进五　马 4 退 6

19. 车七进一（红胜）

点评：兵临城下，妙演精彩杀局。最后的成功源于五步冲兵。

第193局　背水一战

图268，红方少兵缺相，在物质上绝对处于劣势，且黑方大车在横扫兵林，如果消极防御必败无疑。在此形势下，背水一战是当前的重中之重。那么袭击黑棋的突破口在哪里？请看特级大师苗永鹏的精彩表演。

1. 兵三进一 ……

冲兵突破是攻击的佳着。另有两种选择：①车二平五，马9进7，车五平七，马7退6，黑可抵抗。②仕四进五，车2平5，仕五进四，马3进4，黑方优势。

1. ……　车2平5

2. 帅五进一 ……

"御驾"护相，别无选择。

2. ……　车5退1

图268

似应马3进4，兵三平四，炮7平1，车二平三，士5退4，马四退六，将5进1，相互对攻各有顾忌。

3. 车二平五　车5平6

倘若马3进4，车五平九，士5退4，马四退六，将5进1，车九进一，将5进1，马六进八，红方有攻势。

4. 车五平七　车6退4　　　　**5. 兵三平二　马9退7**

倘若炮7平5，相五进三，炮5平7，相三退一，炮7平4，车七进二，炮4退6，兵二平三，马9进7，炮六平五，红方优势。

6. 炮六进六　车6进3　　　　**7. 炮六平三　车6平8**

8. 前炮退四　车8平5

华而不实。似可炮7平5，相五退三，象7进5，黑棋还有和棋之望。

9. 车七平三　士5退4　　　　**10. 前炮进五　炮7退6**

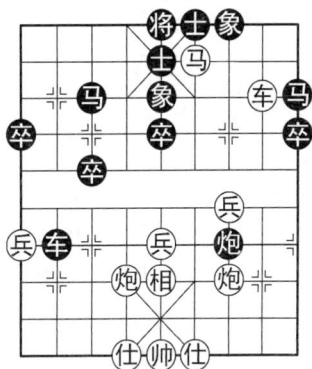

11. 炮三进七　士6进5　　　　**12. 车三平一　卒3进1**

黑方虽然净多三卒，却都是"散卒游勇"，难以组成快速合力攻击，所以冲3卒弃边卒，企望能对红方造成一定的牵制。

13. 车一退一　卒3进1　　　　**14. 车一退三　车5平7**

15. 炮三平二　卒3进1　　　　**16. 车一进六　车7进3**

倘若车7平8，帅五退一，卒3平4，相五退三，黑方也难抵抗。

17. 炮二退五　……

倘若急于炮八平四，士5退6，炮六平四，车7平6，红方反生麻烦。

17. ……　　　士5退6　　　　**18. 车一退三　卒3平4**

19. 车一平五　士6进5

倘若士4进5，相五进七，车7退2，炮二进五，车7退5，车五进二，将5平4，车五退二，红胜。

20. 相五退七　车7退2　　　　**21. 炮二进二　卒1进1**

22. 车五退一　……

退车捉吃潜在威胁的黑卒，确立胜势。

22. ……　　　车7平6　　　　**23. 帅五退一　卒1进1**

24. 兵九进一　车6平1　　　　**25. 仕四进五　卒4进1**

26. 车五平六　车1平8　　　　**27. 炮二平四（红胜）**

点评：似乎在山穷水尽之际，妙用小兵反败为胜，尽显深厚功力。

第194局　全线封锁

图269，呈现牵制与反牵制的胶着态势，红方明显有物质与空间优势。请看尚威大师如何突破。

1. 兵三进一　……

冲兵向黑方施压是当前最佳之着。

1. ……　　　马7退6

放弃中路防御而不攻自破。倘若炮9退2，车三平四，黑方也难。

2. 车三平五　　车 4 平 5

3. 马四进五　　马 2 退 4

煞费苦心。通过牺牲中卒突破红
方全线封锁，但是也为此付出高昂的
代价。

4. 车七进二　　炮 2 进 5

5. 炮八平六　　车 1 退 2

6. 炮六退二　　炮 2 退 1

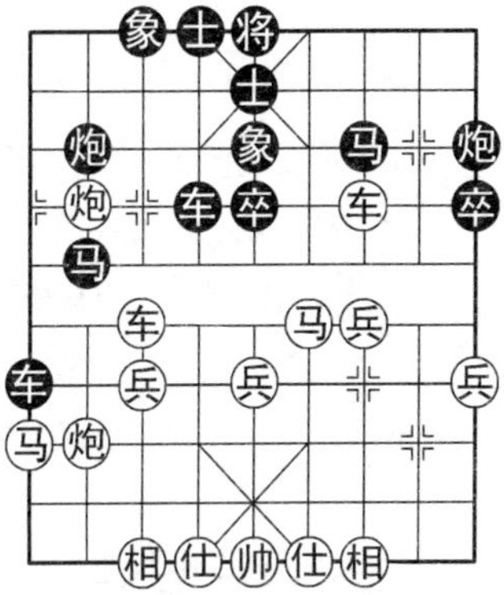

看似好棋但有点虚浮。似不如炮

图 269

2 平 3，车七平八，象 5 进 7，先消灭一兵，也许尚有和棋之望。

7. 兵七进一　　马 6 进 8　　　　**8.** 兵七进一　　炮 2 平 9

9. 马五进三　　……

弃兵兑车将形成无风险攻击态势，还可防止黑车捉中兵骚扰。

9. ……　　　　车 1 平 3　　　　**10.** 车七退一　　象 5 进 3

11. 马九进八　　象 3 退 5　　　　**12.** 炮六平五　　前炮平 7

急于拔掉红马这颗眼中钉，因而露出破绽。

13. 马三退二　　……

退马一箭双雕，黑立陷绝境。

13. ……　　　　炮 7 退 1

只好吞咽苦果而勉强支撑。如炮 9 平 7，相七进五，黑棋
也难。

14. 马八进六　　……

保持大兵种作战。似可马二进一，炮 7 平 2，马一进三，将 5
平 6，炮五平四，炮 2 退 4，兵三平四，士 5 进 6，兵四进一，将 6
进 1，马三退二，红方优势。

14. ……　　　　炮 9 平 6　　　　**15.** 马六进四　　炮 7 进 2

16. 炮五平二　　炮 7 平 8　　　　**17.** 马二进一　　卒 9 进 1

18. 兵三进一　　将 5 平 6　　　　**19.** 兵三进一　　……

突然袭击使黑方防不胜防。

19. ……　　卒 9 进 1

如炮 6 平 9 打马，炮二平四，成绝杀之势。

20. 炮二进一　炮 8 平 6　　　**21. 兵三平四　马 8 进 6**

22. 兵五进一（红胜）

点评：在封锁与围困中的突破技巧值得学习与借鉴。

第 195 局　四车围城

图 270，黑方大本营已受到严重威胁，底线有漏风之虑。红方肋车虽不敢轻举妄动助攻，但其威慑力却不能低估。现在红方攻击路线主要有两条：一是冲兵慢攻，二是进车将军后再炮轰中士快攻。请看钱洪发大师发动的"四车围城"之战。

1. 兵三进一　……

如车二进六，将 6 进 1，车二退一，将 6 退 1，炮五进三，士 4 进 5，车二平五，炮 2 退 8，红方虽然有较大攻势但也有顾忌。

1. ……　　象 5 退 7

2. 兵三进一　车 6 进 1

冲兵欺车，黑只能忍耐。如车 6 平 7，车二平四，红棋胜势。

3. 兵三进一　……

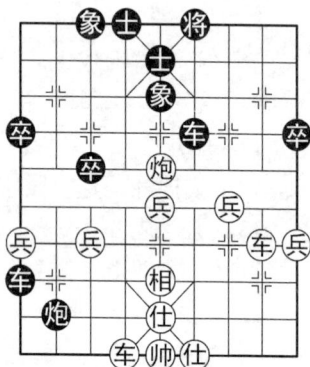

图 270

四步连冲兵临城下，给黑方造成极大威胁。

3. ……　　炮 2 退 6　　　**4. 兵三进一　象 3 进 5**

5. 车二进三　车 1 退 1　　　**6. 炮五进一　卒 9 进 1**

7. 兵五进一　……

中路兵起动，四车攻城的战斗由此展开。

7. ……　　车 6 进 1　　　**8. 炮五进二　……**

炮轰中士打破黑阵防线，是扩大优势的佳着。

8. ……　　士 4 进 5　　　**9. 车二平八　炮 2 平 3**

10. 车八进二 ……

伸车捉士使黑棋很尴尬，虽然多子但很被动。

10. …… 炮 3 退 2

最顽强的抵抗。

11. 车八平五 炮 3 平 5   **12.** 兵五进一 车 1 进 1

13. 车六进二 车 1 进 2   **14.** 车六退二 车 1 退 5

倘若车 1 退 2，车六进二，车 1 进 2，车六退二，两打对两闲，黑不变则判负。

15. 兵五平六 车 1 平 2

16. 兵六进一 卒 1 进 1

17. 兵六进一（图 271） ……

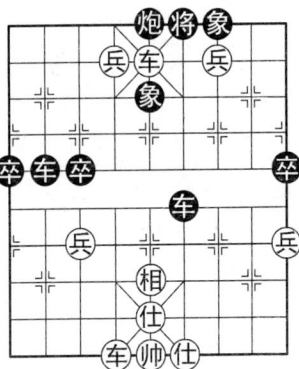

图 271

小兵是短程兵种，由于有与车相近的性能被称为"短腿车"。现在形成四车攻城的有趣盘面。

17. …… 车 2 退 4

18. 相五退七 ……

似可兵六进一快速结束战斗。

18. …… 象 5 进 7   **19.** 兵三进一 ……

黑方飞象反杀，迫使红冲兵换象解杀。

19. …… 炮 5 平 7   **20.** 车五平三 象 7 退 9

21. 车六进五 ……

出车反生枝节，不如兵六平五简捷。

21. …… 车 2 进 9   **22.** 帅五平六 ……

因黑方肋车不能离线，出帅有惊无险。

22. …… 车 2 退 4   **23.** 兵六平五 车 2 平 4

24. 车六退一 车 6 平 4   **25.** 帅六平五 车 4 平 6

26. 车三退一 卒 1 进 1   **27.** 相七进五 车 6 进 3

28. 帅五平六（红胜）

点评：三路与中路的双兵分头挺进与炮轰中士打开缺口的战术组合大获成功，"四车围城"是少见佳构。

第196局　攻击要害

图272，黑方右马呆板，左马失根，双炮脱节分家失去联保，落后之势明显。红方双炮瞄卒，与前沿奔槽马构成颇有威慑力的空间优势。请看苗利明如何把优势转化为胜势。

1. 兵三进一 ……

挺兵可开通马路，又是良好的顿挫。

1. ……　　卒5进1

挺卒拦马用心良苦。倘若卒7进1，车四平三，马7进6，炮五进四，士4进5，车三进五，红方优势。

2. 兵三进一　车8平4

倘若象5进7，车四进二，车8平4，马三进四，红方优势。

3. 兵三进一　马7退9

4. 马六进五（图273） ……

看似马无路而逃，实是先弃后取，扩大优势。

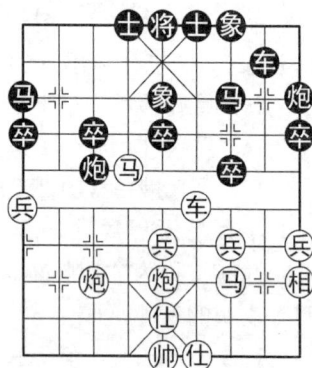

图272

4. ……　　象7进5

5. 车四进三　象5退7

6. 炮五进三 ……

边马不急吃而炮镇空头，这是快速取胜的好棋。

6. ……　　车4进3

7. 炮五退一　马1退3

倘若将5进1，马三进四，黑方也难免败局。

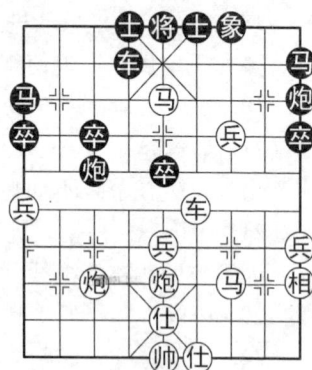

图273

8. 车四平五　士4进5　　　　**9. 车五平一　马3进5**

10. 车一进一　炮3平2　　　　**11. 兵三进一　车4平7**

12. 马三进四（红胜）

点评：本局是把空间优势转化为胜势的经典战局，很有参考价值。

第197局 七步冲兵

图274，从表面上看，黑方车炮联防守护前沿阵地，似乎势均力敌，但是黑方双马孤炮明显呆滞。请看著名棋手陆峥嵘如何针对其弱点发动攻势。

1. 兵三进一 ……

小兵逼炮是击溃敌阵夺取胜势的佳着。第一感觉往往是炮五进四打中卒，但被马8进7一踢，中炮威力大减。

1. …… 车4进3

如炮7平8，马九进七，车4进1，车四平二，黑方丢子。

2. 兵三进一 车4平1

3. 兵三进一 马1进3

4. 车四平二 马8进6

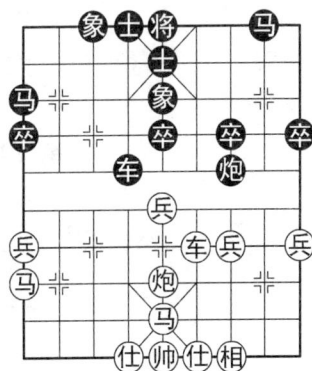

图 274

小兵长驱直入，逼近九宫城下。

5. 兵三进一 ……

5. …… 马3进4

6. 车二平六 ……

老练。如急于吃子而兵三进一，马6进7，车二平三，马4进5，相三进五，马7进6，兵三平四，象5进7，车三进二，士5退6，兵四进一，将5进1，红棋虽然仍优却是自寻烦恼。

6. …… 马4退2

7. 兵三进一 马6进7

8. 车六平三 马7进6

9. 兵三平四 士5退6

10. 兵四进一 将5平6

11. 车三平四 马2进4

12. 车四进一 将6平5

13. 车四进二（图275） ……

13. ……　　车1退1

另有两种选择：①马4进5，相三进五，车1平5，车四平五，红胜势。②马4进2，炮五进四，士4进5，马五进六，马2进4，师五进一，车1退1，马六进五，红优。

14. 炮五进四　　马4退5

15. 车四平五（余略红胜）

点评：想不到普普通通的一步"拱兵"却是克敌制胜的绝着。七步冲兵巧劫一子，充分体现出用"兵"之妙。

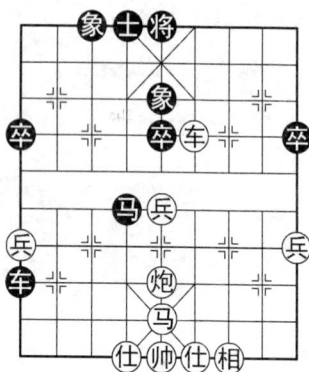

图 275

第198局　回马困车

图 276，黑方肋车为防红方九路边炮右移而拦挡，并伏有平车捉双的后续手段，乍看之下红方必撑仕打车不可。但是小将洪智却巧施诱敌深入之计，斗智斗勇。

1. 兵三进一　　……

将计就计，冲兵抢先，是算度深远的佳着。

1. ……　　车6平3

2. 马三退五　　……

回马关车，有惊无险。

2. ……　　马1进2

3. 相五退三　　……

退相使左翼拥塞的局面立即生动起来。

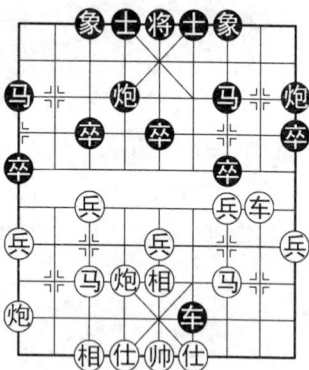

图 276

3. ……　　马2进1

5. 马九退七　　车1平4

反架中炮，黑方顿呈败势。

4. 马七进九　　车3平1

6. 炮六平五　　……

6. ……　　　　士 6 进 5　　　　**7.** 兵三进一　　马 7 退 6

8. 炮五进四　象 7 进 5　　　　**9.** 兵五进一　　车 4 退 4

倘若车 4 退 1，兵五进一，炮 9 进 4，车二平六，车 4 退 2，马七进六，红优。

10. 马五进四　车 4 平 6　　　　**11.** 马七退五　……

似笨实佳。

11. ……　　　　卒 9 进 1　　　　**12.** 兵五进一　　车 6 退 3

13. 兵五平六　炮 4 平 2　　　　**14.** 炮五退二（红胜势余略）

点评：冲兵渡河诱车深入是本局重点，读者应学习这种精巧的构思。

第 199 局　全线反攻

图 277，双方虽然没有一兵一卒过河作战，但已形成剑拔弩张之势。如何在当前兑子交换中占得先机颇有讲究。请看象棋大师靳玉砚的实战佳作。

1. 兵三进一　　……

六大子力按兵不动却冲三兵，这是抢先夺势的佳着。

1. ……　　　　炮 4 进 6

倘若象 5 进 7，马三进二，马 6 退5，马七进六，黑方崩盘。

2. 炮五进四　士 4 进 5

倘若象 5 进 7，马三进二，马 6 退4，仕五进六，马 2 进 4，炮五平三，车 4 进 3，炮三进三，士 6 进 5，马七进六，红优。

3. 兵三平四　　……

先炮轰中卒再横兵吃马，井然有序。

3. ……　　　　马 2 进 3　　　　**4.** 炮五退一　　炮 4 退 1

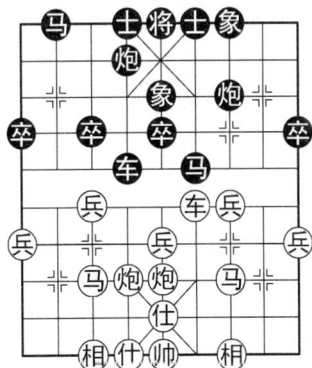

图 277

5. 相三进五　炮4平3　　　　**6. 兵五进一　车4进2**

7. 兵四进一　将5平4

8. 兵四进一（终局红胜，余略）

点评：本局冲兵兑子的技巧颇有实战参考价值。

第200局　忙里偷闲

图278，这盘棋是2002年全国象棋个人赛乙组冠军小将申鹏执红棋弃子搏杀的中局。现在黑方王城四处漏风，主将起驾逃亡，红方有多条攻击路线的选择。红方如何攻城擒王？

1. 兵三进一　……

冲兵欺马是似缓实紧的好棋。倘若急于杀王而前车平六，车8平6，车四平二，马4退3，车六平一，炮7平8，黑方反客为主。

1. ……　马8进9

倘若马8进7，后车退四，马4进3，后车平三，炮7退3，马八进七，红方优势。

2. 炮五平六　车8平7

3. 后炮进二　……

如前炮进一，车7退1，前车退一，将5退1，后炮进二，炮2退3，后炮平五，士4进5，后车退二，马4退3，黑方顽强抵抗，红方无趣。

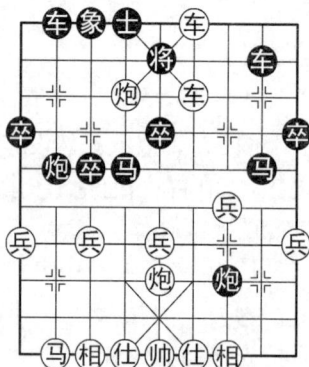

图278

3. ……　车2进2　　　　**4. 兵三进一　马9退8**

5. 后炮平三　……

逼车撤离，为红棋杀王赢得战机。

5. ……　车7平8　　　　**6. 前车平六　……**

摧毁第一道防线后，"将府"八面漏风！

6. ……　炮7退4　　　　**7. 炮三平五　象3进5**

8. 车四进二　车 2 退 1　　　　**9.** 炮六进一　……

伸炮打死车，胜定。

9. ……　　马 4 退 3　　　　**10.** 车四平五　将 5 平 6

11. 炮六平二（红胜）

点评：在惊涛骇浪的攻杀中一步小小的冲兵渡河助战，为彻底击溃敌方防线立下大功。这个"忙里偷闲"的典型战例很值得学习。

第 201 局　明修栈道

图 279，盘面是双方不少一兵一卒的封闭式对峙状态。红方虽然双车插肋，中兵挺起，但黑方双边炮加屏风马形成的防线似乎坚不可摧。如何打破封闭式的僵局？请看河南著名棋手郑鑫海与京城名将傅光明大师的实战佳作。

1. 兵三进一　……

红兵借势欺车，为马盘中埋下伏笔。黑只好退避。如误走车 8 平 7，马七进五，黑车被捉死。

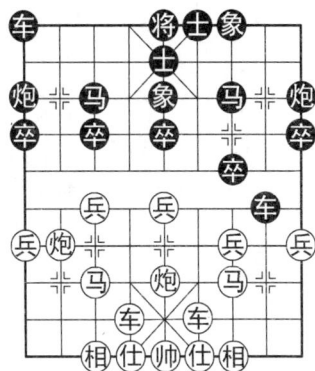

图 279

1. ……　　车 8 退 1

2. 马三进五　车 1 平 2

3. 车六平八　卒 7 进 1

4. 兵五进一　……

急冲中兵是寻求中路与侧翼双向突破的较佳战术。

4. ……　　卒 5 进 1　　　　**5.** 马五进三　车 8 平 7

6. 相三进一　炮 9 平 8

倘若车 7 平 6，车四进四，马 7 进 6，马三进五，马 6 退 8，炮八进四，炮 1 退 1，车八进五，红优。

7. 炮五平三　车 7 平 6　　　　**8.** 炮八平三　……

集中优势兵力向侧翼发动攻势，现重炮攻马胁象，黑陷入难以应付的困难境地。

8. ……　　　　　车6进4

倘若车2进8，车四进四，炮8进7，仕四进五，马7退9，车四进三，黑棋也要丢子。

9. 车八平四　　象5进7

忍痛丢象。如马3进5，车四进五，黑必丢一马，必败。

10. 前炮进二　　象7进5　　　　11. 前炮进一　　车2进6

12. 马三进四（图280）　　炮8进7

倘若车2平7，马四进三，将5平4，车四平六，士5进4，前炮平六，士4退5，炮六退三，炮8进7，相一退三，车7进1，炮六平五，士5进4，车六进六，炮1平4，炮五平六，炮4进7，马七进六，绝杀红胜。

13. 相一退三　　马7退8

14. 马四进三　　将5平4

15. 车四平六　　士5进4

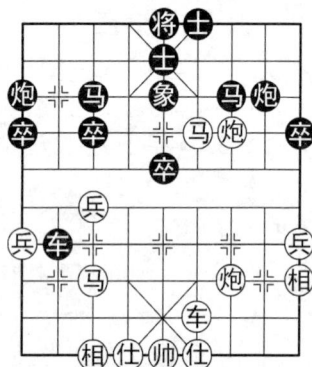

图280

16. 前炮平六　　士4退5　　　　17. 炮六平五　　士5进4

18. 马三退五　　士6进5　　　　19. 炮五进二（红胜）

点评：一气呵成的杀棋十分精彩。冲兵逐车看似平淡，实是打开僵局的佳着，读者应学习其佯攻中路暗袭侧翼的战术构思。

● 梁文斌　张志强
出版日期：2008-1-1
定价：25.00元

● 梁文斌　张志强
出版日期：2009-10-1
定价：20.00元

● 梁文斌
出版日期：2011-1-1
定价：20.00元

● 梁文斌
出版日期：2011-6-1
定价：23.00元

● 梁文斌
出版日期：2011-10-1
定价：26.00元